Software Engineering

Aufgaben und Lösungen

von
Dr. Georg Kösters
Dr. Bernd-Uwe Pagel
Professor Dr. Hans-Werner Six
FernUniversität Hagen

R. Oldenbourg Verlag München Wien 1997

Die Deutsche Bibliothek - CIP-Einheitsaufnahme

Kösters, Georg:
Software-Engineering : Aufgaben und Lösungen / von Georg Kösters
; Bernd-Uwe Pagel ; Hans-Werner Six. - München ; Wien :
Oldenbourg, 1997
   ISBN 3-486-24384-5

© 1997 R. Oldenbourg Verlag
Rosenheimer Straße 145, D-81671 München
Telefon: (089) 45051-0, Internet: http://www.oldenbourg.de

Lektorat: Margarete Metzger
Herstellung: Rainer Hartl
Umschlagkonzeption: Kraxenberger Kommunikationshaus, München
Gedruckt auf säure- und chlorfreiem Papier
Gesamtherstellung: R. Oldenbourg Graphische Betriebe GmbH, München

Inhaltsverzeichnis

3   Modulare Softwareentwicklung mit ANSI-C   159

4   Implementation   195

5 Testen 243

Vorwort

Allem Leben, allem Tun, aller Kunst muß das Handwerk vorausge-
hen, welches nur in der Beschränkung erworben wird. Eines recht
wissen und ausüben gibt höhere Bildung als Halbheit im Hundert-
fältigen.

Johann Wolfgang Goethe
Wilhelm Meisters Wanderjahre,
Ende des ersten Buches

Dieses Buch beinhaltet eine Sammlung von Aufgaben nebst Musterlösungen, die wir in den letzten Jahren in der Software Engineering-Ausbildung an der FernUniversität verwendet haben. Wir haben uns zu dieser Veröffentlichung entschlossen, da das Fehlen von Aufgaben in diesem praxisbezogenen Bereich der Informatik immer wieder beklagt worden ist. Die behandelten Themen orientieren sich an dem Lehrbuch *Pagel/Six: Software Engineering - Band 1: Die Phasen der Softwareentwicklung.* Aufgrund vieler Nachfragen haben wir zusätzlich ein Kapitel mit Aufgaben zur modularen Softwareentwicklung mit ANSI-C aufgenommen.

Software Engineering ist nicht nur ein sehr breites, sondern auch dynamisches Gebiet mit rasanten Fortschritten. Ein Aufgabenbuch teilt alle Probleme eines Lehrbuchs zu diesem Thema, nämlich eine sinnvolle, aktuelle Stoffauswahl zu treffen sowie das Material hinreichend präzise darzustellen, ohne sich im Detail zu verlieren. Aufgaben zum Software Engineering müssen sich zusätzlich noch die Frage gefallen lassen, ob sie überhaupt einen notwendigen oder zumindest sinnvollen Bestandteil der Software Engineering-Ausbildung darstellen, insbesondere wenn sie nur mit Papier und Bleistift gelöst werden können.

Software Engineering ist eine konstruktive Disziplin, die sich mit der Analyse komplexer Realweltprobleme und den zugehörigen softwaretechnischen Lösungen beschäftigt. Die Komplexität, oft auch nur die schiere Größe, ist ein wesentliches Merkmal dieser Problemstellungen und genau dieses Charakteristikum kann man in Aufgaben nicht simulieren. Praktika sind in dieser Hinsicht überlegen, obwohl auch sie letztlich eine realistische Komplexität nicht demonstrieren können. Die Bearbeitung der in diesem Buch zusammengestellten Aufgaben bildet somit keinen Ersatz für praktische Tätigkeiten, wie sie z.B. in einem Software Engineering-Praktikum geübt werden, wohl aber eine wichtige Voraussetzung für deren erfolgreiche Durchführung. Mit Hilfe dieser Aufgaben wird das grundsätzliche Anwenden von Techniken und Methoden und damit die Beherrschung des elementaren Handwerkzeugs geübt. Seitdem in der Informatikausbildung an der FernUniversität die erfolgreiche Bearbeitung derartiger Aufgaben Voraussetzung für die Zulassung zum Software Engineering-Praktikum ist, hat sich dessen Qualität in Bezug auf Schwierigkeitsgrad und Lernerfolg, aber auch das Arbeitsklima in den Teams deutlich erhöht. Vorgeschaltete mündliche Prüfungen haben dagegen nur marginale positive Auswirkungen auf den Praktikumserfolg gezeigt.

Obwohl Bearbeitungs- und Korrekturaufwand der Aufgaben sich an dem für Universitäten üblichen Rahmen orientieren, haben wir uns bemüht, die Problemstellungen möglichst praxisnah zu gestalten. Im Ergebnis haben wir überwiegend Teilaspekte von realitätsnahen Problemen ausgewählt und im wesentlichen den Umfang auf das nötige Maß reduziert. Sämtliche Aufgaben sind von Studierenden der FernUniversität als Übungs- oder Klausuraufgaben bearbeitet und damit auf ihre Praktikabilität hin „getestet" worden.

Wir danken den Studierenden für ihre Geduld, mit der sie unsere Aufgaben- und Lösungsentwürfe ertragen haben, sowie für ihre unermüdliche Fehlersuche. Unser besonderer Dank gilt Frau Sibylle Ganz-Laschewsky für ihr sorgfältiges Korrekturlesen und ihre vielen substantiellen Verbesserungsvorschläge. Schließlich danken wir Frau Brigitte Wellmann für ihre große Hilfe beim Anfertigen der Musterlösungen sowie bei der Erstellung der Druckvorlage.

Hagen, im Januar 1997   Georg Kösters,
                                                          Bernd-Uwe Pagel,
                                                          Hans-Werner Six

                                                          Praktische Informatik III
                                                          FernUniversität
                                                          Postfach 940
                                                          58084 Hagen

                                                          georg.koesters@fernuni-hagen.de
                                                          bernd-uwe.pagel@fernuni-hagen.de
                                                          hw.six@fernuni-hagen.de

Hinweise zur Bearbeitung

Die behandelten Themen orientieren sich an dem Lehrbuch *Pagel/Six: Software Engineering - Band 1: Die Phasen der Softwareentwicklung*. Aufgrund vieler Nachfragen haben wir zusätzlich ein Kapitel mit Aufgaben zur modularen Softwareentwicklung mit ANSI-C aufgenommen. Die Kenntnis der im Lehrbuch verwendeten Terminologie ist zum Nachvollziehen der technischen Details der Lösungen in den meisten Fällen erforderlich. Zum prinzipiellen Verständnis der Problemformulierungen und Lösungen reichen jedoch allgemeine Software Engineering-Kenntnisse oft aus. Auch können Aufgabenstellungen und Lösungen leicht an andere Notationen angepaßt werden.

Jede Aufgabe folgt derselben Grundstruktur und besteht aus den Teilen Aufgabenstellung, Vorarbeiten und Lösung, wobei der Teil Vorarbeiten entfallen kann. Dieser optionale Teil enthält beispielsweise zusätzliche Erläuterungen sowie insbesondere bei umfangreichen Aufgaben bereits existierende Vorarbeiten oder Lösungen von Teilaufgaben, um den Bearbeitungsaufwand nicht zu hoch werden zu lassen. Die Aufgaben unterscheiden sich hinsichtlich Schwierigkeitsgrad und Lösungsumfang und sind entsprechend gekennzeichnet. Je schwieriger eine Aufgabe, umso größer die Anzahl der 🪱 . Der Umfang wird analog durch die Anzahl der ✎ charakterisiert.

Aus der Aufgabenkennzeichnung geht ebenfalls hervor, welchem Gebiet die Aufgabe zuzuordnen ist und welche Techniken und Methoden angewendet werden sollen. Diese Information ist auch im Inhaltsverzeichnis enthalten, so daß die Suche nach Aufgaben zu einer bestimmten Thematik leicht möglich ist. Wir haben daher von einem Index abgesehen.

Jedes Kapitel behandelt ein zusammenhängendes Gebiet des Software Engineering. Wichtige gebietsbezogene Vereinbarungen und Hinweise haben wir an den Anfang der betreffenden Kapitel gesetzt. Sie sollten unbedingt vor der Bearbeitung der Aufgaben gelesen werden, denn ihre Kenntnis ist für das Verständnis der Aufgabenstellungen, ihre Bearbeitung und das Nachvollziehen der Musterlösungen wesentlich. Die Lösungen der ersten Aufgaben in den jeweiligen Kapiteln sind besonders ausführlich dargestellt. Hier finden sich auch die meisten Hinweise auf Stellen im Lehrbuch, wo der Stoff vertiefend behandelt wird. Auf ein Literaturverzeichnis haben wir verzichtet, da es bis auf wenige Ausnahmen, die wir als Fußnoten in den Text eingearbeitet haben, identisch mit dem Literaturverzeichnis des Lehrbuchs ist.

Natürlich sind die Musterlösungen vieler Aufgaben zu einem gewissen Teil auch Geschmackssache. Die Bewertungen „richtig" oder „falsch" greifen selten bei Aufgaben dieser

Art, eher schon „gut" oder „schlecht". Insbesondere kann es verschiedene gute Lösungen geben. Die Entscheidung für ein bestimmtes Modellierungskonstrukt ist beispielsweise oft die
Folge einer schwierigen und letztlich subjektiv getroffenen Güteabwägung, die bei einem anderen Modellierer durchaus zu einem anderen Ergebnis hätte führen können.

Kapitel 1

Analyse und Definition

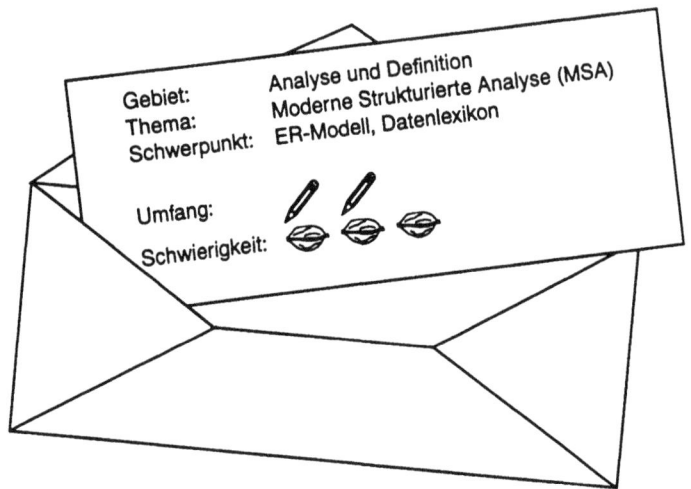

Gebiet: Analyse und Definition
Thema: Moderne Strukturierte Analyse (MSA)
Schwerpunkt: ER-Modell, Datenlexikon

Umfang:

Schwierigkeit:

Aufgabe 1.1

Abiturplanung

In den meisten Schulen ist für die Unterrichtsplanung und die Vergabe von Räumen ein bestimmter Lehrer verantwortlich, der sogenannte Stundenplaner. Neben seiner Hauptaufgabe, der Erstellung der Raum-, Klassen- und Lehrerpläne für das Schulhalbjahr, obliegt ihm auch die Abiturplanung. Da Abiturklausuren stets länger als zwei Schulstunden geschrieben werden, ist eine eigenständige Planung der Räume (ein Raumwechsel während der Klausur ist nicht sinnvoll) und Aufsichtspersonen (der Fachlehrer unterrichtet ggf. noch in anderen Klassenstufen und kann nicht ständig anwesend sein) notwendig. Ein einfaches Planungs- und Informationssystem soll den Stundenplaner bei seiner Arbeit unterstützen. Die Problembeschreibung des Abiturplanungssystems (AbiPS) liegt bereits vor (siehe Seite 15).

a) Entwickeln Sie ein ER-Modell des Abiturplanungssystems (AbiPS). Stellen Sie das ER-Diagramm graphisch dar und geben Sie zu jedem Entitätstyp mindestens ein Attribut an.

b) Erstellen Sie das Datenlexikon des ER-Modells aus Teilaufgabe (a). Attributtypen und Bezeichner, deren Semantik grundsätzlich klar ist (z.B. *"Adresse"*, *"Name"* oder *"Telefon"*), brauchen dabei nicht weiter ausgearbeitet zu werden.

c) Das ER-Modell aus Teilaufgabe (a) berücksichtigt nicht alle Einschränkungen, die für das AbiPS erforderlich sind, so daß z.B. die Einhaltung der fünf Konsistenzbedingungen (K1) - (K5) durch zusätzliche Überprüfungen sichergestellt werden muß.
Beschreiben Sie umgangssprachlich, durch welche Abfragen und Prüfungen Sie mit Hilfe der im ER-Modell angegebenen Entitätstypen (bzw. deren Entitäten und Attri-

butwerte) die Einhaltung der Konsistenzbedingungen sicherstellen können. Geben Sie bei Ihrer Beschreibung insbesondere an, nach welchen Entitäten und Beziehungen unter Angabe von Attributen gesucht wird, und ggf. wie die Teilergebnisse weiter eingeschränkt oder verglichen werden.

Vorarbeiten

Bei Ihrer Arbeit können Sie auf die Problembeschreibung des AbiPS und einige Teile des MSA-Modells zurückgreifen.

Problembeschreibung

Interviews mit dem Stundenplaner ergaben folgende Anforderungen:

Um die Klausurtermine an die Abiturienten verschicken zu können, benötigt der Stundenplaner den Namen, Vornamen und die Adresse der Abiturienten. Die interne Verwaltung aller Schüler erfolgt mit Hilfe schulweit eindeutiger Schülernummern, die sich unter anderem aus dem Einschuljahr und dem Geburtsdatum des Schülers zusammensetzen und bei der Einschulung vergeben werden. Von den Lehrern benötigt der Stundenplaner ebenfalls den Namen, Vornamen und die Adresse, um Planungsänderungen ggf. schnell übermitteln zu können. Im internen Gebrauch führt jeder Lehrer ein schulweit eindeutiges Kürzel aus drei Buchstaben, das aus den Anfangsbuchstaben von Name und Vorname gebildet wird.

Der Unterricht in den Fächern der Oberstufe findet in Kursform statt. Jeder Kurs besitzt eine eindeutige Kursnummer. Der Abiturient wählt eine Fächerkombination und belegt die entsprechenden Kurse. In allen Kursen ist es möglich, eine schriftliche oder mündliche Abiturprüfung (in dem jeweiligen Fach) abzulegen. Bei Eintritt in die Oberstufe legt sich jeder Schüler zu diesem Zweck auf zwei unterschiedliche, schriftlich zu prüfende Leistungskurse und jeweils einen schriftlichen und einen mündlichen Prüfungskurs fest. Die übrigen Kurse sind Wahlkurse.

Alle Abiturienten, die in einem Kurs schriftlich geprüft werden, schreiben die Klausur gemeinsam, und zwar generell zwischen der nullten und siebten Schulstunde. Um die Anzahl der — meist den ganzen Vormittag — belegten Räume zu verringern und mit weniger Aufsichten auszukommen, können mehrere Klausuren in einem Raum zusammengelegt werden. Die Anzahl von Plätzen in dem Raum muß natürlich ausreichen, um die Prüflinge mit ausreichendem Sicherheitsabstand gegen Abschreiben plazieren zu können. Jeder Raum im Schulgebäude wird durch eine eindeutige Raumnummer identifiziert. Diese Platzanzahl ist für jeden der für das schriftliche Abitur zur Verfügung stehenden Räume bekannt.

Der aufsichtsführende Lehrer bei einer Klausur wechselt in der Regel mehrfach, allerdings nur von Schulstunde zu Schulstunde. Der Lehrer, der den Kurs unterrichtet, gibt die Klausuren bei Prüfungsbeginn aus, um nach dem Durchlesen der Aufgabenstellung erste Verständnisfragen zu beantworten. Für die restliche Klausurdauer befindet sich stets ein Lehrer im Raum, der die Prüflinge beaufsichtigt, fertige Klausuren entgegennimmt und die Abgabezeitpunkte der Klausuren überwacht.

Konsistenzbedingungen

Alle Klausuren müssen innerhalb eines dreiwöchigen Prüfungszeitraums stattfinden und so gelegt werden, daß keine zeitlichen und räumlichen Kollisionen auftreten. Während das AbiPS bisherige Belegungen der verwendeten Räume oder Verpflichtungen der Lehrer in anderen Klassenstufen nicht zu berücksichtigen braucht (wird vom Stundenplaner geregelt), sind u.a. folgende Konsistenzbedingungen zu kontrollieren:

(K1) Für alle Kurse, in denen mindestens ein Abiturient schriftlich geprüft werden will, wird auch eine Abiturklausur angeboten.

(K2) Kein Abiturient schreibt an einem Tag mehr als eine Klausur.

(K3) Kein Lehrer beaufsichtigt zwei Räume zur gleichen Zeit.

(K3) Alle Abiturklausuren werden durchgehend beaufsichtigt.

(K5) Nur Räume, in denen eine Klausur geschrieben wird, werden beaufsichtigt.

Lösung zu Teilaufgabe a)

Wir entwickeln das ER-Modell in zwei Schritten. Im ersten Schritt leiten wir aus der Problembeschreibung ein Grundgerüst aus Entitäts- und Beziehungstypen ab, die wir dann im zweiten Schritt unter Anwendung von Erweiterungs- und Reduktionsregeln verfeinern.

Zu Beginn identifizieren wir vier Entitätstypen mit folgenden Attributen:

❑ *"Abiturient"* (oder *"Prüfling"*) mit Attributen *"Name"*, *"Vorname"*, *"Adresse"* und *"Schülernummer"*,

❑ *"Lehrer"* mit Attributen *"Name"*, *"Vorname"*, *"Adresse"* und *"Kürzel"*,

❑ *"Kurs"* mit Attributen *"Kursnummer"* und *"Fach"* und

❑ *"Raum"* mit Attributen *"Bezeichnung"*, *"Raumnummer"* und *"Plätze"*.

Der Stundenplaner ist Benutzer des AbiPS und für das System nicht relevant, d.h. er darf im ER-Modell nicht berücksichtigt werden.

Die Entitätstypen werden durch vier Beziehungstypen verknüpft, womit sich das in Abb. 1.1.L1 gezeigte ER-Diagramm ergibt:

❑ Ein Abiturient *"belegt"* (mehrere) Kurse. Es handelt sich um eine *"n,m"*-Beziehung, da mehrere Abiturienten die selben Kurse belegen können.

❑ Ein Lehrer "*unterrichtet*" Kurse. Jeder Kurs besitzt genau einen Lehrer. Ein Lehrer kann mehrere Kurse unterrichten.

❑ Ein Kurs "*schreibt Klausur*" in genau einem Raum, in dem allerdings mehrere Klausuren stattfinden können.

❑ Ein Lehrer "*führt Aufsicht*" in (mehreren) Räumen; in einem Raum kann mehr als ein Lehrer (im Verlauf der Klausur) Aufsicht führen. Es ergibt sich eine "*n,m*"-Beziehung.

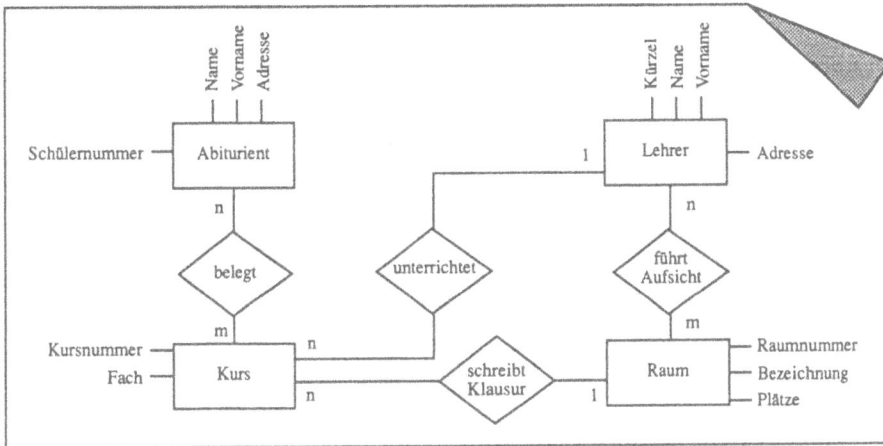

Abb. 1.1.L1 ER-Diagramm des AbiPS: erster Versuch.

Bei genauerer Betrachtung des Modells fallen verschiedene Punkte auf, die größere Modifikationen nach sich ziehen:

❑ Das Modell enthält Redundanz, da die Entitätstypen "*Abiturient*" und "*Lehrer*" gemeinsame Attribute "*Name*", "*Vorname*" und "*Adresse*" besitzen. Wir führen einen neuen Entitätstyp "*Schulangehöriger*" ein, ordnen ihm die redundanten Attribute zu und modellieren die Entitätstypen "*Abiturient*" und "*Lehrer*" als Subentitätstypen von "*Schulangehöriger*".

❑ Das Modell spiegelt nicht wider, auf welche Art ein Abiturient einen Kurs belegt hat, d.h. ob er darin schriftlich geprüft wird oder nicht. Da diese Information den Beziehungstyp "*belegt*" näher beschreibt, ersetzen wir diesen durch einen assoziativen Entitätstyp "*Belegung*", dessen Attribut "*Art*" dann die Belegungsart angibt.

❑ Es fehlen jegliche Zeitbezüge, also Informationen darüber, wann eine Klausur geschrieben wird bzw. wann ein Lehrer in einem Raum Aufsicht führt. Entsprechende Attribute "*Tag*", "*Ausgabe*" und "*Abgabe*" bzw. "*Von*" und "*Bis*" betreffen die Beziehungstypen "*schreibt Klausur*" bzw. "*führt Aufsicht*". Wir wandeln daher auch diese

Beziehungstypen in entsprechend attributierte assoziative Entitätstypen "*Abiturklau-sur*" und "*Aufsicht*" um.

Das fertige ER-Modell zeigt Abb. 1.1.L2.

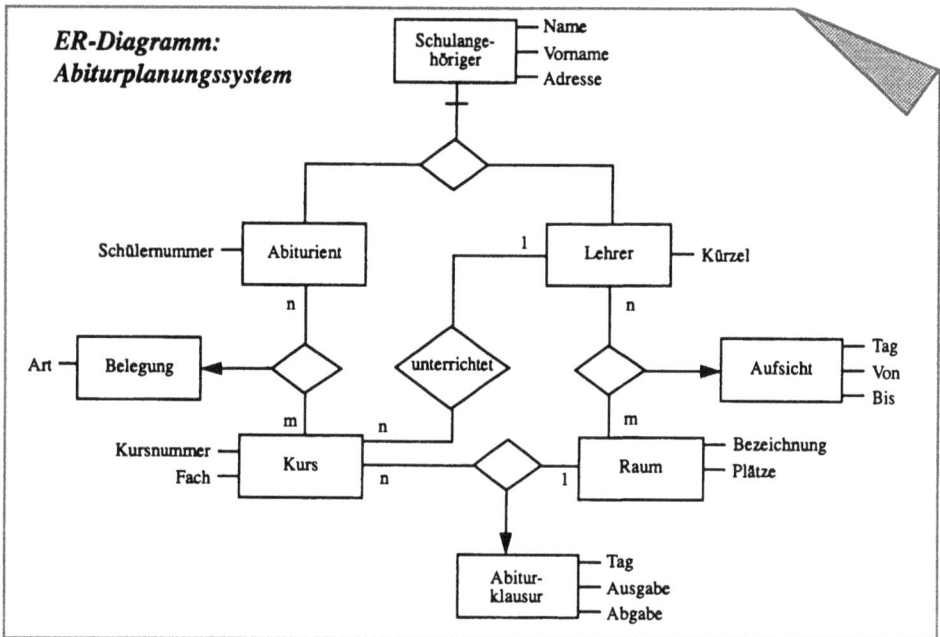

ER-Diagramm:
Abiturplanungssystem

Schulange-höriger — Name / Vorname / Adresse

Schülernummer — Abiturient   1   Lehrer — Kürzel

Art — Belegung   unterrichtet   Aufsicht — Tag / Von / Bis

Kursnummer / Fach — Kurs   Raum — Bezeichnung / Plätze

Abitur-klausur — Tag / Ausgabe / Abgabe

Abb. 1.1.L2 ER-Diagramm des AbiPS: Endversion.

Lösung zu Teilaufgabe b)

Im Datenlexikon listen wir alle Entitätstypen und Attribute des ER-Modells auf, identifizie-ren Schlüsselattribute und legen (komplexe) Datentypen fest (Abb. 1.1.L3). Hervorheben möchten wir die Attribute "*Art*" und "*Fach*", die durch entsprechende Aufzählungstypen de-finiert werden, und den neu eingeführten Datentyp "*Schulstunde*", der die für Klausuren und Aufsichten zulässigen Anfangs- und Endzeitpunkte festlegt: Klausuren und Aufsichten kön-nen nur zwischen der nullten und siebten Schulstunde beginnen bzw. enden.

Abgabe	▪ Schulstunde;
Abiturient	▪ Schulangehöriger + @Schülernummer;
Abiturklausur	▪ Tag + Ausgabe + Abgabe + @Kursnummer + Raumnummer;
Art	▪ Leistungskurs I schriftl. Prüfungskurs I mündl. Prüfungskurs I Wahlkurs;
Aufsicht	▪ Tag + Von + Bis + @Kürzel + @Raumnummer;
Ausgabe	▪ Schulstunde;
Belegung	▪ Art + @Schülernummer + @Kursnummer;
Bezeichnung	▪ {Buchstaben}^{40}; ** Raumbezeichnung, z.B. "Chemiesaal";
Bis	▪ Schulstunde;
Fach	▪ Mathematik I Informatik I Biologie I Physik I Englisch I ...; ** Fächer der Oberstufe;
Kurs	▪ @Kursnummer + Fach;
Kursnummer	▪ CARDINAL;
Kürzel	▪ {Buchstaben}^{3}; ** gebildet aus den Anfangsbuchstaben von Vorname und Name, ** wird extern vergeben;
Lehrer	▪ Schulangehöriger + @Kürzel;
Plätze	▪ CARDINAL; ** Fassungsvermögen eines Raumes bei Abiturklausuren
Raum	▪ @Raumnummer + Bezeichnung + Plätze;
Raumnummer	▪ CARDINAL ** Identifikator eines Raumes, wird extern vergeben
Schulangehöriger	▪ Name + Vorname + Adresse;
Schülernummer	▪ CARDINAL; ** u.a. abgeleitet aus Einschuljahr und Geburtsdatum, wird extern vergeben;
Schulstunde	▪ 0 I 1 I 2 I 3 I 4 I 5 I 6 I 7;
Tag	▪ Datum; ** Der Prüfungstag muß innerhalb des dreiwöchigen Prüfungszeitraumes liegen
Von	▪ Schulstunde;

Abb. 1.1.L3 Datenlexikon zum ER-Modell des AbiPS.

Lösung zu Teilaufgabe c)

(K1) Für alle Kurse, in der mindestens ein Abiturient schriftlich geprüft werden will, wird auch eine Abiturklausur angeboten:
Ausgehend vom Entitätstyp *"Abiturient"* wird für jeden Abiturienten *zunächst* mit Hilfe der assoziativen Entität *"Belegung"* aus den verknüpften Entitäten des Typs *"Kurs"* alle Kurse be-

stimmt, in denen der Abiturient eine schriftliche Prüfung ablegt (Entität *"Belegung"*, Attribut: *"Art"* ist entweder mit dem Wert *Leistungskurs* oder *schriftl. Prüfungskurs* belegt). Danach werden zu jedem Kurs des Abiturienten alle verknüpften Entitäten des Typs *"Abiturklausuren"* herausgesucht. Falls einer dieser Kurse keine Relation zu einer Abiturklausur besitzt, ist die Konsistenzbedingung (K1) verletzt.

(K2) Kein Abiturient schreibt an einem Tag mehr als eine Klausur:
Für jeden *Abiturienten* werden als erstes mit Hilfe der assoziativen Entität *"Belegung"* mit Hilfe des verknüpften Entitätstyps *"Kurse"* alle Kurse bestimmt, in denen der Abiturient eine schriftliche Prüfung ablegt (Entität *"Belegung"*, Attribut: *"Art"* ist entweder mit dem Wert *Leistungskurs* oder *schriftl. Prüfungskurs* belegt). Danach werden zu jedem dieser Kurse des Abiturienten alle verknüpften Abiturklausuren herausgesucht und deren Attribute *"Tag"* (bzw. deren Werte) miteinander verglichen. Falls ein Datum mehrfach auftreten sollte, ist die Konsistenzbedingung (K2) verletzt.

(K3) Kein Lehrer beaufsichtigt zwei Räume zur gleichen Zeit:
Für jeden Lehrer werden als erstes alle verknüpften Entitäten des assoziativen Entitätstyps *"Aufsicht"* herausgesucht und bezüglich ihres Attributs *"Tag"* sortiert. Danach werden alle Aufsichten, die der Lehrer an einem Tag durchführen soll, auf Überschneidungen ihres Zeitintervalls (angegeben durch die Attribute *"Von"* und *"Bis"*) überprüft. Falls eine Überschneidung auftreten sollte, ist die Konsistenzbedingung (K3) nicht eingehalten worden.

(K4) Alle Abiturklausuren werden durchgehend beaufsichtigt:
Für jede *Abiturklausur* wird als erstes der zugeteilte *Raum* herausgesucht (Wertevergleich der gleichnamigen Attribute *"Raumnummer"*). Danach werden alle mit diesem Raum verknüpften Entitäten des assoziativen Entitätstyps *"Aufsicht"* bestimmt, die dieser Abiturklausur zugeteilt wurden (Wertevergleich der gleichnamigen Attribute *"Tag"*). Falls die Vereinigung aller Zeitintervalle der Aufsichten (angegeben durch die Attribute *"Von"* und *"Bis"*) nicht das Zeitintervall der Abiturklausur überdeckt (angegeben durch die Attribute *"Ausgabe"* und *"Abgabe"*), ist die Konsistenzbedingung (K4) verletzt.

(K5) Nur Räume, in denen eine Klausur geschrieben wird, werden beaufsichtigt:
Für jede *Aufsicht* wird zunächst der zugeteilte *Raum* herausgesucht (Wertevergleich der gleichnamigen Attribute *"Raumnummer"*). Danach werden alle mit diesem Raum verknüpften Entitäten des assoziativen Entitätstyps *"Abiturklausur"* bestimmt, die am Tag der Aufsicht geschrieben werden sollen (Wertevergleich der gleichnamigen Attribute *"Tag"*). Da an einem Tag im selben Raum mehrere Klausuren (gleichzeitig oder nacheinander) geschrieben werden können, wird die Vereinigung aller Zeitintervalle der gefundenen Abiturklausuren berechnet (angegeben durch die Werte der Attribute *"Ausgabe"* und *"Abgabe"*). Entsprechend wird die Vereinigung aller Zeitintervalle der gefundenen Aufsichten bestimmt (angegeben durch die Werte der Attribute *"Von"* und *"Bis"*). Falls die Aufsichtsintervalle die Klausurintervalle nicht vollständig überdecken, ist die Konsistenzbedingung (K5) verletzt.

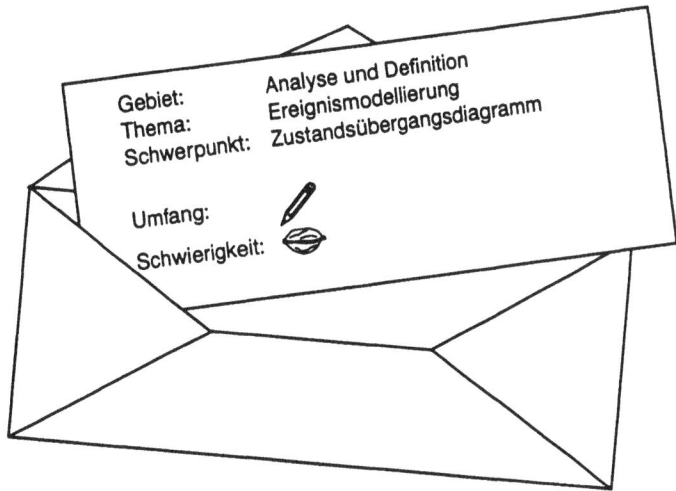

Aufgabe 1.2

Aufzugsteuerung

Durch die Übernahme eines Konkurrenten gewinnt eine Softwarefirma den neuen Geschäfts-
bereich *Aufzugsteuerungen* hinzu. Leider besitzen die mit dem Unternehmen eingekauften
Produkte nicht die gewünschte Qualität. Insbesondere Dokumentationen und Programmkom-
mentare lassen sehr zu wünschen übrig, d.h. sind unvollständig, fehlerhaft oder fehlen ganz.
Um den eingegangenen Wartungsverpflichtungen nachkommen zu können, trifft das Mana-
gement die Entscheidung, erfolgreiche Produkte zu überarbeiten und nachträglich zu dokumentieren.

Ein Produkt, auf das dies besonders zutrifft, ist die Steuerungssoftware für primitive Lastenaufzüge, mit deren Hilfe bereits fertige Stockwerke in Rohbauten mit Baumaterial versorgt
werden. Das Produkt wurde auf der einen Seite sehr häufig lizenziert, andererseits sind Teile
des Quelltextes verlorengegangen (ein keineswegs utopisches Szenario).

Ihre Aufgabe ist es, im Rahmen eines Reengineering-Projekts auf Basis einer Studie des Pro-
dukts die Systemzustände zu identifizieren und zu modellieren.

Erstellen Sie nach der Beschreibung unten ein Ereignismodell für das Steuerprogramm der
Lastenaufzüge und präsentieren Sie Ihr Ergebnis in einem Zustandsübergangsdiagramm.

Vorarbeiten

Der Lastenaufzug besteht aus einer Bodenstation, einem Aufzugschacht und einem Aufzugkorb, der durch eine automatische Tür gesichert wird. Die Funktionen des Lastenaufzugs
können an zwei identischen Schaltstellen aktiviert werden (Abb. 1.2.K1), die sich im Inneren
des Aufzugkorbs bzw. an der Bodenstation befinden.

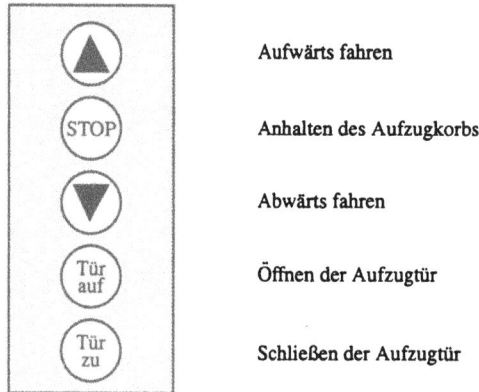

Aufwärts fahren

Anhalten des Aufzugkorbs

Abwärts fahren

Öffnen der Aufzugtür

Schließen der Aufzugtür

Abb. 1.2.K1 Eine Schaltstelle des Lastenaufzugs.

Beim Betrieb des Aufzugs zeigen sich folgende Eigenschaften:

❑   Die Aufzugsanlage kann aus Sicherheitsgründen nur in Betrieb genommen werden, wenn sich der Korb in der Bodenstation befindet und die Tür geschlossen ist.

❑   Die Aufzugtür läßt sich nur bei angehaltenem Aufzug öffnen.

❑   Der Aufzug fährt nur bei geschlossener Aufzugtür.

❑   Am unteren Ende des Aufzugschachts sorgt ein Sensor dafür, daß die Abwärtsfahrt automatisch stoppt.

❑   Am oberen Ende des Aufzugschachts sorgt ein zweiter Sensor dafür, daß die Aufwärtsfahrt automatisch stoppt.

❑   Während der Fahrt läßt sich die Fahrtrichtung nicht wechseln.

Lösung

Aus der Studie lassen sich unmittelbar zwei Zustände des Lastenaufzugs ableiten: stehender Aufzug (Wartezustand) und fahrender Aufzug (aktiver Zustand). Da es bzgl. der Reaktion auf eingetretene Ereignisse eine Rolle spielt, ob die Aufzugtür gerade geöffnet oder geschlossen ist, wo sich der Aufzugkorb befindet und in welche Richtung der Aufzug fährt, ist diese Aufteilung jedoch noch zu grob. Wir differenzieren daher wie folgt:

❑   Im Startzustand wartet der Aufzug mit geschlossener Tür in der Bodenstation: Zustand Z1 *"Warten mit geschlossener Tür in Bodenstation"*.

❑   Als Pendant definieren wir Zustand Z2 *"Warten mit geschlossener Tür über Bodenstation"*, in der sich der Aufzugskorb oberhalb der Bodenstation, an einer beliebigen Stelle im Schacht oder ganz oben befindet.

❑ Analoge Zustände erhalten wir für das Warten bei offener Tür: Z3 *"Warten mit offener Tür in Bodenstation"* und Z4 *"Warten mit offener Tür über Bodenstation"*.

❑ Beim fahrenden Aufzug unterscheiden wir nach der Fahrtrichtung: Zustand Z5 *"Aufwärts fahren"* und Zustand Z6 *"Abwärts fahren"*.

Die Zustandsübergänge, d.h. Bedingungen und Aktionen, leiten sich direkt aus den beobachteten Eigenschaften ab. Beispielsweise kann im Zustand Z5 *"Aufwärts fahren"* die Aufzugtür nicht geöffnet werden, und ein Zustandswechsel ist nur möglich, wenn entweder der Sensor am oberen Ende des Aufzugschachts erreicht ist oder an einer der beiden Schaltstellen auf *"Stop"* gedrückt wird.

Zur besseren Lesbarkeit des zugehörigen Zustandsübergangsdiagramms in Abb. 1.2.L1 führen wir zwei Abkürzungen ein: S↓ = Sensor am unteren Ende des Aufzugschachts,
S↑ = Sensor am oberen Ende des Aufzugschachts.

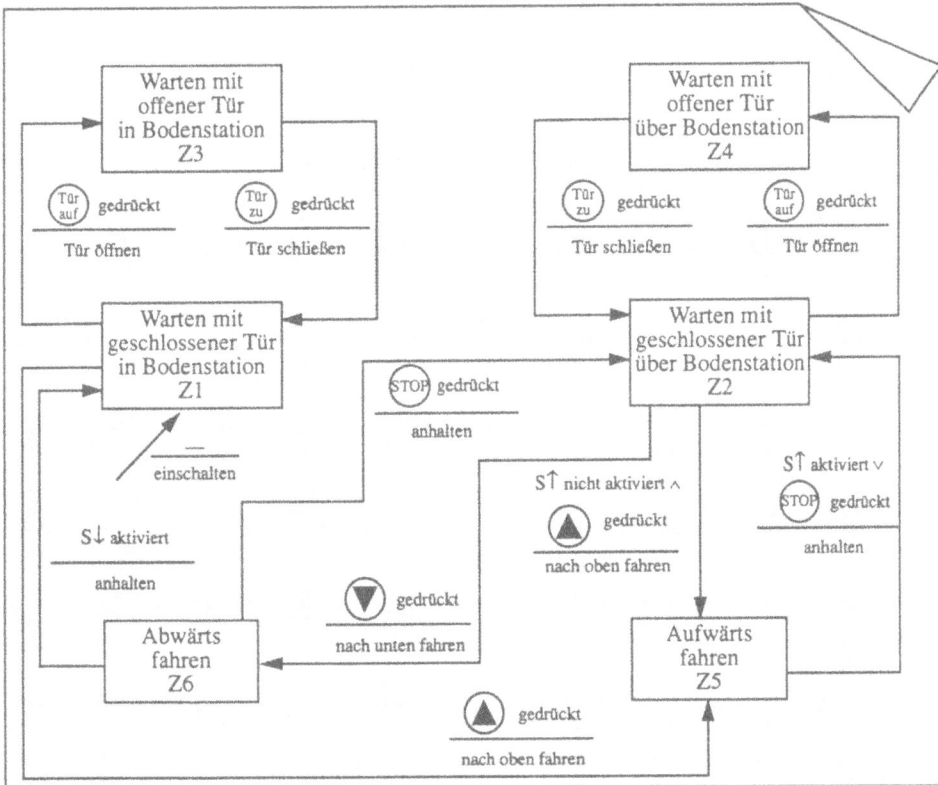

Abb. 1.2.L1 Zustandsübergangsdiagramm des Lastenaufzugs.

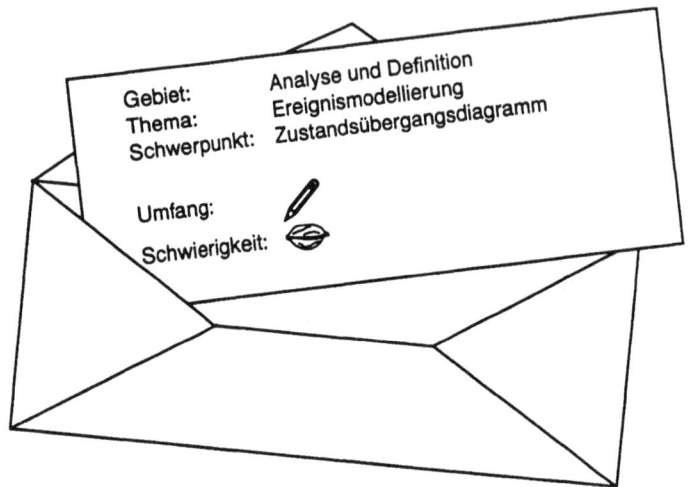

Aufgabe 1.3

Garagentor

Eine Firma plant die Fertigung von elektrisch bedienbaren Garagentoren. Jedes System umfaßt ein Garagentor mit Elektromotor, eine fest installierte Steuerkonsole und eine Fernbedienung, mit der alle Funktionen der Steuereinheit aus bis zu 10 Meter Entfernung aktiviert werden können.

Erstellen Sie nach der Beschreibung unten ein Ereignismodell für die Garagentorsteuerung und stellen Sie das Modell graphisch in einem Zustandsübergangsdiagramm dar.

Vorarbeiten

Steuerkonsole und Fernbedienung des Garagentors sollen folgende identische Funktionalität besitzen: Durch Betätigung von zwei Pfeiltasten läßt sich das Tor öffnen bzw. schließen. Der Schließ- bzw. Öffnungsvorgang wird durch eine Stoptaste unterbrochen, wobei die Bewegungsrichtung des Tors auch ohne zwischenzeitiges Betätigen der Stoptaste direkt gewechselt werden kann. Einen Vorschlag für den Aufbau der Fernbedienung zeigt Abb. 1.3.K1.

Der Betrieb von elektrischen Garagentoren setzt das Beachten einiger sicherheitstechnischer Auflagen voraus:

❏ Am unteren Ende des Garagentors muß ein Sensor angebracht sein, der beim Erreichen den Schließvorgang beendet.

❏ Am oberen Ende des Garagentors muß ein Sensor angebracht sein, der beim Erreichen den Öffnungsvorgang beendet.

❑   Um bei einem Hindernis den Schließ- bzw. Öffnungsvorgang des Garagentors automatisch zu unterbrechen, muß die zentrale Steuereinheit die Bewegung des Garagentors ermitteln. Dazu kontrolliert sie beim Öffnen oder Schließen des Garagentors nach
jedem Zeitintervall t, um welche Strecke s sich das Tor (nach oben oder unten) bewegt
hat. Liegt die Länge der Strecke s unterhalb eines Grenzwerts k, wird das Öffnen bzw.
Schließen des Garagentors abgebrochen.

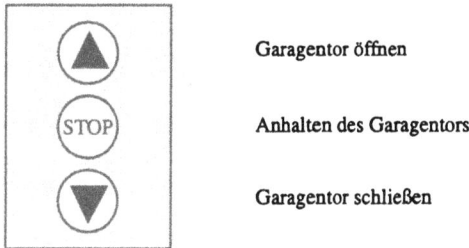

▲	Garagentor öffnen
STOP	Anhalten des Garagentors
▼	Garagentor schließen

Abb. 1.3.K1 Fernbedienung des Garagentors.

Lösung

Abb. 1.3.L1 zeigt das Zustandübergangsdiagramm der Garagensteuerung. Zur besseren Lesbarkeit des Zustandsübergangsdiagramms haben wir drei Abkürzungen eingeführt:

SU   – Sensor an der unteren Endstellung des Garagentors;

SO   – Sensor an der oberen Endstellung des Garagentors;

$s(t)$ – Länge der im Zeitintervall t zurückgelegten Strecke;

k – Mindestlänge, die das Tor im Zeitintervall t zurücklegen muß.

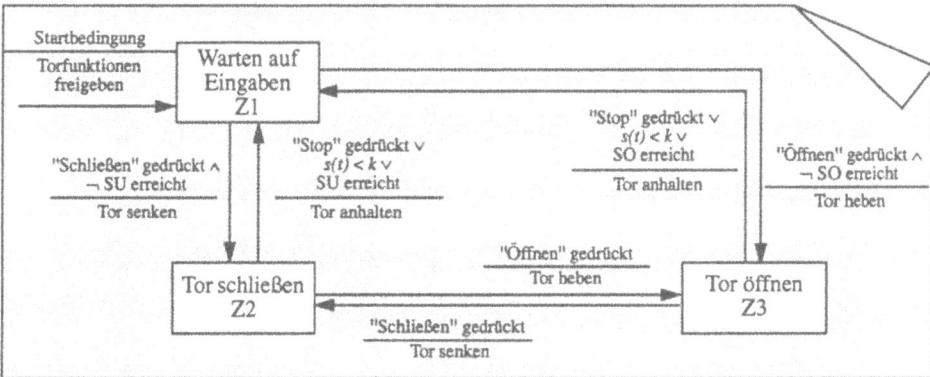

Abb. 1.3.L1 Zustandsübergangsdiagramm des Garagentors.

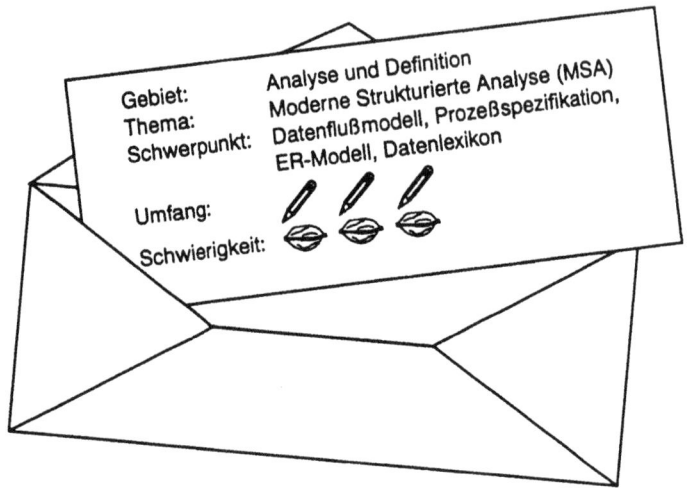

Gebiet: Analyse und Definition
Thema: Moderne Strukturierte Analyse (MSA)
Schwerpunkt: Datenflußmodell, Prozeßspezifikation, ER-Modell, Datenlexikon

Umfang:

Schwierigkeit:

Aufgabe 1.4

TV-Sponsoring

Ein privater Fernsehsender finanziert seine Spielshows größtenteils über Sponsoren, die z.B. Preise zur Verfügung stellen oder gegen Entgelt die Moderatoren ausstatten und dafür im Abspann genannt werden. Da Spielshows zur besten Sendezeit ausgestrahlt werden und bei bestimmten Zuschauergruppen hohe Einschaltquoten erzielen, findet diese Variante der Fernsehwerbung bei Firmen immer mehr Anklang. Nachdem Sponsoring sich als echte Finanzierungsalternative zur klassischen Werbung durchgesetzt hat, plant der Sender die Verwaltung der Verträge mit den Sponsoren EDV-technisch zu organisieren. Hauptgrund hierfür ist, daß die Flut von Einzelverträgen (z.B. welche Leistungen ein Sponsor für eine bestimmte Show zu erbringen hat) nicht mehr manuell zu bewältigen ist.

Ihre Firma wurde mit der Anforderungsanalyse beauftragt. Leider hat der zu Projektbeginn für diese Arbeit eingeteilte Mitarbeiter die Firma kurzfristig verlassen, ohne die Analyse abschließen zu können. Sie haben seine Position übernommen und Ihre erste Aufgabe ist es, die in Teilen vorliegende MSA des Sponsoren-Informationssystems (SponsorIS) zu ergänzen. Genauer obliegen Ihnen die folgenden Tätigkeiten:

a)   Erstellen Sie ein ER-Diagramm des SponsorIS.

b)   Beschreiben Sie, welche Teilaufgaben innerhalb des Prozesses D3 *"Sponsorenverwaltung"* anfallen (vgl. Abb. 1.4.K2), welche Daten aus welchen Lagern jeweils benötigt werden und welche Vorbedingungen gelten. Orientieren Sie sich in Bezug auf Umfang und Präzision Ihrer Ausführungen an den entsprechenden Angaben zum Prozeß D4 *"Vertragsverwaltung"*.

c) Verfeinern Sie den Prozeß D3 *"Sponsorenverwaltung"* (vgl. Abb. 1.4.K2). Jede der
    Teilaufgaben aus Teil b) sollte einem Prozeß entsprechen. Stellen Sie Ihr Ergebnis in
    einem Datenflußdiagramm graphisch dar.

d) Ergänzen Sie im Datenlexikon die Datentypen *"Sponsor"* und *"SponsorVWDaten"*
    und tragen Sie alle von Ihnen neu eingeführten Datentypen nach. Sie können die Spe-
    zifikationen bei Bezeichnern mit bekannter Semantik wie *"Anschrift"*, *"Name"* oder
    "TelefonNr" abbrechen.

e) Spezifizieren Sie den Prozeß D4.1 *"Vertragsdaten inspizieren"* in Strukturierter Spra-
    che.

f) Spezifizieren Sie den Prozeß D4.2 *"Vertragsdaten anlegen"* mit Vor- und Nachbedin-
    gungen.

Beachten Sie bei der Bearbeitung stets die Balancierungsregeln der MSA.

Vorarbeiten

Bei Ihrer Arbeit können Sie auf einen Auszug aus der Produktskizze des SponsorIS und einige Teile des MSA-Modells zurückgreifen.

Produktskizze (Auszug)

Wir beginnen die Beschreibung des Sponsoren-Informationssystems (SponsorIS) mit wichtigen Angaben aus der Produktskizze. Der Funktionsumfang des SponsorIS läßt sich in die
Bereiche Sponsorenverwaltung, Sendeverwaltung, Vertragsverwaltung und Anfragebearbeitung einteilen:

❑   Mit Hilfe der Sponsorenverwaltung können Mitarbeiter der Marketingabteilung die
    Daten von Sponsoren, d.h. Namen, Geschäftsadresse und Bankverbindung, ändern
    und neue Sponsoren aufnehmen. Gelöscht werden kann ein Sponsor allerdings nur,
    falls kein gültiger Vertrag mehr mit dem Sender existiert. Jedes Aufnehmen, Ändern
    und Löschen von Sponsordaten wird auf dem Drucker protokolliert.

❑   Der Aufgabenbereich Vertragsverwaltung subsumiert alle Tätigkeiten der Marketing-
    abteilung, die mit Sponsorenverträgen zu tun haben. Neue Verträge können abge-
    schlossen, geändert und annullierte oder erfüllte Verträge gelöscht werden. Ein
    Vertrag gilt als erfüllt, wenn der vereinbarte Geldbetrag gezahlt und die gesponserten
    Shows ausgestrahlt wurden. Neu abgeschlossene, gelöschte und geänderte Verträge
    werden auf dem Drucker ausgegeben.

☐　　Daten über Sendungen werden im Prinzip wie Sponsorendaten behandelt. Es können in der Sendezentrale mit Hilfe der Sendeverwaltung neue Sendungen aufgenommen oder alte Sendungen geändert bzw. gelöscht werden. Auch Sendungen können nicht beliebig gelöscht werden: Erst wenn im System kein Vertrag zu dieser Sendung mehr existiert und die Ausstrahlungstermine verstrichen sind, darf eine Sendung aus dem System entfernt werden.

☐　　Innerhalb der Anfragebearbeitung müssen neben einfachen Anfragen verschiedene statistische Auswertungen unterstützt werden (z.B. Ranglisten über Shows oder Sponsoren bezogen auf die Sponsorenbeträge).

Produktdefinition (Auszug): Datenflußmodell und Datenlexikon

Als Begrenzer des SponsorIS ergeben sich zum einen die Benutzergruppen *"Marketingabteilung"* und *"Sendezentrale"* und zum anderen der angeschlossene *"Drucker"* (Abb. 1.4.K1).

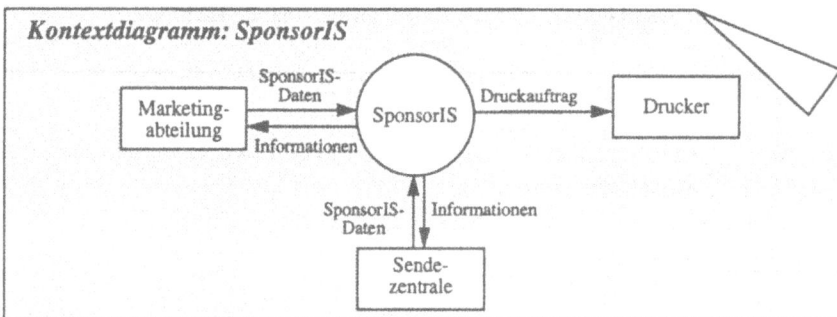

Abb. 1.4.K1 SponsorIS: Kontextdiagramm.

Aus der Produktskizze des SponsorIS leiten sich durch *outside in*-Vorgehen fünf zentrale Prozesse ab.

Prozeß D1 "Sendeverwaltung" kommuniziert mit der Sendezentrale.

Prozeß D2 "Anfragebearbeitung" kommuniziert mit der Sendezentrale und der Marketingabteilung,

Prozeß D3 "Sponsorenverwaltung" und *Prozeß D3 "Vertragsverwaltung"* kommunizieren ausschließlich mit der Marketingabteilung.

Prozeß D5 "Ausgabeaufbereitung" empfängt Daten über Sendungen, Verträge und Sponsoren sowie Anfrageergebnisse von den Prozessen D1-D4, bereitet diese zur Ausgabe zur Ausgabe auf den Drucker auf.

Zur besseren Übersichtlichkeit haben wir bei der Darstellung des initialen Datenflußdiagramms in Abb. 1.4.K2 keine Lager berücksichtigt.

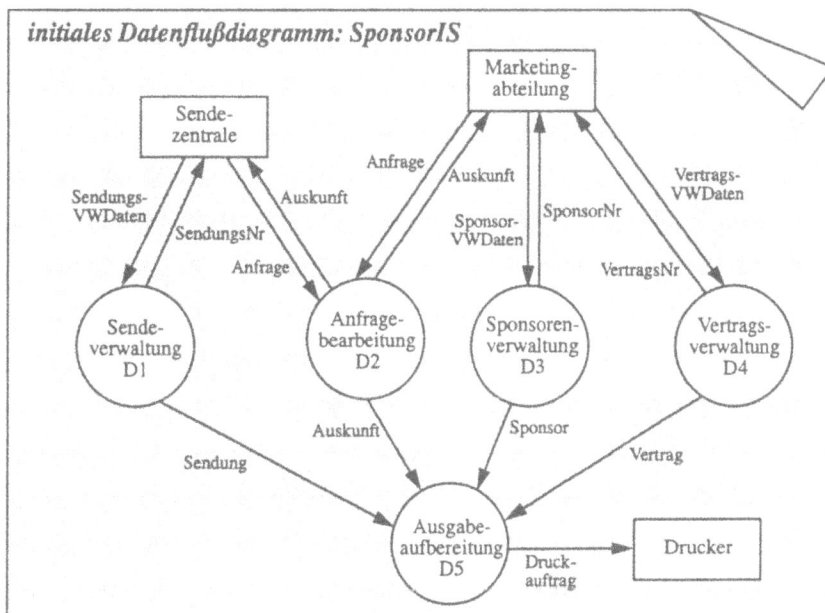

Abb. 1.4.K2 SponsorIS: Initiales Datenflußdiagramm.

Prozeß D4 "*Vertragsverwaltung*" wurde bereits verfeinert (Abb. 1.4.K3). Zur Verwaltung der Verträge sind verschiedene Operationen auf Daten der Lager "*Sponsoren*", "*Sendungen*" und "*Verträge*" notwendig:

Prozeß D4.1 "Vertragsdaten inspizieren" bestimmt die durchzuführenden Operationen und überprüft ihre Zulässigkeit. Dazu ist ein lesender Zugriff auf die Lager "*Sponsoren*", "*Sendungen*" und "*Verträge*" nötig. Zur Protokollierung der Operation werden die Daten des bearbeiteten Vertrags an den Prozeß D5 übergeben.

Prozeß D4.2 "Vertragsdaten anlegen" legt einen neuen Vertrag an und fügt ihn in das Lager "*Verträge*" ein. Voraussetzung ist, daß der Sponsor und die betreffende Show (bzw. die zugehörigen Identifikatoren "*SponsorNr*" und "*SendungsNr*") in den Lagern "*Sponsoren*" und "*Sendungen*" existieren.

Prozeß D4.3 "Vertragsdaten löschen" entfernt den Vertrag mit der übergebenen "*Vertrags-Nr*" aus dem Lager "*Verträge*". Der Prozeß wird nur dann von Prozeß D4.1 aktiviert, wenn ein solcher Vertrag im Lager existiert und entweder den Status "*bezahlt*" oder den Status "*annulliert*" besitzt. Zusätzlich muß der letzte der vertraglich vereinbarten Sendetermine der zugehörigen Show(s) verstrichen sein.

Prozeß D4.4 "Vertragsdaten ändern" korrigiert die Daten eines (existierenden) Vertrages oder ändert den Vertragstatus. Nicht geändert werden dürfen allerdings die "*SponsorNr*" und die "*SendungsNr*".

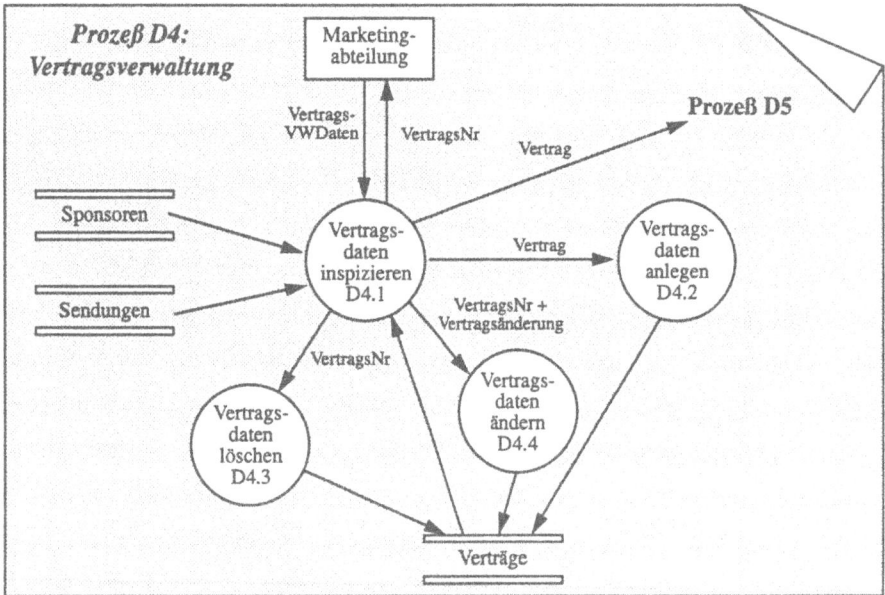

Abb. 1.4.K3 SponsorIS: Verfeinerung des Prozesses D4 *"Vertragsverwaltung"*.

Während die übrigen zentralen Prozesse noch nicht verfeinert wurden und Prozeßspezifikationen sowie Datenmodellierung noch komplett fehlen, existiert bereits eine Arbeitsversion
des Datenlexikons. Es definiert alle bisher verwendeten Bezeichner (Abb. 1.4.K4).

Anfrage	= *Anfrageattribut* + {*logische Verknüpfung* + *Anfrageattribut*}
Anfrageattribut	= *SendungsNr* I *Sendungsdaten* I *VertragsNr* I *Vertragsdaten* I ...
Auskunft	= {*Sendung*}+ {*Sponsor*} + {*Vertrag*}
Betrag	= DM I DM + Pfennig
Druckauftrag	= ** Ausgabetext in einem für den angeschlossenen Drucker ** verständlichen Format (z.B. PostScript)
Informationen	= *Auskunft* I *SendungsNr* I *SponsorNr* I *VertragsNr*
Kommando	= Aufnehmen I Ändern I Löschen
logische Verknüpfung	= ∧ I ∨
Sendetermine	= {*Datum*}
Sendung	= @*SendungsNr* + *Sendungsdaten*
Sendungsänderung	= (*Titel*) + (*Sendetermine*)
Sendungsdaten	= *Titel* + *Sendetermine*
SendungsNr	= ** z.Z. noch unbestimmter Identifikator, der automatisch vergeben wird
SendungsVWDaten	= *Kommando* + (*SendungsNr* I *SendungsNr* + *Sendungsänderung* I *Sendungsdaten*)
Sponsor	= ** siehe Aufgabenstellung
SponsorNr	= ** z.Z. noch unbestimmter Identifikator, der automatisch vergeben wird
SponsorVWDaten	= ** siehe Aufgabenstellung
SponsorISDaten	= *Anfrage* I *SendungsVWDaten* I *SponsorVWDaten* I *VertragsVWDaten*
Titel	= ** Zeichenkette beliebiger Länge
Vertrag	= @*VertragsNr* + *Vertragsdaten*

Vertragsänderung	= *(Betrag) + (Vertragsstatus) + (Sendetermine)*
Vertragsdaten	= *SponsorNr + SendungsNr + Betrag + Sendetermine + Vertragsstatus*
VertragsNr	= ** z.Z. noch unbestimmter Identifikator, der automatisch vergeben wird
Vertragsstatus	= *aktiv	bezahlt	annulliert*
VertragsVWDaten	= *Kommando + (VertragsNr | VertragsNr + Vertragsänderung | Vertragsdaten)*

Abb. 1.4.K4 Auszug aus dem SponsorIS-Datenlexikon.

Lösung zu Teilaufgabe a)

Aus der Produktskizze und dem bisherigen Stand der Produktdefinition ergeben sich die Entitätstypen *"Sponsor"*, *"Vertrag"* und *"Sendung"*. Als Attribute des Entitätstyps *"Sponsor"* identifizieren wir *"SponsorNr"*, *"Name"*, *"Adresse"* und *"Bankverbindung"*. Die Attribute der Entitätstypen *"Sendung"* und *"Vertrag"* entnehmen wir dem Datenlexikon.

Ein Vertrag zwischen dem Sender und einem Sponsor legt die Art, den Umfang und die Dauer des Engagements fest. Wir modellieren daher den Entitätstyp *"Vertrag"* als assoziativen Entitätstyp einer *"m,n"*-Beziehung zwischen den Entitätstypen *"Sponsor"* und *"Sendung"*. Beachten Sie, daß diese Art der Modellierung mit dem Datenlexikon übereinstimmt, das jeden Vertrag durch eine *"SponsorNr"* und eine *"SendungsNr"* gekennzeichnet.

Das zugehörige ER-Diagramm zeigt Abb. 1.4.L1.

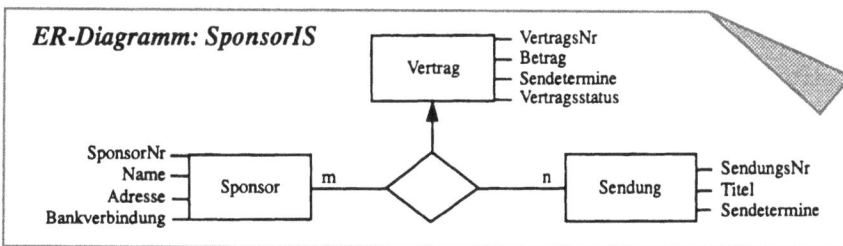

Abb. 1.4.L1 ER-Diagramm des SponsorIS.

Lösung zu Teilaufgabe b)

Die Verwaltung der Sponsoren erfordert drei Operationen auf den Datensätzen des Lagers *"Sponsoren"*: neuen Sponsor aufnehmen sowie existierenden Sponsor ändern bzw. löschen. Zur Aufnahme eines neuen Sponsors im Lager *"Sponsoren"* müssen keine Vorbedingungen erfüllt werden. Im Gegensatz dazu muß ein zu ändernder oder löschender Sponsor bereits im Lager existieren. Beim Löschen muß zusätzlich beachtet werden, daß kein gültiger Vertrag mehr mit dem Sponsor existiert, d.h. es muß lesend auf das Lager *"Verträge"* zugegriffen werden.

Lösung zu Teilaufgabe c)

Prozeß D3 *"Sponsorenverwaltung"* zerfällt in vier Unterprozesse: Prozeß D3.1 *"Sponsor-VWDaten inspizieren"* bestimmt die durchzuführende Aktion, überprüft die Zulässigkeit der übergebenen Daten und vergibt ggf. eine neue Sponsorennummer. Sind die Vorbedingungen der Aktion erfüllt, werden die Daten an einen der Prozesse D3.2, D3.3 oder D3.4 weitergeleitet und Änderungen im Lager *"Sponsoren"* an den Prozeß D5 zur Protokollierung übermittelt. Die Prozesse D3.2 *"Sponsordaten anlegen"*, D3.3 *"Sponsordaten löschen"* und D3.4 *"Sponsordaten ändern"* bearbeiten jeweils eine der unter b) beschriebenen Aufgaben.

Das zugehörige Datenflußdiagramm zeigt Abb. 1.4.L2.

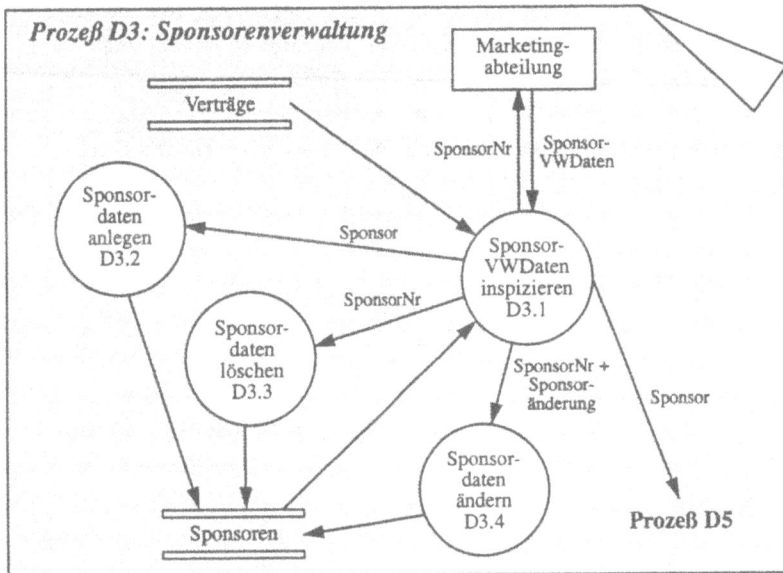

Abb. 1.4.L2 Verfeinerung des Prozesses D3 *"Sponsorenverwaltung"*.

Lösung zu Teilaufgabe d)

Im Datenlexikon fehlen die Spezifikationen der Bezeichner *"SponsorVWDaten"* und *"Sponsor"*. Außerdem müssen wir die Bezeichner *"Sponsordaten"* und *"Sponsoränderung"* ergänzen, welche die Attribute des Entitätstyps *"Sponsor"* definieren (Abb. 1.4.L3).

Sponsor	=	@*SponsorNr* + *Sponsordaten*
Sponsoränderung	=	(Name) + (Adresse) + (Bankverbindung)
Sponsordaten	=	Name + Adresse + Bankverbindung
SponsorVWDaten	=	*Kommando* + (*SponsorNr* I *SponsorNr* + *Sponsoränderung* I *Sponsordaten*)

Abb. 1.4.L3 Ergänzung des SponsorIS-Datenlexikons.

Lösung zu Teilaufgabe e)

Abb. 1.4.L4 zeigt die Spezifikation des Prozesses D4.1 *"Vertragsdaten inspizieren"* in Strukturierter Sprache.

```
PROZESS-SPEZIFIKATION Vertragsdaten inspizieren (D4.1)
Eingaben:    VertragsVWDaten          (* <– Marketingabteilung *)
Ausgaben:    Vertrag                  (* –> D5 ∨ D4.2 *)
             VertragsNr               (* –> D4.3 ∨ Marketingabteilung *)
             VertragsNr + Vertragsänderung  (* –> D4.4 *)
BEGIN
   CASE VertragsVWDaten OF
      Ändern + VertragsNr + Vertragsänderung:
         IF Einlesen des Vertrages mit VertragsNr aus Lager Verträge erfolgreich THEN
            (* – Lt. Datenlexikon enthält eine Vetragsänderung weder SponsorNr noch SendungsNr *)
            Übergib Vertrag an Prozeß D5;
            Übergib VertragsNr und Vertragsänderung an Prozeß D4.4
         END; (* IF *)
      Löschen + VertragsNr:
         IF Einlesen des Vertrages mit VertragsNr aus Lager Verträge erfolgreich THEN
            IF für Vertrag.Vertragsdaten gilt: (Vertragsstatus <> aktiv AND
                     für jedes Datum aus Sendetermine ist Datum < heutiges Datum) THEN
               Übergib Vertrag an Prozeß D5;
               Übergib VertragsNr an Prozeß D4.3
            END (* IF *)
         END; (* IF *)
      Aufnehmen + Vertragsdaten:
         IF    Einlesen des Sponsors mit Vertragsdaten.SponsorNr aus Lager Sponsoren erfolgreich AND
               Einlesen der Sendung mit Vertragsdaten.SendungsNr aus Lager Sendungen erfolgreich THEN
            Vergib neue VertragsNr;
            Vertrag := VertragsNr + Vertragsdaten;
            Übergib Vertrag an Prozeß D5;
            Übergib Vertrag an den Prozeß D4.2
         END (* IF *)
   END (* CASE *)
END Vertragsdaten inspizieren;
```

Abb. 1.4.L4 Spezifikation des Prozesses D4.1 *"Vertragsdaten inspizieren"*.

Lösung zu Teilaufgabe f)

Abb. 1.4.L5 zeigt die Spezifikation des Prozesses D4.2 *"Vertragsdaten anlegen"* mit Vor- und Nachbedingungen.

PROZESS-SPEZIFIKATION *Vertragsdaten anlegen* (D4.2)
Eingaben: *inVertrag* (* <— D4.1 *)
Vorbedingungen:
∀ *Vertrag* ∈ Lager *Verträge* gilt: *Vertrag.VertragsNr* <> *inVertrag.VertragsNr*
∧ ∃ *Sponsor* ∈ Lager *Sponsoren* mit: *Sponsor.SponsorNr* = *inVertrag.SponsorNr*
∧ ∃ *Sendung* ∈ Lager *Sendungen* mit: *Sendung.SendungsNr* = *inVertrag.SendungsNr*
Nachbedingung:
∃₁ *Vertrag* ∈ Lager *Verträge* mit: *Vertrag* = *inVertrag*
END *Vertragsdaten anlegen;*

Abb. 1.4.L5 Spezifikation des Prozesses D4.2 *"Vertragsdaten anlegen"*.

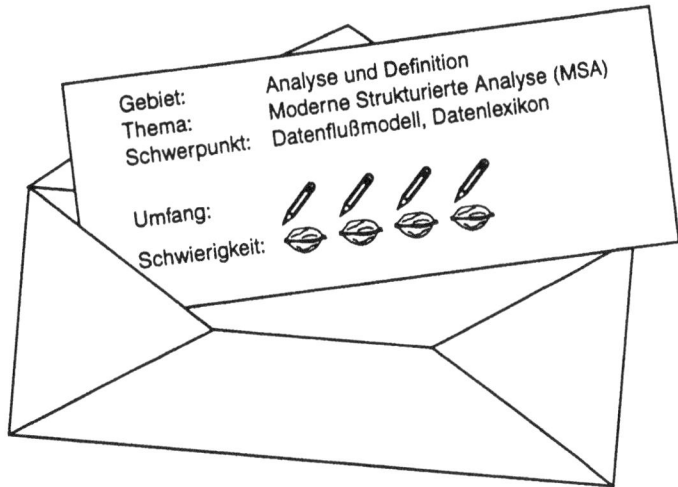

Gebiet:	Analyse und Definition
Thema:	Moderne Strukturierte Analyse (MSA)
Schwerpunkt:	Datenflußmodell, Datenlexikon

Umfang:

Schwierigkeit:

Aufgabe 1.5

Consulting

Der Geschäftsführer eines international tätigen Consulting-Unternehmens hat Ihrer Firma den Auftrag erteilt, ein Computerprogramm zu entwickeln, das ihn bei der Verwaltung, Planung und Koordinierung seiner Berater unterstützt. Die Aufgabe besteht darin, aus der Problembeschreibung und den bereits vorliegenden Teilergebnissen das Datenflußmodell und das Datenlexikon des Consulting-Informationssystems (ConsultIS) zu vervollständigen.

a) Verfeinern Sie die Prozesse D1 *"Verwaltung"* und D3.2 *"Einteilung"*. Brechen Sie ab, wenn der Abstraktionsgrad eines Prozesses eine übersichtliche und präzise Prozeßspezifikation erlaubt und zeichnen Sie die zugehörigen Datenflußdiagramme. Beschreiben Sie die Aufgaben der von Ihnen modellierten elementaren Prozesse und orientieren Sie sich an der Beschreibung des Prozesses D2 *"Ausgabeaufbereitung"*. Bei Prozessen mit ähnlichen Aufgaben braucht nur ein Prozeß beschrieben zu werden, für die übrigen Prozesse reichen entsprechende Verweise.

b) Vervollständigen Sie das Datenlexikon, indem Sie die Einträge *"Verwaltungsdaten"* und *"Einsatzdaten"* vor dem Hintergrund des fertigen Datenflußmodells präzisieren.

Beschränken Sie sich bei der Bearbeitung auf die beschriebenen Systemanforderungen und lassen Sie eventuell sinnvolle Erweiterungen unberücksichtigt. Beachten Sie die Balancierungsregeln der MSA.

Vorarbeiten

Bei Ihrer Arbeit können sie auf die Problembeschreibung des ConsultIS und einige Teile des MSA-Modells zurückgreifen.

Problembeschreibung

Der Geschäftsführer beschreibt seine Tätigkeit wie folgt:

„In meiner Firma arbeiten neben Mitarbeitern im Innendienst zur Zeit über 30 Berater, die weltweit mehr als 650 Firmen betreuen. Die Kunden setzen sich telefonisch mit mir in Verbindung und teilen mir ihr Problem mit. Ich fülle ein Projektformular mit einer Problembeschreibung und der Firmenkennzahl aus. Projekte werden fortlaufend durchnumeriert. Projektformulare werden auch über das Projektende hinaus aufgehoben, um ggf. auftretende Rückfragen beantworten zu können.

Da die Dauer eines Projekts schlecht kalkulierbar ist, arbeiten wir nach Zeit mit folgender Systematik: Nach Auftragseingang wird das Projekt einem gerade freien Berater zugeteilt, der den Kunden vor Ort betreut. In dem Projektformular vermerke ich seine Personalnummer und seinen Namen. Nach Abschluß des Projekts meldet sich der Mitarbeiter bei mir und kann einem neuen Projekt zugeteilt werden. (Zur Vereinfachung nehmen wir also an, daß Projekte stets von einzelnen Beratern erledigt und keine Beraterteams gebildet werden.)

Mein Wunsch ist es, die Verwaltungs- und Koordinationsarbeiten mit Hilfe eines Computerprogramms zu vereinfachen. Dazu wäre es hilfreich, wenn ich sowohl die Firmen- und Mitarbeiterdaten als auch die eingegangenen Aufträge mit Hilfe dieses Programms bearbeiten könnte. Um den Datenbestand immer aktuell zu halten, benötige ich außerdem die zwei Sonderfunktionen:

❑ Zur Zeit wird in der Mitarbeiterkartei zwischen aktiven und passiven Beratern unterschieden. Aktive Berater sind noch im Beratungsgeschäft tätig. Passive Mitarbeiter sind entweder aus dem Beratungsgeschäft oder ganz aus der Firma ausgeschieden. Um Fragen zu zurückliegenden Projekten bearbeiten zu können, werden auch passive Mitarbeiter noch einige Zeit in der Beraterkartei geführt. Alle passiven Berater, von denen wir keine Projektunterlagen mehr aufgehoben haben, sollen bei Bedarf aus dem System entfernt werden.

❑ Alle Projekte, deren Projektende länger als ein von mir angegebenes Datum zurückliegt, sollen bei Bedarf gelöscht werden.

Aktuelle Informationen über die Mitarbeiter, Projekte und Kunden möchte ich schnell und einfach erhalten. Es ist z.B. wichtig festzustellen, welches Projekt ein Berater gerade bearbeitet und welche (noch relevanten) Projekte er bei bestimmten Kunden früher durchgeführt hat. Zusätzlich möchte ich alle Daten über ein Projekt ausdrucken können, d.h. Kundendaten (z.B.

Name, Adresse und Ansprechpartner) sowie den Namen und die Personalnummer des eingeteilten Beraters."

Produktdefinition (Auszug): ER-Modell, Datenflußmodell und Datenlexikon

Aus den Angaben des Geschäftsführers erstellen wir zunächst das ER-Modell des Consulting-Informationssystems. In einem ersten Schritt identifizieren wir zwei Entitätstypen *"Berater"* und *"Kunde"* und verknüpfen sie über einen *"n,m"*-Beziehungstyp *"berät"*. Da
Informationen über jede Beratungstätigkeit in einem Projektformular festgehalten werden,
wandeln wir den Beziehungstyp *"berät"* in einen assoziativen Entitätstyp *"Projekt"* um und
attribuieren ihn geeignet. Abb. 1.5.K1 zeigt das zugehörige ER-Diagramm. Die genaue Spezifikation der Attribute enthält das Datenlexikon.

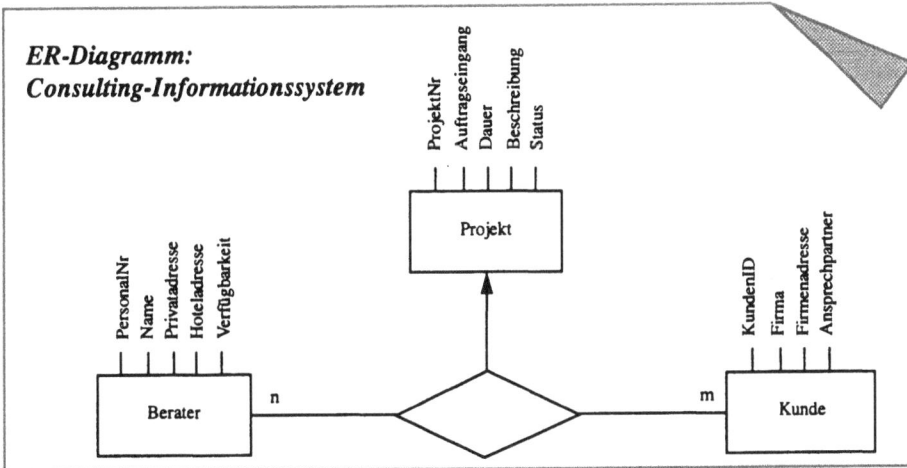

Abb. 1.5.K1 ER-Diagramm des ConsultIS.

Wir wenden uns nun dem Datenflußmodell zu. Im Problembereich identifizieren wir mit dem
"Drucker" und dem *"Geschäftsführer"* zwei Begrenzer, was unmittelbar zu dem Kontextdiagramm in Abb. 1.5.K2 führt.

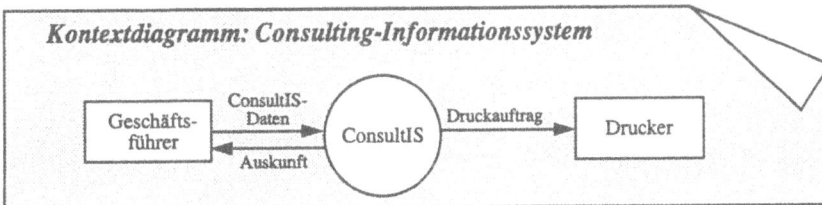

Abb. 1.5.K2 Kontextdiagramm des ConsultIS.

Der Geschäftsführer verwaltet Projekte, Berater und Kunden (Bereich Verwaltung), informiert sich über die aktuellen Aktivitäten und teilt mit Hilfe dieser Informationen die Berater
ein (Bereich Koordinierung). Der Drucker dient zur Ausgabe von Projektdaten. Es ergibt sich
das initiale Datenflußdiagramm in Abb. 1.5.K3, in dem wir zur besseren Übersichtlichkeit
auf die Darstellung der Lager verzichtet haben.

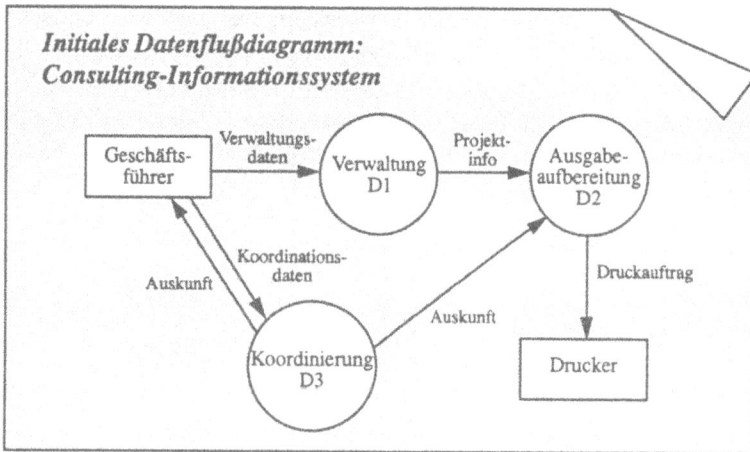

Initiales Datenflußdiagramm:
Consulting-Informationssystem

Geschäfts-
führer

Verwaltungs-
daten

Verwaltung
D1

Projekt-
info

Ausgabe-
aufbereitung
D2

Auskunft

Koordinations-
daten

Druckauftrag

Auskunft

Koordinierung
D3

Drucker

Abb. 1.5.K3 Initiales Datenflußdiagramm des ConsultIS.

Während die Prozesse D1 und D3 weiter verfeinert werden müssen, lassen sich die Aufgaben
von Prozeß D2 *"Ausgabeaufbereitung"* wie folgt informell beschreiben:

Prozeß D2 *"Ausgabeaufbereitung"* transformiert die Ausgabedaten in ein für den angeschlossenen Drucker verständliches Format und übermittelt sie als *"Druckauftrag"* an
den *"Drucker"*.

Der Prozeß D3 *"Koordinierung"* zerfällt in die Prozesse D3.1 *"Informationsretrieval"* und
D3.2 *"Einteilung"*. Beide Prozesse sind noch zu komplex und müssen weiter zerlegt werden.
Um den Prozeß D3.1 *"Informationsretrieval"* verfeinern zu können, fehlen allerdings noch
nähere Angaben, für die der Geschäftsführer erneut interviewt werden muß. Da das Ergebnis
dieser Befragung noch nicht vorliegt, ist die Betrachtung von Prozeß D3.1 zunächst aufzu-
schieben und nicht mehr Gegenstand dieser Projektphase. Spezifikationen der Prozesse D1
"Verwaltung" und D3.2 *"Einteilung"* sind Gegenstand der Aufgabenstellung.

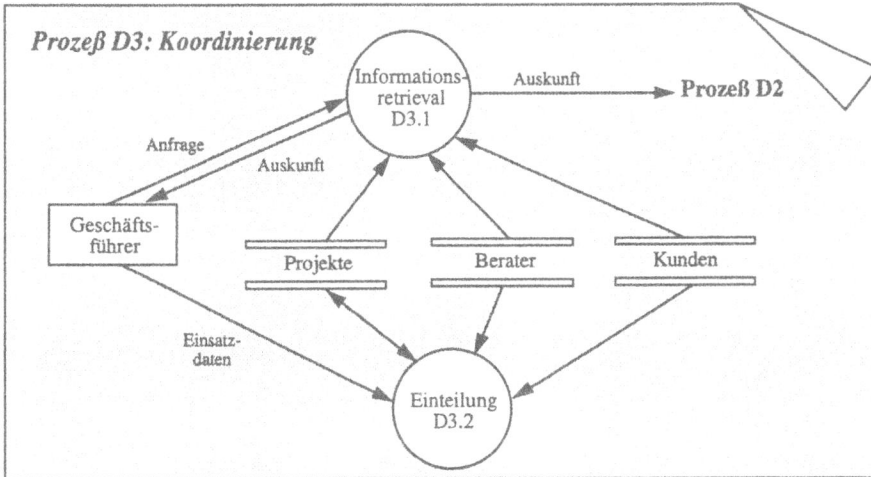

Abb. 1.5.K4 Verfeinerung von Prozeß D3 "*Koordinierung*".

Die Definition der im ER-Modell und den Datenflußdiagrammen verwendeten Daten hat zu dem (vorläufigen) Datenlexikon in Abb. 1.5.K5 geführt.

Adresse	▪ Land + Postleitzahl + Stadt + Straße + HausNr
Anfrage	▪ ** noch offen
Ansprechpartner	▪ Name + (*Abteilung*) + *Telekommunikation*
Auftragseingang	▪ *Datum*
	** Eingangsdatum des Auftrags
Auskunft	▪ ** Anfrageergebnis, die Spezifikation ist noch offen
Berater	▪ @*PersonalNr* + Name + *Privatadresse* + *Hoteladresse* + *Verfügbarkeit*
Beschreibung	▪ *Text*
	** Auftragsbeschreibung
ConsultISDaten	▪ *Verwaltungsdaten I Koordinationsdaten*
Dauer	▪ *Projektbeginn* + *Projektende*
Druckauftrag	▪ ** Ausgabetext in einem für den angeschlossenen Drucker
	** verständlichen Format (z.B. PostScript)
Einsatzdaten	▪ ** in Teilaufgabe b) zu definieren
Firma	▪ Rechtsform + Firmenname
Firmenadresse	▪ *Adresse + Telekommunikation*
Hoteladresse	▪ Hotelname + (*Zimmernummer*) + *Adresse* + *Telekommunikation*
Koordinationsdaten	▪ *Einsatzdaten I Anfrage*
Kunde	▪ @*KundenID* + *Firma* + *Firmenadresse* + *Ansprechpartner*
KundenID	▪ ** wird von der Kundenbetreuung - also außerhalb des ConsultIS - vergeben
PersonalNr	▪ ** wird vom Personalbüro - also außerhalb des ConsultIS - vergeben
Privatadresse	▪ *Adresse* + (*Telekommunikation*)
Projekt	▪ @*ProjektNr* + *PersonalNr* + *KundenID* + *Auftragseingang* + *Dauer*
	+ *Beschreibung* + *Status*
Projektbeginn	▪ *Datum*
Projektende	▪ *Datum*

Projektinfo	= *Projekt + Firma + Fimenadresse + Ansprechpartner* + Name
ProjektNr	= CARDINAL
	** wird automatisch vom System vergeben
Status	= eingegangen I in Bearbeitung I abgeschlossen
Telekommunikation	= Telefonnummer + (Faxnummer) + (email)
Verfügbarkeit	= aktiv I passiv
	** Mitarbeiter ist oder war im Beratungsgeschäft tätig
Verwaltungsdaten	= ** in Teilaufgabe b) zu definieren

Abb. 1.5.K5 Datenlexikon des ConsultIS (Auszug).

Lösung zu Teilaufgabe a)

Zu verfeinern sind die Prozesse D1 *"Verwaltung"* und D3.2 *"Einteilung"*. Wir beginnen mit dem Prozeß D1. Entsprechend der drei Entitätstypen *"Projekt"*, *"Kunde"* und *"Berater"* modellieren wir drei Unterprozesse D1.1 *"Projektverwaltung"*, D1.2 *"Kundenverwaltung"* und D1.3 *"Beraterverwaltung"* (Abb. 1.5.L1).

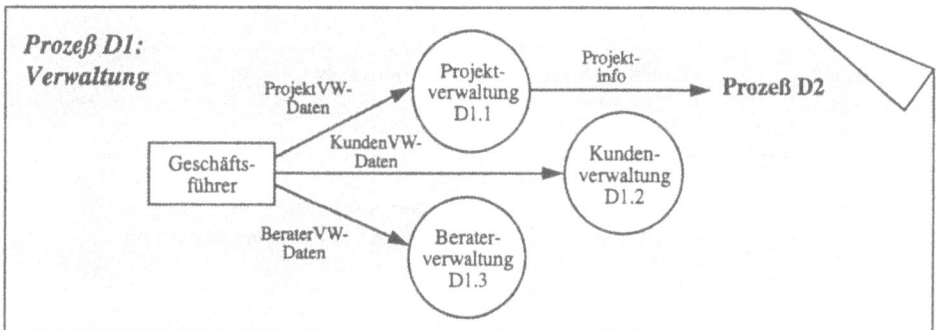

Abb. 1.5.L1 Verfeinerung von Prozeß D1 *"Verwaltung"*.

Da alle drei Prozesse noch zu komplex für eine direkte Beschreibung sind, zerlegen wir weiter. Es entstehen die Datenflußdiagramme in den Abbildungen 1.5.L2 bis 1.5.L4. Grob gesprochen läßt sich jeder der drei Verwaltungsprozesse in jeweils vier Unterprozesse verfeinern. Der erste Prozeß inspiziert die Verwaltungsdaten, prüft die gewünschte Aktion auf Durchführbarkeit und leitet die Daten ggf. an einen der anderen Prozesse, beispielsweise zum Einfügen oder Ändern von Datensätzen weiter.

Prozeß D1.1.1 "ProjektVWDaten inspizieren" teilt die Eingaben in Kommando und Daten auf, interpretiert und leitet die Daten in aufbereiteter Form an die Folgeprozesse weiter. Konkret unterscheidet der Prozeß zwischen den Kommandos *"Drucken"*, *"Ändern"* und *"Einfügen"*. Im ersten Fall wird zunächst das zu der übergebenen

"*ProjektNr*" gehörende Projekt aus dem Lager "*Projekte*" herausgesucht. Falls es existiert, werden aus den Lagern "*Kunden*" und "*Berater*" die zugehörigen Kunden- und Beraterdaten geholt, um die notwendigen Informationen für die Projektinfo herauszufiltern und — wie in der Problembeschreibung gefordert — zum Prozeß D2 "*Ausgabeaufbereitung*" (und dann zum Drucker) weiter zu leiten. Erkennt der Prozeß ein Änderungs- bzw. Einfügekommando, so werden die übergebenen Daten geprüft und an die entsprechenden Prozesse und D1.1.3 "*Projekt ändern*" bzw. D1.1.2 "*Projekt initiieren*" übergeben.

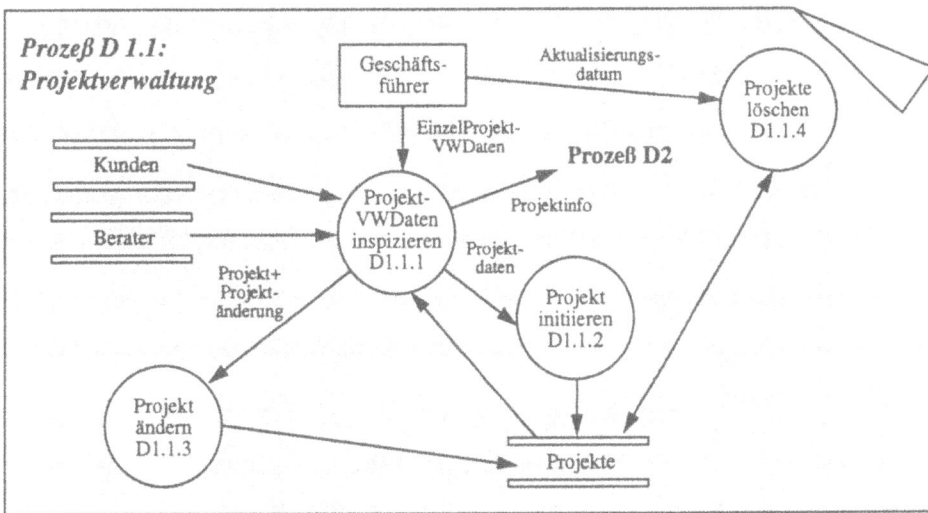

Abb. 1.5.L2 Verfeinerung von Prozeß D1.1 "*Projektverwaltung*".

Prozeß D1.1.2 "Projekt initiieren" erzeugt ein neues Projekt aus den übergebenen "*Projektdaten*" und fügt es in das Lager "*Projekte*" ein. Der Status mit "*eingegangen*" initialisiert, während "*PersonalNr*" und "*Projektdauer*" erst zu einem späteren Zeitpunkt vergeben werden.

Prozeß D1.1.3 "Projekt ändern" ändert das übergebene Projekt gemäß der in "*Projektänderung*" übergebenen Daten und schreibt es in das Lager "*Projekte*" zurück.

Prozeß D1.1.4 "Projekte löschen" entfernt alle Projekte, die vor dem angegebenen "*Aktualisierungsdatum*" abgeschlossen wurden, aus dem Lager "*Projekte*".

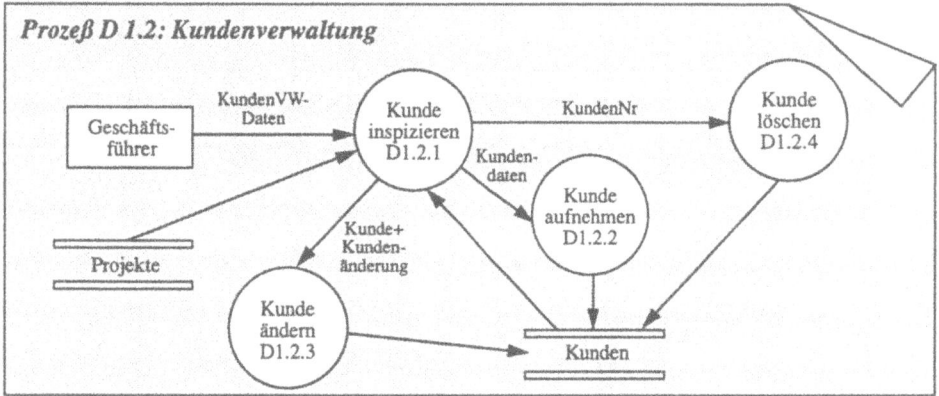

Abb. 1.5.L3 Verfeinerung von Prozeß D1.2 "*Kundenverwaltung*".

Prozeß D1.2.1 "Kunde inspizieren" wertet die "*KundenVWDaten*" aus und überprüft die Zulässigkeit der gewünschten Aktion. So dürfen z.B. die Daten eines Kunden nur dann aus dem Lager "*Kunden*" entfernt werden, wenn das Lager "*Projekte*" kein Projekt mit dieser Firma mehr enthält.

Prozeß D1.2.2 "Kunde aufnehmen" übernimmt im wesentlichen analoge Aufgaben wie Prozeß D1.1.2.

Prozeß D1.2.3 "Kunde ändern" übernimmt analoge Aufgaben wie Prozeß D1.1.3.

Prozeß D1.2.4 "Kunde löschen" entfernt den Kunden mit der übergebenen "*KundenNr*" aus dem Lager "*Kunden*", sofern dies zulässig ist (vgl. Prozeß D1.2.1).

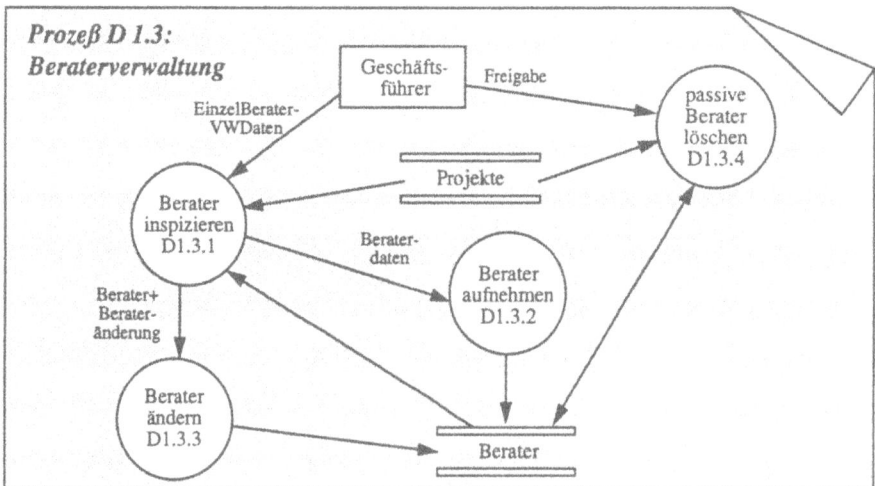

Abb. 1.5.L4 Verfeinerung von Prozeß D1.3 "*Beraterverwaltung*".

Prozeß D1.3.1 "Berater inspizieren" wertet die "*EinzelBeraterVWDaten*" aus und überprüft die Zulässigkeit der gewünschten Aktion. So darf z.B. ein aktiver Berater nur zu einem passiven Berater geändert werden, wenn er gerade kein Projekt betreut.

Prozeß D1.3.2 "Berater aufnehmen" übernimmt analoge Aufgaben wie Prozeß D1.1.2.

Prozeß D1.3.3 "Berater ändern" übernimmt analoge Aufgaben wie Prozeß D1.1.3.

Prozeß D1.3.4 "passive Berater löschen" entfernt alle Berater aus dem Lager "*Berater*", die passiv sind und auf die keine Projekte im Lager "*Projekte*" mehr verweisen.

Wir wenden uns schließlich dem Prozeß D3.2 "*Einteilung*" zu, der ebenfalls einmal verfeinert werden muß. Abb. 1.5.L5 zeigt das zugehörige Datenflußdiagramm, dessen Prozesse elementar sind, d.h. nicht weiter zerlegt werden.

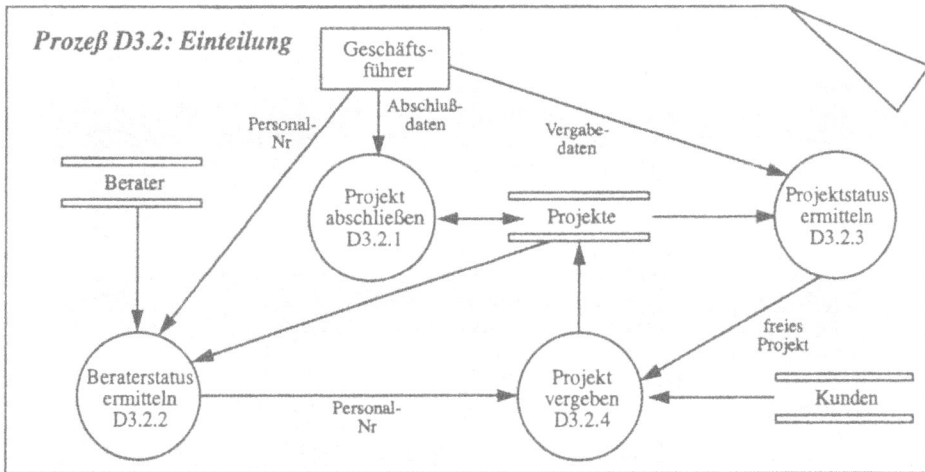

Abb. 1.5.L5 Verfeinerung von Prozeß D3.2 "*Einteilung*".

Prozeß D 3.2.1 "Projekt abschließen" stellt fest, ob das in den "*Abschlußdaten*" spezifizierte Projekt in Bearbeitung ist. Wenn ja, so wird das Projekt als abgeschlossen markiert und das "*Projektende*" eingetragen.

Prozeß D3.2.2 "Beraterstatus ermitteln" überprüft, ob der Berater mit der "*PersonalNr*" gerade frei, d.h. aktiv und nicht einem Projekt in Bearbeitung zugeteilt, ist. Wenn ja, so wird die "*PersonalNr*" an den Prozeß D3.2.4 "*Projekt vergeben*" übergeben.

Prozeß D3.2.3 "Projektstatus ermitteln" kontrolliert, ob das in den "*Vergabedaten*" spezifizierte Projekt den Status "*eingegangen*" besitzt. Wenn ja, so wird das Projekt mit dem vorgesehenen "*Projektbeginn*" an den Prozeß D3.2.4 "*Projekt vergeben*" übergeben.

Prozeß D3.2.4 "Projekt vergeben" markiert das übergebene Projekt im Lager *"Projekte"* als in Bearbeitung, trägt den *"Projektbeginn"* ein und ordnet ihm die *"PersonalNr"* des eingeteilten Beraters zu.

Lösung zu Teilaufgabe b)

Die bei der Komplettierung des Datenflußmodells benötigten Datenbezeichner, die nicht bereits im Datenlexikon in Abb. 1.5.K5 definiert sind, ergänzt Abb. 1.5.L6.

Abschlußdaten	= *ProjektNr* + *Projektende*
Aktualisierungsdatum	= Datum
Berateränderung	= (*Privatadresse*) + (*Hoteladresse*) + (*Verfügbarkeit*) + (*Name*)
Beraterdaten	= *PersonalNr* + *Name* + *Privatadresse* + (*Hoteladresse*) + *Verfügbarkeit*
BeraterVWDaten	= *EinzelBeraterVWDaten* I *Freigabe*
Einsatzdaten	= *PersonalNr* I *Vergabedaten* I *Abschlußdaten*
EinzelBeraterVWDaten	= *Aufnehmen* + *Beraterdaten* I *Ändern* + *PersonalNr* + *Berateränderung*
EinzelProjektVWDaten	= *Aufnehmen* I *Ändern* I *Drucken* + (*ProjektNr*) + (*Projektdaten* I *Projektänderung*)
freies Projekt	= *Projekt* + *Projektbeginn*
Freigabe	= BOOLEAN
Kundenänderung	= (*Firma*) + (*Firmenadresse*) + (*Ansprechpartner*)
Kundendaten	= *Firma* + *Firmenadresse* + *Ansprechpartner*
KundenVWDaten	= *Aufnehmen* I *Ändern* I *Löschen* + *KundenID* + (*Kundendaten* I *Kundenänderung*)
Projektänderung	= (*PersonalNr*) + (*Beschreibung*) + (*Status*) + (*Dauer*)
Projektdaten	= *KundenID* + *Auftragseingang* + *Beschreibung*
ProjektVWDaten	= *EinzelProjektVWDaten* I *Aktualisierungsdatum*
Vergabedaten	= *ProjektNr* + *Projektbeginn*
Verwaltungsdaten	= *ProjektVWDaten* I *KundenVWDaten* I *BeraterVWDaten*

Abb. 1.5.L6 Fehlende Teile des ConsultIS-Datenlexikons.

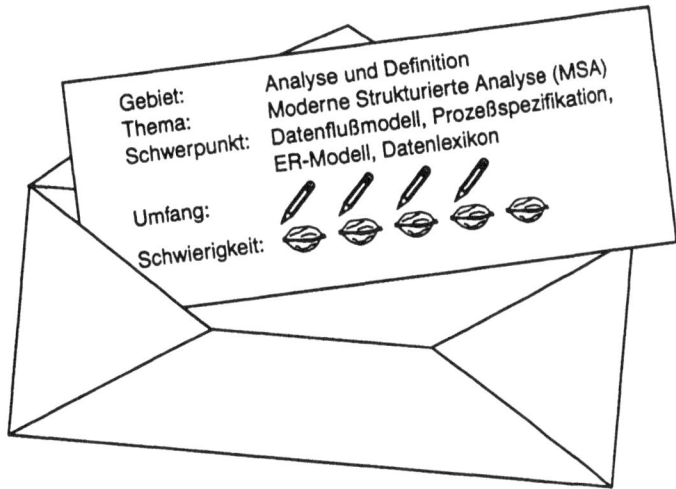

Gebiet: Analyse und Definition
Thema: Moderne Strukturierte Analyse (MSA)
Schwerpunkt: Datenflußmodell, Prozeßspezifikation, ER-Modell, Datenlexikon

Umfang:

Schwierigkeit:

Aufgabe 1.6

Buchverleih (MSA)

Eine Bibliothek will ihren Kundenservice verbessern. In einem ersten Schritt sollen Verleih-vorgänge und Bestandsauskünfte durch ein Computerprogramm beschleunigt werden. Die Vergabe eines entsprechenden Auftrags an ein Softwareunternehmen soll auf Basis einer Mo-dernen Strukturierten Analyse des Systems erfolgen. Eine Produktskizze des Bibliotheken-Informationssystems (BibIS) mit allen relevanten Informationen liegt bereits vor. Ihre Auf-gabe ist es, aus den informellen Angaben der Produktskizze die Anforderungen herauszuar-beiten und in eine konsistente MSA zu überführen. Dabei ergeben sich folgende Teilaufgaben:

a)   Erstellen Sie ein ER-Diagramm des BibIS. Geben Sie zu jedem Entitätstyp minde-stens zwei Attribute an.

b)   Bereiten Sie die Datenflußmodellierung vor, indem Sie zunächst die Begrenzer festle-gen und ihre Schnittstellen zu den Systemfunktionalitäten aufzählen. Arbeiten Sie an-schließend die zentralen Prozesse des BibIS heraus.

c)   Komplettieren Sie die Datenflußmodellierung. Achten Sie dabei auf eine übersichtli-che Darstellung der Datenflußdiagramme. Es genügt, wenn Sie die Aufgabe der ein-zelnen Prozesse informell beschreiben.

d)   Spezifizieren Sie vier elementare Prozesse ihrer Wahl. Die Prozesse sollten so gewählt werden, daß für zwei von ihnen die Strukturierte Sprache und für die übrigen zwei Prozesse Vor- und Nachbedingungen die sinnvollste Spezifikationstechnik darstellt.

e)   Erstellen Sie das Datenlexikon ihres MSA-Modells. Allgemein bekannte Bezeichner
        wie *"Name"*, *"Datum"* oder *"Adresse"* brauchen Sie dabei nicht weiter zu verfeinern.

Beachten Sie bei der Bearbeitung der Teilaufgaben die MSA-Regeln zur Balancierung der
Teilmodelle und beschränken Sie sich auf die Analyse der in der Produktskizze angegebenen
Aspekte des Systems. Analysieren Sie diese vollständig, aber nehmen Sie keine späteren Er-
weiterungsmöglichkeiten in Ihre Datenflußdiagramme auf, da ansonsten die Aufgabe zu umfangreich wird.

Vorarbeiten

Bei Ihrer Arbeit können Sie sich auf die folgende Produktskizze des BibIS abstützen.

Bibliotheken-Informationssystems (BibIS)

Produktskizze

vorgelegt am . . .

durch . . .

I.   Problembeschreibung, Projektziele

II.   Funktionsumfang, Außenverhalten

III.   Benutzerprofil

IV.   Akzeptanzkriterien

V.   Entwicklungs- Einsatz- und Wartungsumgebung,
        Schnittstellen, Nebenbedingungen

VI.   Lösungsstrategien

VII.   Informationsquellen, Glossar

BibIS - 1

Produktskizze   BibIS Endversion

I   Problembeschreibung, Projektziele

In einem Bibliotheken-Informationssystem (BibIS) sollen Informationen über Kunden und Bücher verwaltet werden (*Kunde* bezeichnet hier Benutzer der Bibliothek zur besseren Unterscheidbarkeit von den *Benutzern* des BibIS). Primäre Ziele der Entwicklung sind:

- schnelle Bearbeitung von Änderungen im Buchbestand sowie Unterstützung beim Aufnehmen und Löschen von Kunden (Verwaltungstätigkeiten);

- computerunterstützte Auskünfte über den aktuellen Buchbestand und Unterstützung der Ausleihe (Dienstleistungen).

An das System soll ein Drucker angeschlossen werden. Gedruckte Auskünfte sollen direkt an die Kunden weitergegeben werden. Zusätzlich ermöglicht ein Ausdruck der Verwaltungsdaten (Buchkatalog und Kundenkartei) in aktueller Fassung eine Bestandskontrolle per Hand.

II   Funktionsumfang, Außenverhalten

Funktionsumfang und Außenverhalten des BibIS in seiner ersten Realisierungsstufe lassen sich grob in die Bereiche Bestandsverwaltung, Kundenverwaltung, Informationsretrieval und Verleih unterteilen:

a) Bestandsverwaltung

Zur Verwaltung des Buchbestandes sind folgende Funktionen anzubieten:

- Aufnehmen oder Löschen eines Buches;

- Anzeigen und Ändern von Buchdaten;

- Ausgeben von Buchdaten (auf dem angeschlossenen Drucker);

- Überprüfen von Buchdaten vor Ausführung der Verwaltungsoperationen (Existiert das gesuchte Buch? Ist das gesuchte Buch ausgeliehen? Ist die vom Bibliothekar gewählte Signatur eines neu aufzunehmenden Buches schon vergeben?).

Veränderte Bestandsdaten werden auf dem angeschlossenen Drucker protokolliert.

b) Kundenverwaltung

Zur Verwaltung der Kundendaten sind folgende Funktionen anzubieten:

- Eintragen bzw. Löschen von Kunden;

- Anzeigen und Ändern von Kundendaten;

- Überprüfen von Kundendaten vor Ausführung der Verwaltungsoperationen (Existiert der Kunde in der Kundenkartei? Hat der Kunde noch Bücher ausgeliehen?).

BibIS - 2

BibIS Endversion   Produktskizze

c) Informationsretrieval

Folgende Arten von Anfragen müssen unterstützt werden:

• Welche Bücher eines bestimmten Autors existieren im Bestand?

• Suche alle Bücher mit einem bestimmten Titel.

• Zeige alle Bücher eines bestimmten Autors mit einem bestimmten Titel.

Auskünfte über ein Buch sollen neben Titel, Autor und Signatur auch Angaben darüber enthalten, ob das Buch gerade ausgeliehen ist.

Weitere Anfragen, wie die Suche nach Büchern unter bestimmten Schlagworten, weitergehende Informationen über einen bestimmten Autor oder die Verwaltung mehrerer Autoren pro Buch, bleiben einer späteren Erweiterung des Systems vorbehalten.

Informationen über den aktuellen Buchbestand werden stets ausgedruckt

d) Verleih

Als Aufgaben der Ausleihe treten folgende Anforderungen auf:

• Buchausgabe abwickeln und Leihscheine ausstellen;[1]

• Buchrückgabe abwickeln (ohne Kontrolle der fristgemäßen Rückgabe);

In einer späteren Erweiterung kann auch das Mahnwesen und die Kontrolle der fristgemäßen Rückgabe, aufgenommen werden.

...

Informationen über Ausleihvorgänge können optional ausgedruckt werden:

III   Benutzerprofil

Die Benutzung des Systems ist ausschließlich dem Bibliothekar gestattet. Der Bibliothekar ist somit sowohl für die Verwaltung, als auch für die Ausleihe und die Auskunftserteilung zuständig.

Bei einer späteren Erweiterung auf ein Mehrbenutzersystem können diese Aufgaben getrennt und unterschiedliche Benutzergruppen berücksichtigt werden.

IV   Akzeptanzkriterien

Die wichtigsten Kriterien sind die Laufzeit bei Kundenanfragen und Ausleihvorgängen. Die durchschnittliche Bearbeitungszeit soll signifikant unter der bisherigen manuellen Bearbeitung liegen.

Operationen der Ausleihe und Veränderungen am Buchbestand unterliegen besonderen Sicherheitsanforderungen und sind beim Testen primär zu berücksichtigen.

---

1 Zur Vereinfachung können Sie davon ausgehen, daß jeder Leihschein den Ausleihvorgang eines einzelnen Buches beschreibt. Falls mehrere Bücher gleichzeitig ausgeliehen werden, ist für jedes Buch ein separater Leihschein auszustellen. Leihscheine werden nach der Buchrückgabe nicht weiter aufbewahrt.

BibIS - 3

Produktskizze   BibIS Endversion

V   Entwicklungs-, Einsatz- und Wartungsumgebung,
         Schnittstellen, Nebenbedingungen

         Die Entwicklungs-, Einsatz- und Wartungsumgebung ist ein LINUX-Betriebs-
         system. Das Fabrikat des anzuschließenden Druckers ist noch unbestimmt.
         Das BibIS wird als Einzelplatzsystem entwickelt.

         Der Typ der Benutzungsoberfläche wird später festgelegt; es genügt zunächst
         eine alphanumerische Oberfläche.

         Spätere Systemerweiterungen um eine Komponente zum Datenaustausch
         mit Systemen anderer Bibliotheken und die Umstellung auf Mehrbenutzersy-
         stem mit direkten Zugriffsmöglichkeiten der Kunden sind angedacht.

VI   Lösungsstrategien

         Änderungen am Buch- oder Kundenbestand kann ausschließlich der Biblio-
         thekar vornehmen.

         Die regelmäßige Aktualisierung der Kundenkartei und des Buchkatalogs liegt
         also ausschließlich in der Verantwortung des Bibliothekars. Das BibIS proto-
         kolliert jede Veränderung automatisch auf dem Drucker.

         Bei allen Tätigkeiten, die am Datenbestand eine Veränderung verursachen,
         muß vorher die Durchführbarkeit der Aktion geprüft werden. Z.B. können nur
         vorhandene Bücher verliehen oder aus dem Bestand genommen werden.

VII.   Informationsquellen, Glossar

         ...

BibIS - 4

Lösung zu Teilaufgabe a)

Ein erster Ansatz zur ER-Modellierung leitet sich direkt aus der Produktbeschreibung ab (Abb. 1.6.L1).

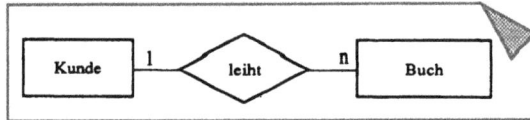

Abb. 1.6.L1 ER-Modellierung (1.Versuch).

Bei der Attributierung stellt sich heraus, daß eine leichte Überarbeitung notwendig ist:

❏   Eine Entität des Entitätstyps "*Buch*" wird durch die Attributtypen (kurz: Attribute) "*Autor*", "*Titel*" und "*Signatur*" beschrieben. Die "*Signatur*" identifiziert ein Buch eindeutig, d.h. das Attribut eignet sich als Schlüsselattribut des Entitätstyps "*Buch*".

❏   Von einem Kunden interessiert uns der Name und die Anschrift. Da jede Entität des Entitätstyps "*Kunde*" eindeutig identifizierbar sein muß und die Attribute "*Name*" und "*Anschrift*" keine Eindeutigkeit gewährleisten, ergänzen wir das Schlüsselattribut "*KundenID*".

❏   Der "*leiht*"-Beziehungstyp zwischen den Entitätstypen "*Kunde*" und "*Buch*" ist durch die Attribute "*Ausleihtag*" und "*Rückgabetermin*" charakterisiert, also attributiert. Entsprechend führen wir einen assoziativen Entitätstyp "*Leihschein*" ein und ordnen ihm diese Attribute zu. Ein zusätzliches Schlüsselattribut ist hier nicht notwendig, da das BibIS nur Leihscheine der aktuell entliehenen Bücher speichert, so daß ein Leihschein durch seine Beziehung zum ausgeliehenen Buch eindeutig identifizierbar ist.

Das endgültige ER-Diagramm zeigt Abb. 1.6.L2.

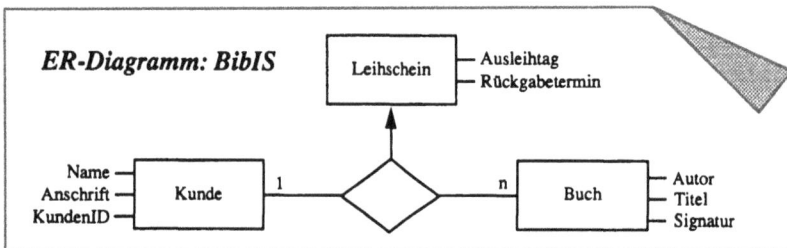

Abb. 1.6.L2 ER-Diagramm des BibIS.

Lösung zu Teilaufgabe b)

Begrenzer modellieren die Schnittstellen des BibIS mit der realen Welt. Ausgehend von den Personen, die mit dem BibIS kommunizieren, läßt sich nur eine einzige Benutzergruppe identifizieren, die wir durch den Begrenzer "*Bibliothekar*" repräsentieren. Durch Prüfen der Kommunikation des Systems mit externen Geräten oder Computersystemen erkennen wir mit dem am BibIS angeschlossenen "*Drucker*" einen zweiten Begrenzer.

Es ergeben sich folgende Schnittstellen zu den Begrenzern:

"*Bibliothekar*":	Bibliothekare stellen die einzige Benutzergruppe des Systems, d.h. ein Bibliothekar initiiert alle Bearbeitungsvorgänge des BibIS und muß mit den vier zentralen Prozessen "*Bücherverwaltung*", "*Kundenverwaltung*", "*Informationsretrieval*" und "*Verleih*" kommunizieren, die sich direkt aus den Bemerkungen zum Funktionsumfang bzw. Außenverhalten in der Produktskizze ableiten.
"*Drucker*":	Der Drucker dient zur Ausgabe von Druckaufträgen. Da diese unabhängig von dem Prozeß, der die Druckaufträge veranlaßt, stets gleich aufgebaut sein sollten, wird der Drucker von einem Prozeß "*Ausgabeaufbereitung*" angesteuert.

Lösung zu Teilaufgabe c)

Da eine Ereignismodellierung im BibIS nicht notwendig ist, entfällt die Umsetzung eines Zustandsübergangsdiagramms in entsprechende Kontrollprozesse des Datenflußmodells. Wir beginnen daher die Datenflußmodellierung nach der outside in-Methode und erstellen auf Basis der Ergebnisse von Teilaufgabe b) ein initiales Datenflußdiagramm, das als Grundlage zur Entwicklung der Hierarchie von Datenflußdiagrammen dient (bottom up in Richtung Kontextdiagramm und top down in Richtung Elementarprozesse).

In Teilaufgabe b) wurden die Begrenzer "*Bibliothekar*" und "*Drucker*" sowie die zentralen Prozesse "*Bücherverwaltung*", "*Kundenverwaltung*", "*Informationsretrieval*", "*Verleih*" und "*Ausgabeaufbereitung*" identifiziert, die wir jetzt in das initiale Datenflußdiagramm übernehmen.

Bei der Festlegung des Datenflusses zwischen den Prozessen und Begrenzern stellen wir fest, daß der Bibliothekar alle Prozesse anstößt und mit Daten versorgt. Von den Prozessen "*Kundenverwaltung*" und "*Informationsretrieval*" fließen außerdem neu vergebene "*KundenID*" bzw. Anfrageergebnisse zurück an den Bibliothekar. Laut Produktskizze werden ferner veränderte Bestandsdaten (Prozesse "*Bücherverwaltung*" und "*Kundenverwaltung*") und Informationen über den aktuellen Buchbestand (Prozeß "*Informationsretrieval*") stets und Informationen über Ausleihvorgänge (Prozeß "*Verleih*") optional ausgedruckt. Der Drucker kann folglich Aufträge von allen zentralen Prozessen erhalten. Zwischen den Prozessen *"Bücherverwaltung"*, *"Kundenverwaltung"*, *"Informationsretrieval"* und *"Verleih"* selbst findet keine Kommunikation statt.

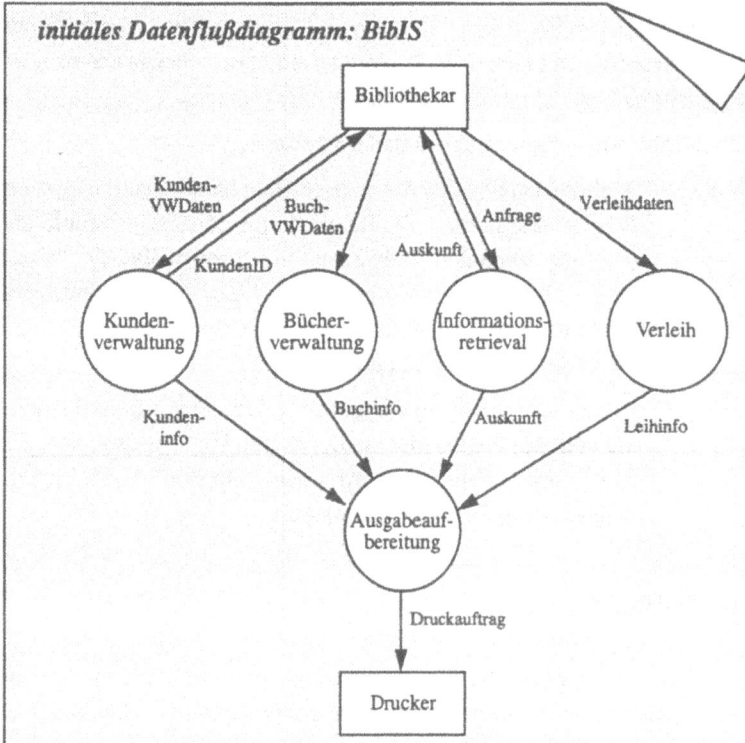

Abb. 1.6.L3 Initiales Datenflußdiagramm des BibIS.

Die Ergebnisse aus Teilaufgabe a) implizieren zusammen mit den MSA-Balancierungsregeln, daß wir bei der Datenflußmodellierung auf die Lager *"Kunden"*, *"Bücher"* und *"Leihscheine"* zugreifen können. Zur besseren Übersichtlichkeit haben wir diese bei der Darstellung des initialen Datenflußdiagramms in Abb. 1.6.L3 nicht berücksichtigt, skizzieren jedoch ihre Benutzung durch die zentrale Prozesse:

❑   Der Prozeß *"Verleih"* benötigt Informationen aus allen drei Lagern, kann aber ausschließlich im Lager *"Leihscheine"* Informationen verändern.

❑   Die Forderung, daß Auskünfte über ein Buch neben Titel, Autor und Signatur auch Angaben darüber enthalten sollen, ob das Buch gerade ausgeliehen ist, impliziert den lesenden Zugriff des Prozesses *"Informationsretrieval"* auf die Lager *"Bücher"* und *"Leihscheine"*.

❑ Der Prozeß *"Bücherverwaltung"* verändert die Informationen im Lager *"Bücher"*. Um erforderliche Konsistenzprüfungen (z.B. darf ein verliehenes Buch nicht gelöscht werden) durchführen zu können, ist zusätzlich ein lesender Zugriff des Prozesses *"Bücherverwaltung"* auf das Lager *"Leihscheine"* vonnöten.

❑ Der Prozeß *"Kundenverwaltung"* greift entsprechend auf das Lager *"Kunden"* lesend und schreibend zu, während ihm auf das Lager *"Leihscheine"* für Konsistenzprüfungen wiederum nur lesende Zugriffe gestattet sind.

Im allgemeinen ergibt sich durch größere Umstrukturierungen aus dem initialen Datenflußdiagramm eine Hierarchie von Datenflußdiagrammen, an deren Spitze das Kontextdiagramm steht. Da im vorliegenden Fall das initiale Diagramm wenig umfangreich ist, sind keine Umstrukturierungen notwendig. Das Diagramm bleibt bis auf die Numerierung seiner Prozesse unverändert. Wir numerieren die Prozesse wie folgt

D1: Prozeß *"Bücherverwaltung"*;

D2: Prozeß *"Kundenverwaltung"*;

D3: Prozeß *"Informationsretrieval"*;

D4: Prozeß *"Verleih"*;

D5: Prozeß *"Ausgabeaufbereitung"*.

Das Kontextdiagramm entsteht durch Zusammenfassen dieser fünf Prozesse (Abb. 1.6.L4).

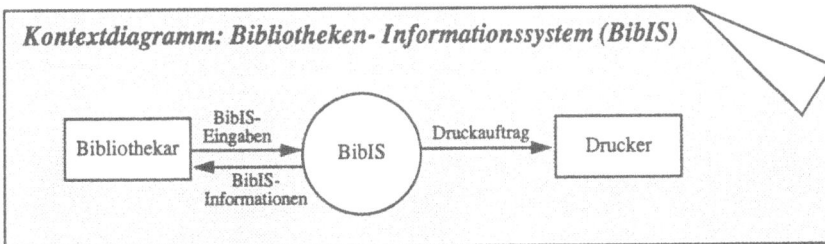

Abb. 1.6.L4 Kontextdiagramm des BibIS.

Wir beginnen nun mit der top down-Verfeinerung der Prozesse D1 - D4. Der Prozeß D5 *"Ausgabeaufbereitung"* kann (nach Festlegung der Ausgabetexte und Formatierungsvorschriften) direkt als Prozeßspezifikation formuliert werden, so daß keine Verfeinerung notwendig ist.

Die Verfeinerung des Prozesses D1 *"Bücherverwaltung"* erfolgt durch funktionale Zerlegung. Zur Verwaltung des Buchbestandes sind verschiedene Operationen auf den Datensätzen des Lagers *"Bücher"* erforderlich. Der Prozeß D1.1 *"BuchVWDaten inspizieren"* bestimmt dabei die gewünschte Aktion und überprüft ihre Zulässigkeit.

Mögliche Aktionen sind z.B:

☐   Ausgabe eines einzelnen Datensatzes;

☐   Ausgabe aller Datensätze auf dem Drucker;

☐   Ändern eines Datensatzes;

☐   Aufnehmen eines neuen Datensatzes;

☐   Löschen eines Datensatzes.

Kontextabhängige Überprüfungen der erhaltenen *"BuchVWDaten"* durch Prozeß D1.1 *"BuchVWDaten inspizieren"* sind z.B.:

☐   Existiert ein zu änderndes Buch?

☐   Ist ein zu löschendes Buch z.Z. ausgeliehen?

☐   Ist die Signatur eines neu aufzunehmenden Buches schon vergeben?

Abb. 1.6.L5   Verfeinerung von Prozeß D1 *"Bücherverwaltung"*.

Die Situation um Prozeß D1.1 ist in vieler Hinsicht typisch für Prozesse, die Benutzereingaben verarbeiten. Die Eingaben werden in Kommando und Daten aufgeteilt und interpretiert. Die Daten werden in aufbereiteter Form an Folgeprozesse weitergeleitet. Ausgaben, die aus diesen Eingabedaten direkt ableitbar sind, bzw. Meldungen über fehlerhafte Eingaben tauchen in den Diagrammen nicht als Datenfluß auf.

Kunden- und Buchbestand werden im wesentlichen gleich verwaltet, d.h. Prozeß D2 wird analog zu Prozeß D1 verfeinert. Änderungen eines Kundendatensatzes im Lager *"Kunden"* sind dabei jederzeit erlaubt, während ein Kunde nur gelöscht werden darf, wenn er keine Bücher mehr ausgeliehen hat. Im Gegensatz zu der Signatur eines neu aufzunehmenden Buches wird die KundenID eines Neukunden nicht extern (d.h. vom Bibliothekar) vergeben, sondern automatisch durch das BibIS gesetzt und dem Benutzer mitgeteilt (Abb. 1.6.L6).

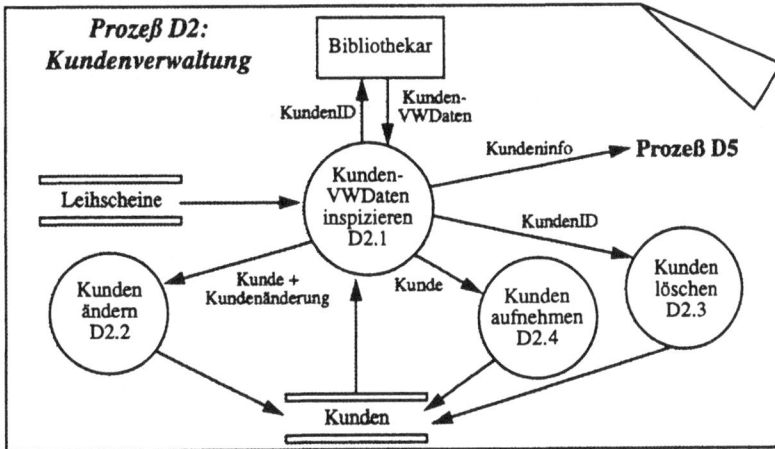

Abb. 1.6.L6 Verfeinerung des Prozesses D2 "*Kundenverwaltung*".

Als nächstes betrachten wir den Prozeß D3 "*Informationsretrieval*", der Antworten auf folgende Anfragen liefert:

❑   Welche Bücher eines bestimmten Autors existieren im Bestand?

❑   Sind Bücher mit einem bestimmten Titel verfügbar?

❑   Hat ein Autor ein Buch mit einem bestimmten Titel geschrieben?

Für jedes Buch, das die Anfragebedingung erfüllt, wird zusätzlich geprüft, ob es z.Z. ausgeliehen ist, und das Anfrageergebnis auf dem Drucker ausgegeben (Abb. 1.6.L7).

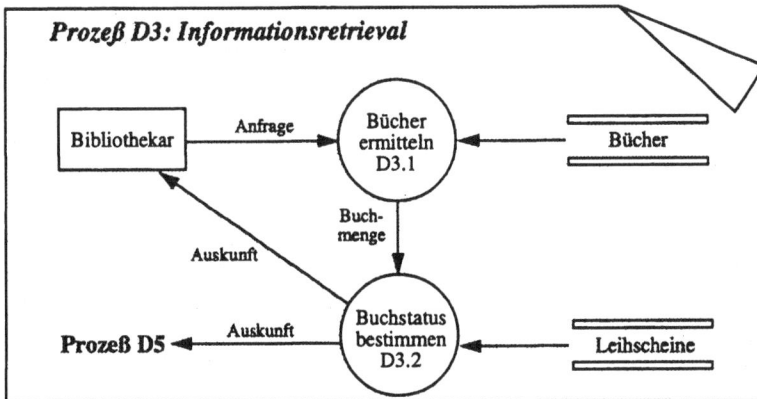

Abb. 1.6.L7 Verfeinerung des Prozesses D3 "*Informationsretrieval*".

Prozeß D4 "*Verleih*" modelliert das Entleihen bzw. Zurückgeben von Büchern und wird wie folgt verfeinert (Abb. 1.6.L8):

❑   Prozeß D4.1 "*Validiere Buchausgabe*" kontrolliert mit Hilfe der Lager "*Kunden*" und "*Bücher*", ob der im Ausleihauftrag angegebene Kunde und das gewünschte Buch existieren. Mit Hilfe des Lagers "*Leihscheine*" wird ferner geprüft, ob das gewünschte Buch zur Zeit verliehen ist. Ist die Ausleihe möglich, so werden die Ausleihdaten an den Prozeß D4.2 "*Leihschein aufnehmen*" übergeben.

❑   Prozeß D4.2 erzeugt einen entsprechenden Leihschein und fügt ihn in das Lager "*Leihscheine*" ein.

❑   Prozeß D4.3 "*Validiere Buchrückgabe*" kontrolliert den übergebenen Rückgabeauftrag. Ist das durch die Signatur angegebene Buch z.Z. ausgeliehen, wird die Signatur an den Prozeß D4.4 "*Leihschein löschen*" übermittelt. Die Kontrolle einer fristgemäßen Rückgabe ist in dieser Version nicht vorgesehen, kann aber durch einen weiteren Prozeß (der unter Umständen noch weiter verfeinert werden muß) problemlos in das Datenflußdiagramm integriert werden.

❑   Prozeß D4.4 löscht den Leihschein mit der angegebenen Signatur aus dem Lager "*Leihscheine*".

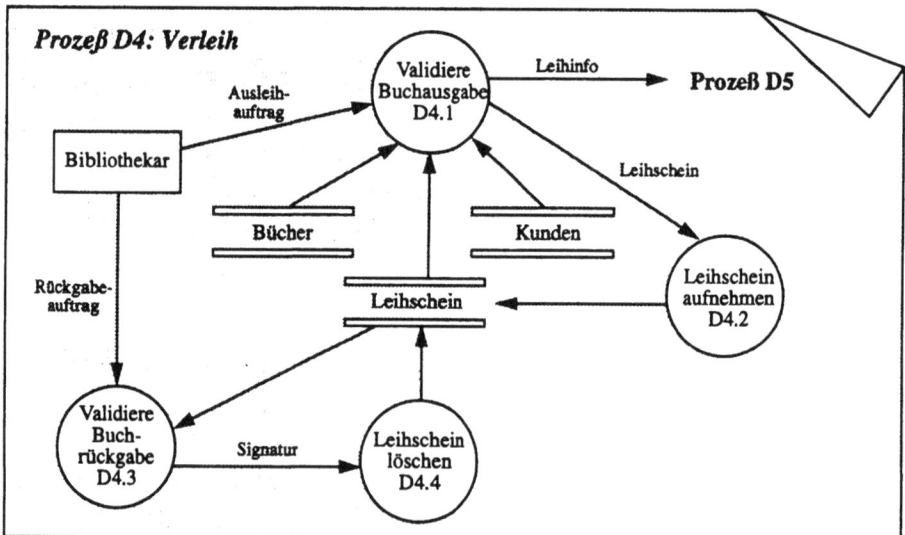

Abb. 1.6.L8 Verfeinerung von Prozeß D4 "*Verleih*".

Lösung zu Teilaufgabe d)

Da die zu spezifizierenden elementaren Prozesse durch die Aufgabenstellung nicht konkret festgelegt sind, geben wir zur Kontrolle alle wichtigen Prozeßspezifikationen unter Verwendung der jeweils am besten geeigneten Spezifikationstechnik an. Wir beginnen mit den Prozessen D1.1 - D1.4 aus Abb. 1.6.L5.

```
PROZESS-SPEZIFIKATION BuchVWDaten inspizieren (D1.1)
Eingaben: BuchVWDaten              (* <– Bibliothekar *)
Ausgaben: Buch + Buchänderung      (* –> D1.2 *)
          Signatur                 (* –> D1.3 *)
          Buch                     (* –> D1.4 *)
          Buchinfo                 (* –> D5 *)

BEGIN
  CASE BuchVWDaten OF
    Drucken + Signatur:
      IF Einlesen des Buches mit der Signatur aus dem Lager Bücher erfolgreich THEN
        IF Einlesen des Leihscheins mit Signatur aus Lager Leihscheine erfolgreich THEN
              Buchinfo := Buch + Leihschein.Rückgabedatum
        ELSE
              Buchinfo := Buch
        END; (* I F *)
        Übergib Buchinfo an Prozeß D5
      END; (* IF *)
    I Drucken:
      Lies erstes Buch aus Lager Bücher;
      WHILE Lager Bücher noch nicht vollständig inspiziert DO
        IF Einlesen des Leihscheins mit Buch.Signatur aus Lager Leihscheine erfolgreich THEN
              Buchinfo := Buch + Leihschein.Rückgabedatum
        ELSE
              Buchinfo := Buch
        END; (* I F *)
        Übergib Buchinfo an Prozeß D5;
        Lies nächstes Buch aus Lager Bücher
      END; (* WHILE *)
    I Ändern + Signatur + Buchänderung:
      IF Einlesen des Buches mit Signatur aus Lager Bücher erfolgreich THEN
        IF Einlesen des Leihscheins mit Signatur aus Lager Leihscheine erfolgreich THEN
              Buchinfo := Buch + Leihschein.Rückgabedatum
        ELSE
              Buchinfo := Buch
        END; (* I F *)
        Übergib Buchinfo an Prozeß D5;
        Übergib Buchänderung und Buch an Prozeß D1.2
      END; (* IF *)
```

```
| Löschen + Signatur:
    IF Einlesen des Leihscheins mit Signatur aus Lager Leihscheine nicht erfolgreich
       AND Einlesen des Buches mit Signatur aus Lager Bücher erfolgreich THEN
       Übergib Signatur an Prozeß D1.3
       Buchinfo := Buch + Löschen + Tagesdatum
       Übergib Buchinfo an Prozeß D5
    END; (* IF *)
| Aufnehmen + Signatur + Buchdaten
    IF Einlesen des Buches mit Signatur aus Lager Bücher nicht erfolgreich THEN
       Buch := Signatur + Buchdaten;
       Übergib Buch an Prozeß D1.4
       Buchinfo := Buch + Aufnehmen + Tagesdatum
       Übergib Buchinfo an Prozeß D5
    END; (* IF *)
ELSE
    Eingabefehler: BuchVWDaten sind fehlerhaft!
END (* CASE *)
END BuchVWDaten inspizieren;
```

Abb. 1.6.L9 Spezifikation des Prozesses D1.1 *"BuchVWDaten inspizieren"*.

```
PROZESS-SPEZIFIKATION Buch ändern (D1.2)
Eingaben:    Buch + Buchänderung    (* <– D1.1 *)
BEGIN
  CASE Buchänderung OF
    Titel:
        Ersetze Buch.Titel durch Buchänderung.Titel;
    | Autor:
        Ersetze Buch.Autor durch Buchänderung.Autor;
    | Titel + Autor:
        Ersetze Buch.Titel durch Buchänderung.Titel;
        Ersetze Buch.Autor durch Buchänderung.Autor
  END; (* CASE *)
  Überschreibe im Lager Bücher den alten Datensatz mit Buch.Signatur
END Buch ändern;
```

Abb. 1.6.L10 Spezifikation des Prozesses D1.2 *"Buch ändern"*.

```
PROZESS-SPEZIFIKATION Buch löschen (D1.3)
Eingaben:  Signatur     (* <– D1.1 *)
Vorbedingungen:
∃₁ Buch ∈ Lager Bücher: Buch.Signatur = Signatur
Nachbedingungen:
∀ Buch ∈ Lager Bücher: Buch.Signatur <> Signatur
END Buch löschen;
```

Abb. 1.6.L11 Spezifikation des Prozesses D1.3 *"Buch löschen"*.

```
PROZESS-SPEZIFIKATION Buch aufnehmen (D1.4)
Eingaben:    inBuch         (* <– D1.1 *)
Vorbedingungen:
∀ Buch ∈ Lager Bücher: Buch.Signatur <> inBuch.Signatur
Nachbedingungen:
∃₁ Buch ∈ Lager Bücher mit: Buch.Signatur = inBuch.Signatur
END Buch aufnehmen;
```

Abb. 1.6.L12 Spezifikation des Prozesses D1.4 "*Buch aufnehmen*".

Wir kommen nun zu den Prozessen D3.1 und D3.2 (Abb. 1.6.L7) sowie D4.2 und D4.4 (Abb.
1.6.L8). Die Spezifikationen der Prozesse D1.3 und D4.4 bzw. D1.4 und D4.2 unterscheiden
sich dabei kaum, was zum einen an der Ähnlichkeit der Aufgaben liegt und zum anderen daran, daß die notwendigen Konsistenzüberprüfungen, welche die Durchführbarkeit der Prozesse sicherstellen, bereits durch vorgeschaltete Prozesse ausgeführt werden.

```
PROZESS-SPEZIFIKATION Bücher ermitteln (D3.1)
Eingaben: Anfrage              (* <– Bibliothekar *)
Ausgaben: Buchmenge            (* –> D3.2 *)
BEGIN
   CASE Anfrage OF
     Titel:
        Buchmenge := { Buch aus Lager Bücher | Buch.Titel =Anfrage.Titel }
     | Autor:
        Buchmenge := { Buch aus Lager Bücher | Buch.Autor =Anfrage.Autor }
     | Titel + Autor:
        Buchmenge := { Buch aus Lager Bücher | Buch.Autor =Anfrage.Autor
                   ∧ Buch.Titel =Anfrage.Titel }
   END; (* CASE *)
   Übergib Buchmenge an Prozeß D3.2
END Bücher ermitteln;
```

Abb. 1.6.L13 Spezifikation des Prozesses D3.1 "*Bücher ermitteln*".

```
PROZESS-SPEZIFIKATION Buchstatus bestimmen (D3.2)
Eingaben: Buchmenge            (* <– D3.1 *)
Ausgaben: Auskunft             (* –> Bibliothekar ∧ D5 *)
BEGIN
   Auskunft := {};
   FOR jedes Buch aus Buchmenge DO
     IF Einlesen des Leihscheins mit Buch.Signatur aus Lager Leihscheine erfolgreich THEN
        Buchinfo := Buch + Leihschein.Rückgabedatum
     ELSE
        Buchinfo := Buch
     END; (* I F *)
```

```
        Füge Buchinfo in Auskunft ein
    END; (* FOR *)
    Übergib Auskunft an Prozeß D5 und an den Bibliothekar
END Buchstatus bestimmen;
```

Abb. 1.6.L14 Spezifikation des Prozesses D3.2 "*Buchstatus bestimmen*".

```
PROZESS-SPEZIFIKATION Leihschein aufnehmen (D4.2)
Eingaben: inLeihschein          (* <— D4.1 *)
Vorbedingungen:
∀ Leihschein ∈ Lager Leihscheine: Leihschein.Signatur <> inLeihschein.Signatur
Nachbedingungen:
∃₁ Leihschein ∈ Lager Leihscheine: Leihschein = inLeihschein
END Leihschein aufnehmen;
```

Abb. 1.6.L15 Spezifikation des Prozesses D4.2 "*Leihschein aufnehmen*".

```
PROZESS-SPEZIFIKATION Leihschein löschen (D4.4)
Eingaben: Signatur          (* <— D4.3 *)
Vorbedingungen:
∃₁ Leihschein ∈ Lager Leihscheine: Leihschein.Signatur = Signatur
Nachbedingungen:
∀ Leihschein ∈ Lager Leihscheine: Leihschein.Signatur <> Signatur
END Leihschein löschen;
```

Abb. 1.6.L16 Spezifikation des Prozesses D4.4 "*Leihschein löschen*".

Lösung zu Teilaufgabe e)

Alle Bezeichner und ihre Bedeutung definiert das Datenlexikon des BibIS (Abb. 1.6.L17).

Anfrage	= Autor I Titel I Autor + Titel
Ausleihauftrag	= Signatur + KundenID + Rückgabetermin
Ausleihstatus	= Bücher entliehen I keine Bücher entliehen
Ausleihtag	= Datum
Auskunft	= {Buchinfo}
	** wobei n ≥ 0
Autor	= Name
BibISEingaben	= KundenVWDaten I BuchVWDaten I Verleihdaten I Anfrage
BibISInformationen	= KundenID I Auskunft
Buch	= @Signatur + Autor + Titel
Buchänderung	= Autor I Titel I Autor + Titel
Buchinfo	= Buch + (Rückgabetermin)

Buchdaten	=	*Autor + Titel*
Buchmenge	=	*{Buch}^{n}*
		** wobei n $\geq$ 0
BuchVWDaten	=	*Kommando + (Signatur + (Buchänderung | Buchdaten))*
Druckauftrag	=	** Ausgabetext in einem für den angeschlossenen Drucker
		** verständlichen Format (z.B. PostScript)
Kommando	=	*Aufnehmen	Ändern	Löschen	Drucken*
Kunde	=	*@KundenID + Personendaten*
Kundenänderung	=	*Name	Anschrift	Name + Anschrift*
KundenID	=	** z.Z. nicht näher bestimmter Kundenidentifikator, der automatisch
		** vergeben wird
Kundeninfo	=	*Kunde + Ausleihstatus*
KundenVWDaten	=	*Kommando + (KundenID | KundenID + Kundenänderung | Personendaten)*
Leihschein	=	*@Signatur + KundenID + Ausleihtag + Rückgabetermin*
Leihinfo	=	*KundenID + Name + Signatur + Titel + Ausleihtag + Rückgabetermin*
Personendaten	=	*Name + Anschrift*
Rückgabeauftrag	=	*Signatur*
Rückgabetermin	=	*Datum*
		** letztmöglicher Rückgabetag
Signatur	=	** noch nicht näher bestimmter Buchidentifikator; wird vom Bibliothekar vergeben
Titel	=	Text
Verleihdaten	=	*Ausleihauftrag	Rückgabeauftrag*

Abb. 1.6.L17 Das BibIS-Datenlexikon.

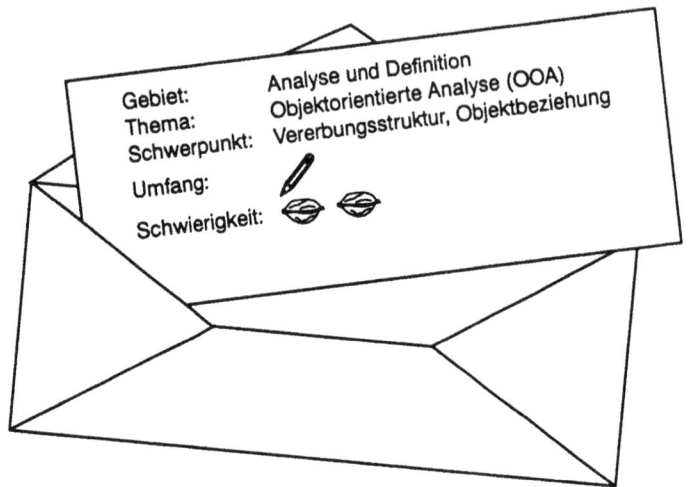

Aufgabe 1.7

Ebene

Das in Abb. 1.7.K1 dargestellte OOA-Modell beschreibt in vereinfachter Form Ebenen in einem 3-dimensionalen Vektorraum, die geometrische Objekte der Klassen Punkt und Segment enthalten können.

a) Das Objektmodell in Abb. 1.7.K3 verletzt Konsistenzbedingungen der Objektbeziehungen des OOA-Modells in Abb. 1.7.K1. Beschreiben Sie die Fehler und modifizieren Sie das Objektmodell geeignet, bis alle Fehler beseitigt sind.

b) Außer Punkte und Segmente kann eine Ebene auch Kreise, Rechtecke und Quadrate enthalten. Die zugehörigen Klassen zeichnen sich durch folgende Eigenschaften aus:

- Ein *Kreis* wird durch seinen Mittelpunkt und seinen Radius > 0 eindeutig festgelegt. Der Mittelpunkt eines Kreises darf keinem anderen geometrischen Objekt zugeordnet werden.

- Ein *Rechteck* wird durch seinen Mittelpunkt, zwei Seitenlängen > 0 und einen Rotationswinkel eindeutig beschrieben. Weiterhin darf der Mittelpunkt eines Rechtecks keinem anderen geometrischen Objekt (z.B. als End- oder Mittelpunkt) zugeordnet werden.

- Ein *Quadrat* ist ein Rechteck mit gleichlangen Seiten.

Ergänzen Sie die graphische Darstellung des OOA-Modells aus Abb. 1.7.K1 um die Klassen Kreis, Rechteck und Quadrat. Dienste und Attribute brauchen nicht mit aufgeführt werden.

Vorarbeiten

Abb. 1.7.K1 zeigt ein vereinfachtes OOA-Modell einer 2-dimensionalen euklidischen Ebene, die Punkte und Segmente enthalten kann. Punkte werden durch ihre beiden Koordinatenwerte beschrieben. Ein Segment ist durch einen Anfangs- und einen Endpunkt charakterisiert (die beide Teilobjekte desselben Ebeneobjekts wie das Segment sind).

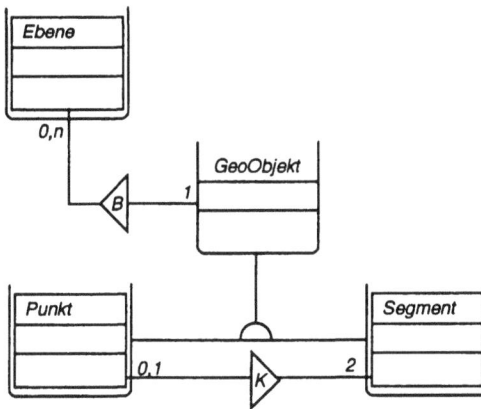

Abb. 1.7.K1 Vereinfachtes OOA-Modell 2-dimensionaler Ebenen.

Abb. 1.7.K2 zeigt ein *Objektmodell*. Während ein OOA-Modell (vgl. Abb. 1.7.K1) die Eigenschaften der Analyseklassen und -objekte wiedergibt, die zu jedem beliebigen Zeitpunkt im Problembereich gelten müssen, stellt ein Objektmodell eine Momentaufnahme einer möglichen, nach dem OOA-Modell zulässigen Objektkonstellation im Problembereich dar. Die graphische Darstellung eines Objektmodells stellt alle Objekte mit ihren Namen, ihren augenblicklich vorhandenen Objektbeziehungen und ggf. mit den aktuellen Werten ihrer Attribute dar; auf die Darstellung der entsprechenden Analyseklassen wird verzichtet.

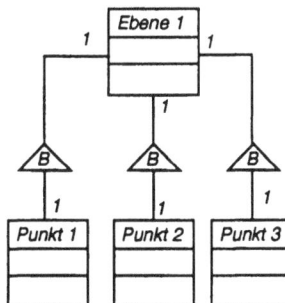

Abb. 1.7.K2 : Zulässiges Objektmodell

Abb. 1.7.K2 zeigt ein zu Abb. 1.7.K1 zulässiges Objektmodell, wenn wir davon ausgehen, daß die in Abb. 1.7.K2 dargestellten Objekte anhand ihres Namens den entsprechenden Klassen Punkt und Ebene des OOA-Modells aus Abb. 1.7.K1 zugeordnet werden.

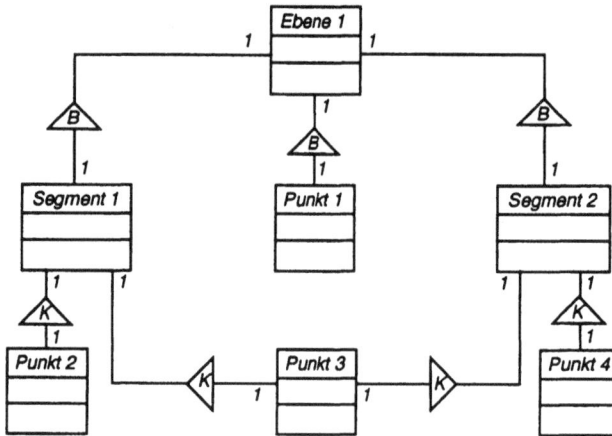

Abb. 1.7.K3 Unzulässiges Objektmodell.

Lösung zu Teilaufgabe a)

Das Objektmodell aus Abb. 1.7.K3 enthält zwei Fehler.

❑   Der erste Fehler betrifft die drei Objekte *Punkt 2*, *Punkt 3* und *Punkt 4*: Die Klasse Punkt ist eine Unterklasse der abstrakten Klasse *GeoObjekt*. Sie erbt also insbesondere die Behälterbeziehung zur Klasse Ebene, die durch ihre Ordnung zwingend vorschreibt, das jedes *Punkt*-Objekt in genau einem Objekt der Klasse Ebene enthalten ist. Die angesprochenen Punktobjekte erfüllen diese Anforderung nicht.
Zur Korrektur ergänzen wir das Objektmodell um je eine gerichtete Objektbeziehung zwischen den Teilobjekten *Punkt 2*, *Punkt 3* und *Punkt 4* und dem Behälterobjekt Ebene 1 (Abb. 1.7.L1).

❑   Der zweite Fehler betrifft das Objekt *Punkt 3*, das konstruktiver Bestandteil der Objekte *Segment 1* und *Segment 2* ist. Die Ordnung der Konstruktionsbeziehung zwischen Punkt- und Segmentobjekten verbietet hier, daß ein Punkt Teil mehrerer Segmente ist.
Zur Korrektur ergänzen wir das Objektmodell um den *Punkt 5*, der eine Kopie von *Punkt 3* ist und als Teilobjekt von *Segment 2* eingefügt wird (Abb. 1.7.L1).

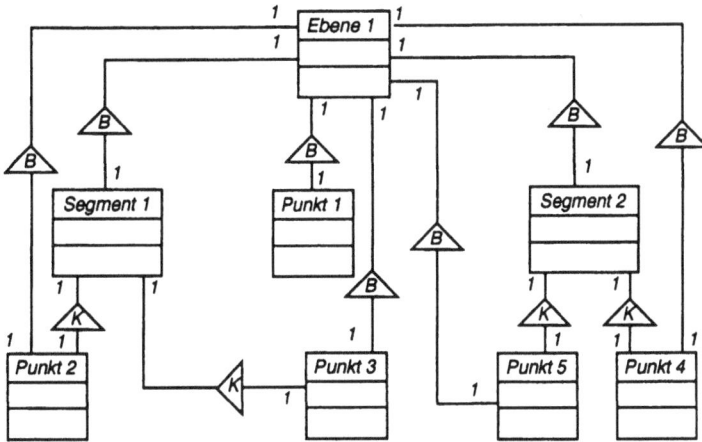

Abb. 1.7.L1 Korrigiertes Objektmodell.

Lösung zu Teilaufgabe b)

Wir ergänzen das OOA-Modell aus Abb. 1.7.K1 um die Klasse *Kreis*, eine weitere direkte Unterklasse der abstrakten Klasse *GeoObjekt*. Da ein Kreis aus einem Mittelpunkt besteht, fügen wir noch die Konstruktionsbeziehung zwischen den Klassen *Punkt* und *Kreis* ein. Ein Kreis hat genau einen Mittelpunkt, während ein Punkt höchstens ein Teilobjekt eines Kreises sein darf. Wir berücksichtigen diese Einschränkungen, indem wir die beiden Enden der Konstruktionsbeziehung mit Kardinalitäten 1 bzw. 0,1 versehen. Die Forderung, daß jeder Kreismittelpunkt kein Teilobjekt eines anderen Objekts der Ebene (z.B. Segment) sein darf, wird im OOA-Modell graphisch nicht zum Ausdruck gebracht, sondern kann nur als Invariante der Klasse *Punkt* notiert werden (Abb. 1.7.L2).

Als nächstes fügen wir die Klasse *Rechteck* ein. Ein Rechteck besitzt zwar einen Mittelpunkt und seine Ausdehnung wird durch Längenangaben charakterisiert, es unterscheidet sich aber durch seine natürlichen Eigenschaften (z.B. Eckpunkte, Diagonalen usw.) so stark von einem Kreis, daß die Klasse *Rechteck* als Unterklasse der Klasse *Kreis* nicht in Frage kommt. Ansonsten erfolgt die Ergänzung des OOA-Modells im wesentlichen analog zur Ergänzung der Klasse *Kreis* (Abb. 1.7.L2).

Abschließend fügen wir die Klasse *Quadrat* als Unterklasse der Klasse *Rechteck* ein. Diese Vererbungsbeziehung finden wir auch in der „Problemwelt" wieder, in der Quadrate als spezialisierte Rechtecke charakterisiert werden (Abb. 1.7.L2).

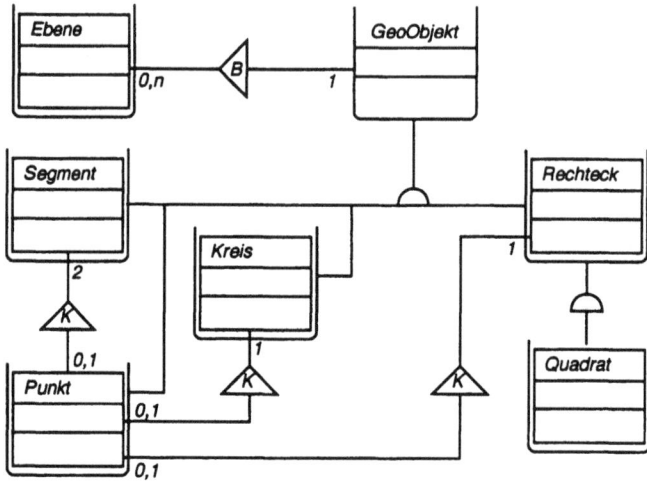

Abb. 1.7.L2 Erweitertes OOA-Modell.

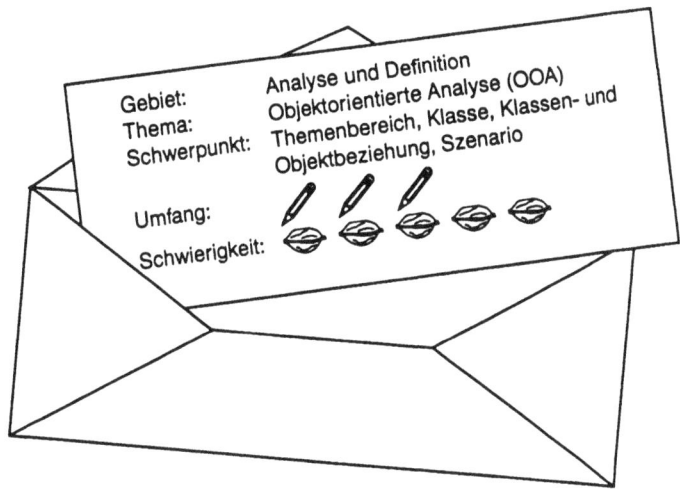

Gebiet: Analyse und Definition
Thema: Objektorientierte Analyse (OOA)
Schwerpunkt: Themenbereich, Klasse, Klassen- und
Objektbeziehung, Szenario

Umfang: 🖊 🖊 🖊 👄 👄

Schwierigkeit: 👄 👄 👄 👄 👄

Aufgabe 1.8

Buchverleih (OOA)

Eine Bibliothek will ihren Kundenservice verbessern. In einem ersten Schritt sollen Verleih-
vorgänge und Bestandsauskünfte durch ein Computerprogramm beschleunigt werden. Die
Vergabe eines entsprechenden Auftrags an ein Softwareunternehmen soll auf Basis einer Ob-
jektorientierten Analyse des Systems erfolgen. Eine Produktskizze des Bibliotheken-Informationssystems (BibIS) mit allen relevanten Informationen liegt bereits vor. Ihre Aufgabe ist
es, aus den informellen Angaben der Produktskizze die Anforderungen herauszuarbeiten und
in Teilen in eine OOA zu überführen. Ermitteln Sie zunächst anhand der Produktskizze mögliche Klassen und bearbeiten Sie dann die folgenden Teilaufgaben:

a) Stellen Sie die Vererbungsbeziehungen der von Ihnen gefundenen Klassen graphisch
dar.

b) Identifizieren Sie die gerichteten Objektbeziehungen und stellen Sie diese graphisch
dar. Geben Sie jeweils an, ob die von Ihnen gefundenen gerichteten Objektbeziehungen *logische Zusammenschlüsse*, *Konstruktionen* oder *Behälter* sind. Achten Sie auf
korrekte Kardinalitäten.

c) Stellen Sie die ungerichteten Objektverbindungen der Objekte dar. Beschreiben Sie
kurz die einzelnen ungerichteten Objektverbindungen. Achten Sie auch hier auf korrekte Kardinalitäten.

d) Geben Sie — sofern dies möglich ist — drei Attribute und drei algorithmisch komplexe Dienste pro Klasse an.

e)   Stellen Sie das Szenario zum (erfolgreichen) *Entleihen eines Buches* graphisch dar
      und beschreiben Sie es vollständig (Nachrichten, Reihenfolge, Aufgaben der benutz-
      ten Dienste).

f)   Teilen Sie die von Ihnen gefunden Klassen in Themenbereiche ein und begründen Sie
      kurz Ihr Vorgehen.

g)   Fassen Sie Ihre Analyseergebnisse in einer einzigen Graphik zusammen, die alle The-
      menbereiche, Strukturen und Objektverbindungen zeigt.

Vorarbeiten

Für die vollständige Produktskizze zum Bibliotheken-Informationssystem verweisen wir auf
Aufgabe 1.6.

Lösung

Wir beginnen die Objektorientierte Analyse mit der Studie der Produktskizze und notieren
häufig benutzte Substantive als Kandidaten für potentielle Analyseklassen bzw. -objekte. Wir
erhalten folgende Liste möglicher Objekte und Klassen:

*Bibliothek, Kundenkartei, Kunde, Autor, Bibliothekar, Buch, Buchbestand, Verleih,
Leihschein, Auskunft, Anfrage, Drucker.*

Diese Liste von Kandidaten bildet den Ausgangspunkt der OOA. Nachfolgend werden wir
Teilergebnisse der OOA darstellen und ggf. Klassen hinzufügen bzw. wieder entfernen.

Lösung zu Teilaufgabe a)

In dieser Teilaufgabe geht es darum, die Vererbungsbeziehungen der Klassen zu bestimmen
und graphisch darzustellen. Wir beginnen mit den im BibIS auftretenden Personen: Kunden,
Autoren sowie Bibliothekare besitzen gemeinsame Attribute wie z.B. *Name* und *Vorname*.
Es liegt daher nahe, die abstrakte Klasse *Person* als Oberklasse der Klassen *Kunde, Autor*
und *Bibliothekar* zu ergänzen.

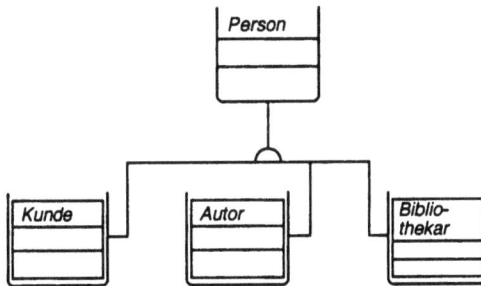

Abb. 1.8.L1 BibIS: potentielle Vererbungshierarchie.

Untersuchen wir die Vererbungsstruktur in Abb. 1.8.L1 genauer, so stellen wir allerdings fest, daß

1. persönliche Daten wie Name oder Vorname eines Bibliothekars im BibIS überhaupt keine Rolle spielen. Die Klasse *Bibliothekar* als Unterklasse der Klasse *Person* zu modellieren, ist also im zugrundeliegenden Problembereich nicht korrekt.

2. der (oder die) Autor(en) eines Buches im BibIS ungefähr dieselbe (untergeordnete) Bedeutung hat (haben) wie z.B. der Titel eines Buches, nämlich in der Problembeschreibung ausschließlich als Anfrageattribute oder als spezielle Buchattribute auftreten. Die Modellierung einer Analyseklasse *Autor* ist daher nicht sinnvoll.

Da sich die Vererbungsstruktur somit auf die Klassen *Kunde* und *Person* reduziert, können wir die beiden Klassen zu einer Klasse *Kunde* zusammenfassen.

Die übrigen Klassen weisen keine Gemeinsamkeiten auf, so daß das fertige OOA-Modell des BibIS ohne Vererbungsbeziehungen auskommt.

Lösung zu Teilaufgabe b)

Zur Bestimmung der gerichteten Objektbeziehungen betrachten wir die Liste der verbliebenen Klassen und suchen nach logischen Zusammenschlüssen sowie Konstruktions- und Behälterbeziehungen.

❑ Ein Objekt der Klasse *Buchbestand* stellt einen Behälter für Bücher dar. Jedes Buch muß mindestens einem Buchbestand zugeordnet sein (sonst wäre es kein Buch der Bibliothek!), während der Buchbestand der Bibliothek aus beliebig vielen Büchern besteht (Abb. 1.8.L2).

❑ Kunden werden in der Kundenkartei abgelegt, d.h. ein Objekt der Klasse *Kundenkartei* ist ein Behälter für beliebig viele Kundenobjekte. Jeder Kunde muß in einer Kundenkartei enthalten sein, da er sonst keine Bücher entleihen kann (Abb. 1.8.L2).

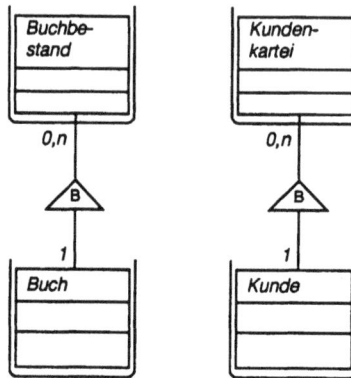

Abb. 1.8.L2 BibIS: gerichtete Objektbeziehungen.

In Analogie zu den Klassen *Buch* und *Buchbestand* bzw. *Kunde* und *Kundenkartei* könnten wir eine Behälterbeziehung zwischen Objekten der Klassen *Leihscheine* und *Leihscheinordner* einführen. Die Klasse *Leihscheinordner* taucht allerdings nicht in unserer Liste potentieller Klassen auf und wird auch nicht in der Problembeschreibung berücksichtigt. Da jedes Analyseobjekt ein Pendant in der Problemwelt besitzt, ist zu klären, ob der Leihscheinordner in der Problembeschreibung vergessen wurde: Hier spielt der Leihschein keine Rolle, da auf Leihscheine z.Zt. noch ausschließlich über ihre Beziehungen zu Kunden bzw. Bücher zugegriffen wird. Erst durch die angedachte Erweiterung des BibIS um eine Komponente, die das Mahnwesen automatisch bearbeitet, erhalten die Leihscheine eine eigenständige Verwaltung im Problembereich, so daß erst dann die Einführung einer Klasse *Leihscheinordner* sinnvoll ist.

Entsprechendes gilt auch für die Klasse *Bibliothekar* und eine mögliche Klasse *Angestelltenkartei*. Im Problembereich wird keine Verwaltung der Angestelltendaten gefordert. Da auf die Verwaltung der Angestelltendaten bewußt verzichtet wurde, ist ihre Berücksichtigung im OOA-Modell nicht erforderlich.

Buchbestand und Kundenkartei sind logische Teile einer Bibliothek. Ebenso gehören Bibliothekare, Leihscheine und Drucker zu einer Bibliothek. In letzter Konsequenz sind Objekte aller Klassen im Grunde genommen Teilobjekte der Bibliothek. Dies bedeutet aber, daß die potentielle „Klasse" Bibliothek im BibIS lediglich einen anderen (ungenaueren) Begriff für das zu modellierende Bibliotheken-Informationssystem darstellt, also überflüssig ist.

Lösung zu Teilaufgabe c)

Zur Bestimmung der ungerichteten Objektbeziehungen suchen wir im Problembereich nach weiteren Abhängigkeiten zwischen Objekten.

❏   Solche Abhängigkeiten bestehen zwischen ausgeliehenen Büchern, Kunden sowie
    dem Beleg des Ausleihvorgangs, dem Leihschein (einem Verbindungsobjekt): Ein
    Buch kann zur gleichen Zeit höchstens von einem Kunden ausgeliehen sein und die
    entsprechenden Informationen des Leihvorgangs werden in einem Leihschein proto-
    kolliert. Allerdings kann ein Kunde jederzeit beliebig viele Bücher ausgeliehen haben.
    Da in der Problembeschreibung nicht gefordert wurde, daß Informationen über veral-
    tete Leihscheine zur Verfügung gestellt werden, verliert ein Leihschein nach der
    Buchrückgabe seine Bedeutung im Problembereich, d.h. zu einem bestimmten Buch
    und einem Kunden kann höchstens ein Leihschein existieren (Abb. 1.8.L3).

Abb. 1.8.L3 BibIS: Verbindungsklasse Leihschein.

Weitere potentielle ungerichtete Objektbeziehungen verbinden Objekte der Klassen *Bibliothekar* und *Kundenkartei*, *Bibliothekar* und *Buchbestand* sowie *Bibliothekar* und *Druk-
ker*. Bei näherem Hinsehen erkennen wir jedoch, daß ein Bibliothekar zwar einen Drucker,
die Kundenkartei oder den Buchbestand benötigt, um seine Aufgaben (Verleih, Informationsretrieval, Verwaltung von Kunden- und Buchdaten) zu erfüllen, jeder Versuch die semanti-
sche Bedeutung der Beziehungen näher zu beschreiben (z.B. *"leiht"* oder *"ist verheiratet mit"*
usw.) aber scheitert. Es existieren also reine Benutzungsbeziehungen zwischen diesen Objekten, die sich später als Nachrichtenkanäle im Modell wiederfinden.

Lösung zu Teilaufgabe d)

In dieser Aufgabe sind Attribute und algorithmisch komplexe Dienste der BibIS-Klassen anzugeben.

Klasse: *Bibliothekar*
    Attribute: keine
    Dienste: *Buchverleih, Buchrückgabe, Informationsretrieval,*
                                  Kundenverwaltung, Bestandsverwaltung

Klasse: *Drucker*
    Attribute: *Betriebsbereit?* (Statusattribut)
    Dienste: *Einschalten, Drucken, Zurücksetzen, Ausschalten*

Klasse: *Druckauftrag*
    Attribute: *AktuelleSeite?, AktuelleZeile?* (Statusattribute)

Dienste: *TextEinfügen, NeueZeile, NeueSeite, ...* (weitere
                            Formatierungsbefehle)

Klasse: *Buchbestand*
    Attribute: *Kapazität*
    Dienste: *Leer, Voll, Suche, Aufnehmen, Entfernen, ErstesBuch,*
                            NächstesBuch, ...

Klasse: *Buch*
    Attribute: *Signatur, Titel, Autoren, ISBN, Schlagwörter,*
                            Entliehen? (Statusattribut)
    Dienste: *Leihschein* (liefert den Leihschein eines entliehenen
                            Buches)

Klasse: *Kundenkartei*
    Attribute: *Kapazität*
    Dienste: *Leer, Voll, Suche, Aufnehmen, Entfernen, ErsterKunde,*
                            NächsterKunde, ...

Klasse: *Kunde*
    Attribute: *Kundennummer, Vorname, Nachname, Anschrift,*
                            Geburtstag, Geschlecht
    Dienste: *ErsterLeihschein, NächsterLeihschein* (zum sequen-
                            tiellen Durchlaufen aller Leihscheine eines Kunden)

Klasse: *Leihschein*
    Attribute: *Signatur, Ausgabetag, Rückgabetag, Bemerkung*
                            (ergänzende Beschreibungen zum Leihvorgang)
    Dienste: *Kunde* (liefert den Kunden des Leihvorgangs)
                            Buch (liefert das Buch des Leihvorgangs)

Lösung zu Teilaufgabe e)

Ein erfolgreicher Entleihvorgang läuft grob wie folgt ab: Der Kunde bringt das gewünschte Buch zum Bibliothekar, der die Signatur des Buches, die Kundennummer und den beabsichtigten Rückgabetermin in das BibIS eingibt und den Dienst *Buchverleih* aktiviert. Der angeschlossene Drucker druckt daraufhin einen Leihschein aus, auf dem der Kunde den Leihvorgang durch seine Unterschrift quittiert.

Im Zentrum des Szenarios steht also der Dienst *Buchverleih* des *Bibliothekars*. Gemäß Abb. 1.8.L4 gliedert er sich in folgende Schritte:

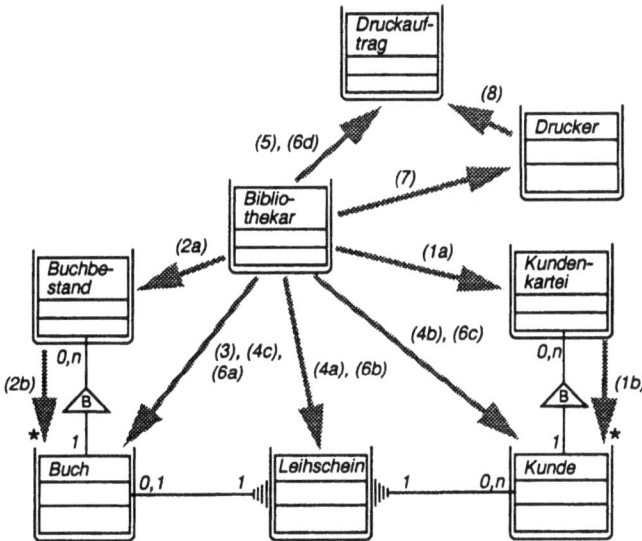

Abb. 1.8.L4 BibIS: Szenario eines Ausleihvorgangs.

1. Zunächst wird das zur angegebenen Kundennummer zugehörige Kundenobjekt ermittelt. Zu diesem Zweck wird der Dienst *Suche* der Kundenkartei aktiviert, der (falls vorhanden) zur übergebenen Kundennummer das entsprechende Kundenobjekt aus der Kundenkartei heraussucht und als Ergebnis zurückliefert.

    (1a) Der Dienst *Suche* der Kundenkartei durchsucht die Kundenkartei und

    (1b) liest die Kundennummer des aktuellen Kundenobjekts bis das gesuchte Kundenobjekt gefunden wurde oder alle enthaltenen Kundenobjekte bzw. deren Kundennummern überprüft wurden.

    (Existiert kein Kundenobjekt mit der angegebenen Kundennummer, so wird der Ausleihvorgang mit einer entsprechenden Meldung abgebrochen.)

2. Nun wird das zur übergebenen Signatur entsprechende Buchobjekt aus dem Buchbestand herausgesucht. Dazu aktiviert er den Dienst *Suche* des Buchbestands, der (falls vorhanden) das zur übergebenen Signatur entsprechende Buchobjekt aus dem Buchbestand ermittelt und als Ergebnis zurückliefert.

    (2a) Der Dienst *Suche* des Buchbestands durchsucht den Bestand und

    (2b) liest die Signatur des aktuellen Buchobjekts bis das gesuchte Buch gefunden wurde oder alle Signaturen der enthaltenen Buchobjekte überprüft wurden.

    (Existiert kein Buchobjekt mit der angegebenen Signatur wird der Ausleihvorgang mit einer entsprechenden Fehlermeldung abgebrochen. Die Reihenfolge von (1) bzw. (2) ist im übrigen willkürlich und kann vertauscht werden.)

3. Mit Hilfe des Statusattributs *Entliehen?* des Buches wird geprüft, ob zu dem Buch ein Leihschein existiert. (Falls das Buch also fehlerhafterweise noch nicht ausgetragen ist, so wird der Ausleihvorgang mit einer entsprechenden Fehlermeldung abgebrochen.)

4. Es (4a) wird ein neues Leihscheinobjekt erzeugt, mit den entsprechenden Verleihdaten beschrieben und mit dem zugehörigen Kunden- (4b) und Buchobjekt (4c) verbunden.

5. Danach wird ein neuer Druckauftrag erzeugt,

6. mit den Verleihdaten (6a) - (6d) initialisiert und

7. an den Drucker übergeben, der

8. den Druckauftrag ausführt und anschließend löscht.

Lösung zu Teilaufgabe f)

Aufgrund des „kleinen" Problembereichs ergibt sich natürlich auch nur eine geringe Anzahl von Klassen. Die Einteilung in Themenbereiche ist somit nicht unbedingt notwendig, da das OOA-Modell auch ohne Themenbereiche übersichtlich und lesbar ist. Wenden wir trotzdem die in Band 1 angegebenen Kriterien an und befördern die obersten Klassen der gerichteten Objektbeziehungen und alle separaten Klassen, die nicht Teil einer solchen Beziehung sind, zu Themenbereichen, erhalten wir zunächst folgende Aufteilung:

1. *Bibliothekar*

2. *Buchbestand, Buch*

3. *Kundenkartei, Kunde*

4. *Leihschein*

5. *Drucker*

6. *Druckauftrag*

Zur Reduktion von Überlappungen fassen wir nach inhaltlichen Gesichtpunkten die Punkte (2) - (4) zum Themenbereich *Datenbestand* und die Punkte (5) und (6) zum Themenbereich *Geräte* zusammen, womit sich folgende Aufteilung ergibt:

1. Themenbereich *Personal*:
    Bibliothekar

2. Themenbereich *Datenbestand*:
    Buchbestand, Buch, Kundenkartei, Kunde, Leihschein

3. Themenbereich *Geräte*:
    Drucker, Druckauftrag

Lösung zu Teilaufgabe g)

Spätestens an dieser Stelle ist zu diskutieren, ob in dem vorliegenden OOA-Modell Analyse-
objekte sinnvoll sind. Obwohl in der Produktskizze stets von *der* Kundenkartei bzw. *dem*
Buchbestand gesprochen, ist nicht sichergestellt, daß es sich um eine einzige Kartei für alle
Kunden (denkbar sind auch verschiedene Karteikästen in alphabetischer Ordnung) oder einen
einzelnen Bestand handelt, noch existieren wirklich eindeutige Namen. Aufgrund dieser Ar-
gumente verzichten wir auf die Einführung von Analyseobjekten.

Die folgende Abbildung zeigt alle Klassen und Themenbereiche des OOA-Modells des Bibliotheken-Informationssystems.

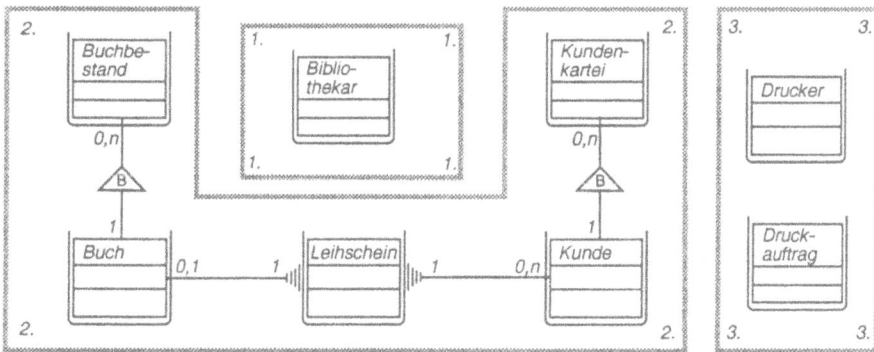

Abb. 1.8.L5 BibIS: graphische Darstellung des OOA-Modells.

Kapitel 2

Entwurf

Hinweis: Für die Aufgaben dieses Kapitels treffen wir die folgende Vereinbarung: Kann die Existenz eines als Parameter übergebenen abstrakten Datenobjekts allein aus den Regeln für IN-, OUT- bzw. INOUT- Parameter abgeleitet werden (d.h. es liegt kein Ausnahmefall wie z.B. bei Dispose vor), verzichten wir darauf, Aussagen über die Existenz des abstrakten Datenobjekts in den Vor- bzw. Nachbedingungen mit aufzuführen.

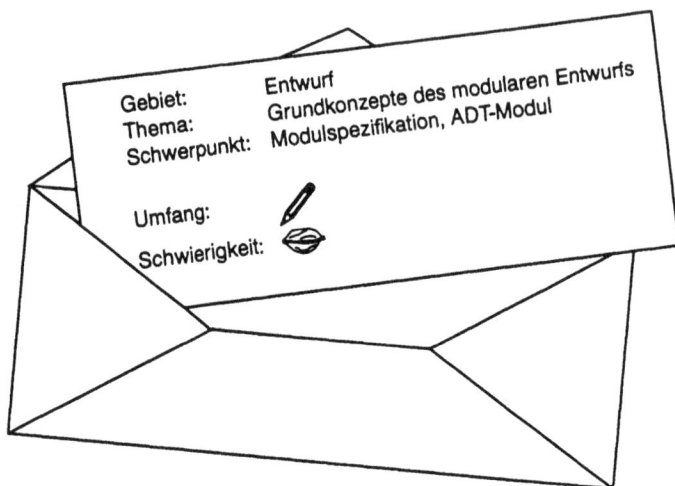

Gebiet: Entwurf
Thema: Grundkonzepte des modularen Entwurfs
Schwerpunkt: Modulspezifikation, ADT-Modul

Umfang:
Schwierigkeit:

Aufgabe 2.1

Belegmenge

Entwerfen Sie einen ADT-Modul **Belegmenge**. Die Exportschnittstelle des Moduls ist bereits vollständig spezifiziert, so daß Sie nur noch seine (Rumpf-) Importschnittstelle festlegen, dabei den Datentyp **TBelegmenge** definieren und Prozeßspezifikationen zu den Operationen angeben müssen. Stützen Sie sich bei der Spezifikation auf dem ADT-Modul **Belegliste** ab, dessen Spezifikation Sie in Band 1, Abb. 12.7, finden können. Bei den Prozeßspezifikationen können Sie sich auf die Operationen **Create, Dispose, IsIn, Include, Exclude** und **NumberOfElements** beschränken.

Vorarbeiten

Abb. 2.1.K1 zeigt die Exportschnittstelle des ADT-Moduls **Belegmenge**.

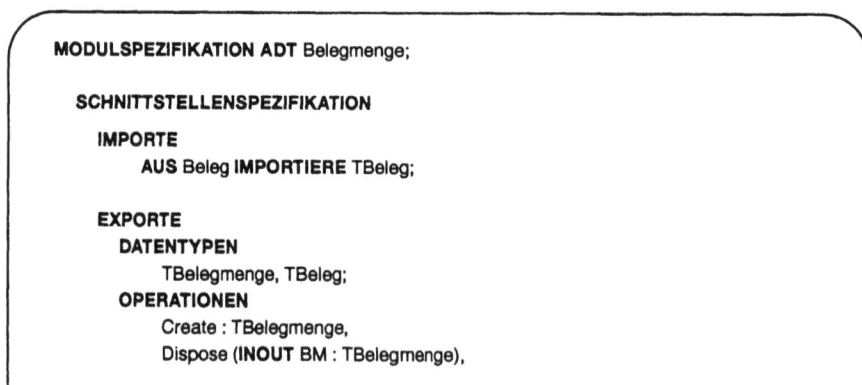

```
MODULSPEZIFIKATION ADT Belegmenge;

    SCHNITTSTELLENSPEZIFIKATION
    IMPORTE
        AUS Beleg IMPORTIERE TBeleg;

    EXPORTE
        DATENTYPEN
            TBelegmenge, TBeleg;
        OPERATIONEN
            Create : TBelegmenge,
            Dispose (INOUT BM : TBelegmenge),
```

IsIn (**INOUT** BM : TBelegmenge; **IN** Beleg : TBeleg) : BOOLEAN,

Include (**INOUT** BM : TBelegmenge; **IN** Beleg : TBeleg),

Exclude (**INOUT** BM : TBelegmenge; **IN** Beleg : TBeleg),

NumberOfElements (**INOUT** BM : TBelegmenge) : CARDINAL,

IsEmpty (**IN** BM : TBelegmenge) : BOOLEAN,

IsFull (**IN** BM : TBelegmenge) : BOOLEAN;

SEMANTIK

Die Semantik wird auf Basis einer lokalen Integervariable *kap*, die den Zustand der Belegmenge beschreibt, und einer lokalen Kapazitätskonstante *maxkap* spezifiziert: Sei *kap* die Elementanzahl der Belegmenge, *maxkap* > 0 die Maximalkapazität der Menge, d.h. $0 \leq kap \leq maxkap$. Die Indizes $_{alt}$ bzw. $_{neu}$ bezeichnen den Wert einer der Zustandsvariable vor bzw. nach Ausführen einer Operation. Werden keine Zustandsänderungen einer Variable angegeben, so ist ihr Zustand für die Operation invariant.

Create: Vorbed.: keine

           Erzeugt ein neues ADO BM

           Nachbed.: (ADO BM existiert) $\wedge$ IsEmpty (BM);

Dispose: Vorbed.: keine

           Entfernt die Belegmenge BM aus dem System

           Nachbed.: ADO BM existiert nicht mehr;

IsIn: Vorbed.: keine

           Prüft, ob der übergebene Beleg in der Belegmenge BM vorhanden ist

           Nachbed.: keine;

Include: Vorbed.: $\neg$ (IsFull (BM) $\vee$ IsIn (BM, Beleg))

           Fügt den übergebenen Beleg in die Belegmenge BM ein

           Nachbed.: $(kap_{neu} = kap_{alt} + 1) \wedge \neg$ IsEmpty (BM) $\wedge$ IsIn (BM, Beleg);

Exclude: Vorbed.: IsIn (BM, Beleg)

           Der übergebene Beleg wird aus der Belegmenge BM entfernt

           Nachbed.: $(kap_{neu} = kap_{alt} - 1) \wedge \neg$ (IsFull (BM) $\vee$ IsIn (BM, Beleg));

NumberOfElements:

           Vorbed.: keine

           Bestimmt die Anzahl der Elemente in der Belegmenge BM

           Bezeichne *elem* den CARDINAL-Rückgabeparameter, dann gilt:

           Nachbed.: *elem* = kap;

IsEmpty: Vorbed.: keine

           Prüft, ob der Eingabebelegstapel leer ist:

           Bezeichne *empty* den booleschen Rückgabeparameter, dann gilt:

           Nachbed.: *empty* $\Leftrightarrow$ kap = 0;

IsFull: Vorbed.: keine

           Prüft, ob der Eingabebelegstapel noch einen Beleg aufnehmen kann:

           Bezeichne *full* den booleschen Rückgabeparameter, dann gilt:

                IsFull $\Leftrightarrow$ kap = *maxkap*

           Nachbed.: *full* $\Leftrightarrow$ kap = *maxkap*;

```
(*..............................................................................................*)

    RUMPFSPEZIFIKATION

        (* – Die Belegmenge ist mit Hilfe der ADT-Moduln Belegliste und Beleg zu realisieren *)

    SPEZIFIKATIONSENDE MODUL Belegmenge.
```

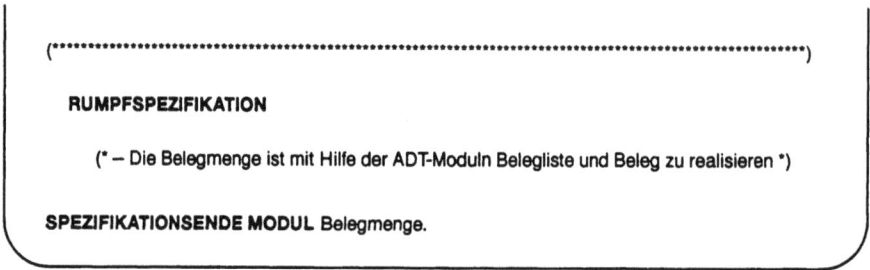

Abb. 2.1.K1 ADT-Modul Belegmenge.

Lösung

Abb. 2.1.L1 zeigt die Spezifikation des ADT-Moduls Belegmenge. Beachten Sie beim Studieren der Lösung wie die Operationen des Moduln Belegliste verwendet bzw. durchgereicht werden und wie durch Einbeziehen der Vor- und Nachbedingungen kurze und präzise Prozeßspezifikationen entstehen.

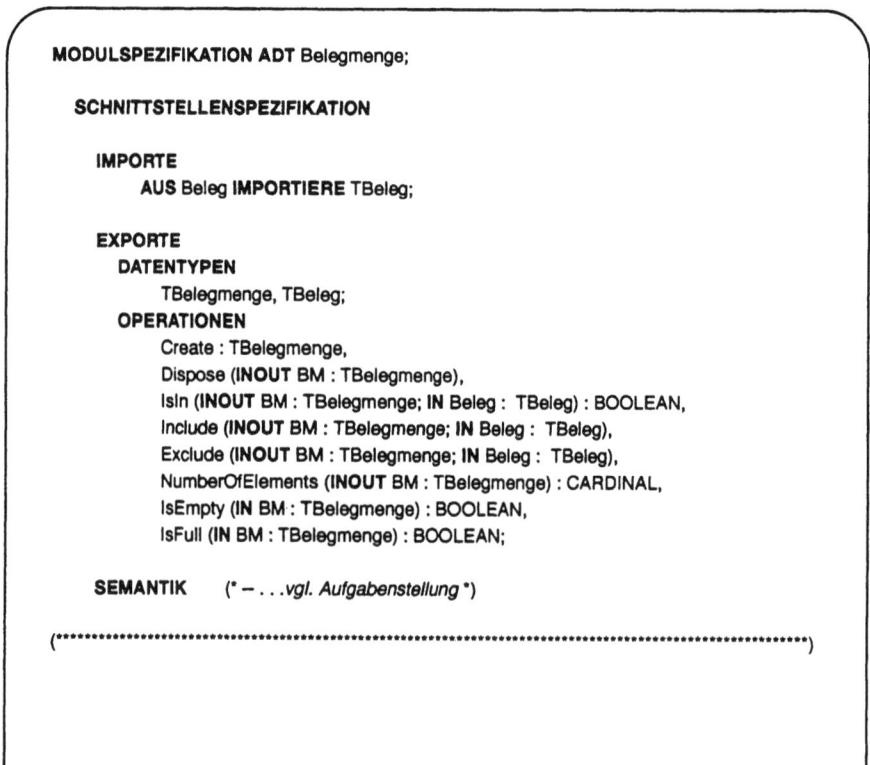

```
    MODULSPEZIFIKATION ADT Belegmenge;

        SCHNITTSTELLENSPEZIFIKATION

            IMPORTE
                AUS Beleg IMPORTIERE TBeleg;

            EXPORTE
              DATENTYPEN
                    TBelegmenge, TBeleg;
              OPERATIONEN
                    Create : TBelegmenge,
                    Dispose (INOUT BM : TBelegmenge),
                    IsIn (INOUT BM : TBelegmenge; IN Beleg :  TBeleg) : BOOLEAN,
                    Include (INOUT BM : TBelegmenge; IN Beleg :  TBeleg),
                    Exclude (INOUT BM : TBelegmenge; IN Beleg :  TBeleg),
                    NumberOfElements (INOUT BM : TBelegmenge) : CARDINAL,
                    IsEmpty (IN BM : TBelegmenge) : BOOLEAN,
                    IsFull (IN BM : TBelegmenge) : BOOLEAN;

            SEMANTIK      (* – . . .vgl. Aufgabenstellung *)

    (*..............................................................................................*)
```

RUMPFSPEZIFIKATION

IMPORTE
    AUS Belegliste **IMPORTIERE**   TBelegliste, Belegliste.Create, Belegliste.Dispose,
                                           Search, Append, Delete, GoStart, StepNext,
                                           OffEnd, Belegliste.IsEmpty, Belegliste.IsFull;

TBelegmenge = TBelegliste;   (* — Beide Datentypen damit äquivalent *)

Prozeßspezifikation Create
    RETURN Belegliste.Create
END Create;

Prozeßspezifikation Dispose
Parameter: BM : TBelegmenge;   (* — INOUT *)
    Belegliste.Dispose (BM)
END Dispose;

Prozeßspezifikation IsIn
Parameter: BM   : TBelegmenge;   (* — INOUT *)
               Beleg : TBeleg;   (* — IN *)
    RETURN Search (BM, Beleg)
END IsIn;

Prozeßspezifikation Include
Parameter: BM   : TBelegmenge;   (* — INOUT *)
               Beleg : TBeleg;   (* — IN *)
    IF NOT (IsIn (BM, Beleg) **OR** IsFull (BM)) **THEN**
        (* — Vorbedingung ¬IsFull (BM) von "Belegliste.Append" ist erfüllt! *)
        Append (BM, Beleg)
    ELSE
        (* — Fehler, Vorbedingung von Include nicht erfüllt *)
    END (* IF *)
END Include;

Prozeßspezifikation Exclude
Parameter: BM   : TBelegmenge;   (* — INOUT *)
               Beleg : TBeleg;   (* — IN *)
    IF Search (BM, Beleg) **THEN**
        (* — Wenn das BelegADO in BM gefunden wird, ist dort die aktuelle Position, d.h.
          — die Vorbedingung von Delete folgt aus der Nachbedingung von Search *)
        Delete (BM)
    ELSE
        (* — Fehler: Wenn das BelegADO nicht in BM gefunden wird, kann die
          — Vorbedingung "IsIn (Beleg)" von Exclude nicht erfüllt sein *)
    END (* IF *)
END Exclude;

ProzeBspezifikation NumberOfElements
Parameter: BM   : TBelegmenge;   (* – INOUT *)
lokale Variable: Anzahl   : CARDINAL;
    Anzahl := 0;
    GoStart (BM);
    (* – Im Falle von IsEmpty (BM) gilt wg. der Nachbedingung von GoStart: OffEnd (BM) *)
    WHILE NOT OffEnd (BM) **DO**
        INC (Anzahl);
        StepNext (BM)
    END; (* WHILE *)
    RETURN Anzahl
END NumberOfElements;

    ...

SPEZIFIKATIONSENDE MODUL Belegmenge.

Abb. 2.1.L1 ADT-Modul Belegmenge.

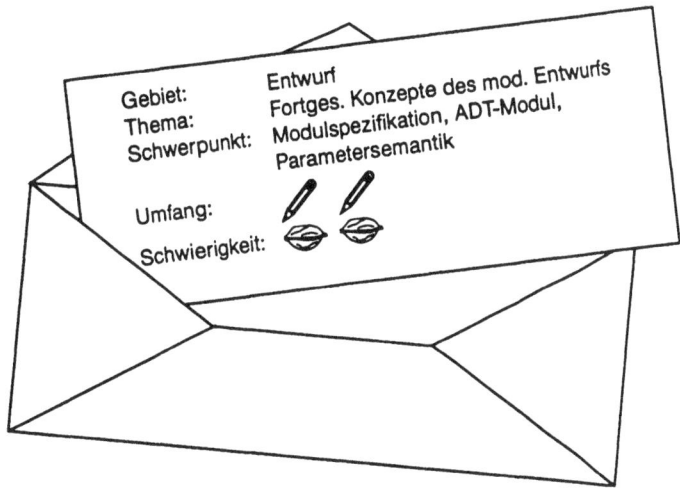

Gebiet:	Entwurf
Thema:	Fortges. Konzepte des mod. Entwurfs
Schwerpunkt:	Modulspezifikation, ADT-Modul, Parametersemantik
Umfang:	
Schwierigkeit:	

Aufgabe 2.2

Kreis

Ihnen liegt eine Spezifikation des ADT-Moduls Kreis vor, der sich auf dem ADT-Modul Punkt abstützt. Leider ist die Modulspezifikation unvollständig und fehlerhaft. Ihre Aufgabe ist es, die Fehler zu finden und zu korrigieren sowie die Spezifikation zu vervollständigen.

a) Überprüfen Sie die Prozeßspezifikationen der Operationen Create, Duplicate und Equalize auf Korrektheit und beschreiben Sie alle auftretenden Fehler. Achten Sie besonders auf die Semantik von IN-, INOUT- bzw. OUT-Parametern und die Verantwortlichkeiten bei der Parameterübergabe von abstrakten Datenobjekten.

b) Korrigieren Sie die in (a) entdeckten Fehler und ergänzen Sie die Prozeßspezifikationen der Operationen Dispose, IsEqual, LiesMittelpunkt, LiesRadius, PunktAusserhalb und AbstandZuPunkt.

Vorarbeiten

Abb. 2.2.K1 zeigt die vollständige Exportschnittstelle des ADT-Moduls Punkt. Neben den ADT-Basisoperationen stellt die Operation Abstand zur Berechnung des euklidischen Abstands zwischen zwei Punkten eine weitere sinnvolle Moduloperation dar.

MODULSPEZIFIKATION ADT Punkt;

SCHNITTSTELLENSPEZIFIKATION

   EXPORTE
     DATENTYPEN
       TPunkt;
     OPERATIONEN
       Create : TPunkt,
       Dispose (**INOUT** Pkt : TPunkt),
       Duplicate (**IN** Pkt : TPunkt) : TPunkt,
       IsEqual (**IN** Pkt1, Pkt2 : TPunkt) : BOOLEAN,
       Equalize (**INOUT** ZielPkt : TPunkt; **IN** QuellPkt : TPunkt),
       LiesX (**IN** Pkt : TPunkt) : REAL,
       LiesY (**IN** Pkt : TPunkt) : REAL,
       SchreibX (**INOUT** Pkt : TPunkt; **IN** XKoord : REAL),
       SchreibY (**INOUT** Pkt : TPunkt; **IN** YKoord : REAL),
       Abstand (**IN** Pkt1, Pkt2 : TPunkt) : REAL;

SEMANTIK

Create:	Vorbed.:	keine
		Erzeugt und initialisiert ein neues ADO Pkt
	Nachbed.:	LiesX (Pkt) = LiesY (Pkt) = 0.0;
Dispose:	Vorbed.:	keine
		Entfernt das ADO Pkt aus dem System
	Nachbed.:	ADO Pkt existiert nicht mehr;
Duplicate:	Vorbed.:	keine
		Erzeugt das RückgabeADO DuplikatPkt und gleicht die Koordinatenwerte an die des QuellPkt an
	Nachbed.:	IsEqual (DuplikatPkt, QuellPkt) $\wedge \neg$ (DuplikatPkt = QuellPkt);
IsEqual:	Vorbed.:	keine
		Überprüft die beiden Punkte auf Wertegleichheit
	Nachbed.:	keine;
Equalize:	Vorbed.:	keine
		Gleicht die Koordinatenwerte von ZielPkt an die von QuellPkt an, wobei die Identität der ADOs nicht verändert wird
	Nachbed.:	IsEqual (QuellPkt, ZielPkt);
LiesX:	Vorbed.:	keine
		Liefert die X-Koordinate des ADO Pkt
	Nachbed.:	keine;
LiesY:	Vorbed.:	keine
		Liefert die Y-Koordinate des ADO Pkt
	Nachbed.:	keine;
SchreibX:	Vorbed.:	keine
		Überschreibt die X-Koordinate des ADO Pkt
	Nachbed.:	LiesX (Pkt) = XKoord;
SchreibY:	Vorbed.:	keine
		Überschreibt die Y-Koordinate des ADO Pkt
	Nachbed.:	LiesY (Pkt) = YKoord;

```
        Abstand:  Vorbed.:   keine
                  Berechnet den euklidischen Abstand zwischen den beiden ADOs Pkt1 und
                  Pkt2. Bezeichne distance den reellen Rückgabeparameter der Operation,
                  dann gilt:
                  Nachbed.: (distance ≥ 0.0) ∧ ((distance = 0.0) ⇔ IsEqual (Pkt1, Pkt2));

(*••••••••••••••••••••••••••••••••••••••••••••••••••••••••••••••••••••••••••••••••••••••••••••••••*)

    RUMPFSPEZIFIKATION
       ...

    SPEZIFIKATIONSENDE MODUL Punkt.
```

Abb. 2.2.K1 Spezifikation des ADT-Moduls Punkt (Ausschnitt).

Die vorläufige, fehlerhafte Spezifikation des ADT-Moduls Kreis zeigt Abb. 2.2.K2.

```
    MODULSPEZIFIKATION ADT Kreis;

      SCHNITTSTELLENSPEZIFIKATION

        IMPORTE
            AUS Punkt IMPORTIERE TPunkt;

        EXPORTE
          DATENTYPEN
              TKreis;
          OPERATIONEN
              Create (IN Mittelpunkt : TPunkt; IN Radius : REAL) : TKreis;
              Dispose (INOUT Krs : TKreis),
              Duplicate (IN QuellKrs : TKreis) : TKreis,
              IsEqual (IN Krs1, Krs2 : TKreis) : BOOLEAN,
              Equalize (INOUT ZielKrs : TKreis; IN QuellKrs : TKreis),
              LiesMittelpunkt (IN Krs : TKreis) : TPunkt,
              LiesRadius (IN Krs : TKreis) : REAL,
              PunktAusserhalb (IN Krs : TKreis; IN Pkt : TPunkt) : BOOLEAN,
              AbstandZuPunkt (IN Krs : TKreis; IN Pkt : TPunkt) : REAL;

        SEMANTIK
            Die ADT-Basisoperationen Create, Dispose, Duplicate, IsEqual und Equalize
            besitzen die übliche Semantik.
            LiesMittelpunkt:
                    Vorbed.:   keine
                    Liefert den Mittelpunkt des KreisADO Krs.
                    Nachbed.: keine;
```

LiesRadius:
        Vorbed.:   keine
        Liefert den Radius des KreisADO Krs. Bezeichne *radius* den reellen Rück-
        gabeparameter der Operation, so gilt
        Nachbed.: *radius* > 0.0;

PunktAusserhalb:
        Vorbed.:   keine
        Prüft, ob der Punkt Pkt außerhalb des KreisADO Krs liegt.
        Bezeichne *extern* den booleschen Rückgabeparameter, so gilt:
        Nachbed.: *extern* $\Leftrightarrow$ (Punkt.Abstand (Krs.Mittelpkt, Pkt) $\leq$ Krs.Radius);

AbstandZuPunkt:
        Vorbed.:   PunktAusserhalb (Krs, Pkt)
        Berechnet den euklidischen Abstand zwischen dem PunktADO Pkt und
        dem KreisADO Krs. Bezeichne *distance* den reellen Rückgabeparameter
        der Operation, so gilt:
        Nachbed.: *distance* > 0.0;

(*••*)

RUMPFSPEZIFIKATION

IMPORTE
    IMPORTIERE Punkt;

TKreis   **=**   **RECORD**
                Mittelpkt : TPunkt;
                Radius   : REAL
             END;
...

Prozeßspezifikation Create
Parameter: Mittelpunkt : TPunkt;   (* − IN *)
               Radius   : REAL;   (* − IN *)
lokale Variable: krs   : TKreis;
   (* − Vorbed.: Radius > 0.0 *)
   Allokiere Speicherplatz für krs;
   krs.Mittelpkt := Punkt.Duplicate (Mittelpunkt);
   krs.Radius := Radius;
   RETURN krs
END Create;

Prozeßspezifikation Duplicate
Parameter: QuellKrs : TKreis;   (* − IN *)
lokale Variable: duplikat   : TKreis;
   Allokiere Speicherplatz für duplikat;
   WITH duplikat **DO**
      Mittelpkt := QuellKrs.Mittelpkt;
      Radius := QuellKrs.Radius
   END; (* WITH *)
   RETURN duplikat
END Duplicate;

```
        Prozeßspezifikation Equalize
        Parameter:      ZielKrs   : TKreis;          (* – INOUT *)
                        QuellKrs  : TKreis;          (* – IN *)
        lokale Variablen:  mPkt   : TPunkt;
                        radius    : REAL;
          Dispose (ZielKrs);
          mPkt := LiesMittelpunkt (QuellKrs);
          radius := LiesRadius (QuellKrs);
          ZielKrs := Create (mPkt, radius)
        END Equalize;
          ...

    SPEZIFIKATIONSENDE MODUL Kreis.
```

Abb. 2.2.K2 Vorläufige, fehlerhafte Spezifikation des ADT-Moduls Kreis.

Lösung zu Teilaufgabe a)

Die Untersuchung der drei Prozeßspezifikationen liefert folgendes Ergebnis:

☐ Die Create-Spezifikation ist korrekt.

☐ Die Duplicate-Spezifikation ist fehlerhaft. Jedes KreisADO enthält gemäß der Definition des Datentyps TKreis genau ein RealisierungsADO vom Typ TPunkt, das
durch die RECORD-Komponente Mittelpkt referenziert und bei Ausführung der
Create-Operation erzeugt wird. In der vorliegenden Spezifikation wird beim Dupli-
zieren eines KreisADO sein RealisierungsADO nicht ebenfalls dupliziert, sondern nur
die Objektreferenz des Punkt-RealisierungsADO zugewiesen, welches aber ausschließlich dem KreisADO zugeordnet ist, das durch den IN-Parameter QuellKrs referenziert wird. Nach der Ausführung der Operation Duplicate besitzen die durch
QuellKrs und duplikat referenzierten KreisADOs dasselbe PunktADO. Wird nun
z.B. eines dieser beiden KreisADOs gelöscht, so existiert der Mittelpunkt bzw. der
Punkt-RealisierungsADO auch im zweiten ADO nicht mehr.

☐ Die Equalize-Spezifikation besitzt zwei Fehler:

  • Es ist verboten, die Identität eines INOUT-Parameters zu verändern. Die einzige zu-
    lässige Ausnahme von dieser Regel stellt die Dispose-Operation dar. Die Operation
    Equalize verändert aber gerade die Identität beim INOUT-Parameter ZielKrs durch
    den Aufruf Dispose (ZielKrs).

  • Jedes (direkt oder indirekt) lokal erzeugte Datenobjekt muß am Ende der Operation
    wieder gelöscht werden. Ein solches lokales LaufzeitADO ist das Rückgabeobjekt
    der Operation LiesMittelpunkt, das der Variablen mPkt zugewiesen wird. Da dieses

LaufzeitADO nur als IN-Parameter an die Operation Create übergeben wird, verbleibt die Verantwortung für das Objekt bei der Operation LiesMittelpunkt, die ihr lokales LaufzeitADO aber nicht wieder löscht.

Lösung zu Teilaufgabe b)

Abb. 2.2.L1 präsentiert die korrigierten Prozeßspezifikationen von Duplicate und Equalize sowie die Spezifikationen der übrigen Operationen aus der Exportschnittstelle des ADT-Moduls Kreis.

```
MODULSPEZIFIKATION ADT Kreis;

    SCHNITTSTELLENSPEZIFIKATION
        ...

(•••••••••••••••••••••••••••••••••••••••••••••••••••••••••••••••••••••••••••••••••••••••••)

    RUMPFSPEZIFIKATION

        ...

    Prozeßspezifikation Dispose
    Parameter: Krs: TKreis;                          (* – INOUT *)
        Punkt.Dispose (Krs.Mittelpkt);
        Deallokiere Speicherplatz für KreisADO Krs
    END Dispose;

    Prozeßspezifikation Duplicate
    Parameter:    QuellKrs   : TKreis;               (* – IN *)
    lokale Variable: duplikat   : TKreis;
        duplikat :- Create (QuellKrs.Mittelpkt, QuellKrs.Radius);
        RETURN duplikat
    END Duplicate;

    Prozeßspezifikation IsEqual
    Parameter:    Krs1,                              (* – IN *)
                  Krs2   : TKreis;                   (* – IN *)
    lokale Variable: gleich   : BOOLEAN;
        gleich :- Punkt.IsEqual (Krs1.Mittelpkt, Krs2.Mittelpkt)
                            AND (Krs1.Radius - Krs2.Radius);
        RETURN gleich
    END IsEqual;
```

Prozeßspezifikation Equalize
Parameter: ZielKrs   : TKreis;   (* – INOUT *)
             QuellKrs : TKreis;   (* – IN *)
   Punkt.Equalize (ZielKrs.Mittelpkt, QuellKrs.Mittelpkt);
   ZielKrs.Radius := QuellKrs.Radius;
END Equalize;

Prozeßspezifikation LiesMittelpunkt
Parameter: Krs   : TKreis;   (* – IN *)
lokale Variable: mPkt   : TPunkt;
   mPkt := Punkt.Duplicate (Krs.Mittelpkt);
   RETURN mPkt
END LiesMittelpunkt;

Prozeßspezifikation LiesRadius
Parameter: Krs : TKreis;   (* – IN *)
   RETURN Krs.Radius
END LiesRadius;

Prozeßspezifikation PunktAusserhalb
Parameter: Krs   : TKreis;   (* – IN *)
             Pkt   : TPunkt;   (* – IN *)
lokale Variable: extern : BOOLEAN;
   extern := (Punkt.Abstand (Krs.Mittelpkt, Pkt) > Krs.Radius);
   RETURN extern
END PunktAusserhalb;

Prozeßspezifikation AbstandZuPunkt
Parameter: Krs   : TKreis;   (* – IN *)
             Pkt   : TPunkt;   (* – IN *)
lokale Variable: distance : REAL;
   distance := Punkt.Abstand (Krs.Mittelpkt, Pkt) - Krs.Radius;
   RETURN distance
END AbstandZuPunkt;

SPEZIFIKATIONSENDE MODUL Kreis.

Abb. 2.2.L1 Rumpfspezifikation des ADT-Moduls Kreis.

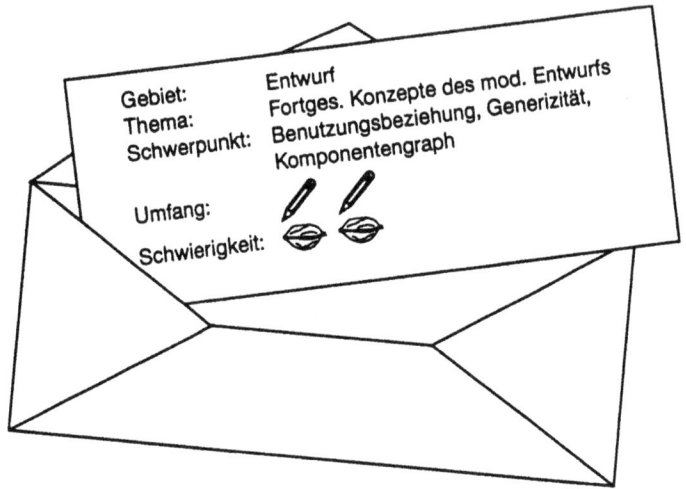

Gebiet: Entwurf
Thema: Fortges. Konzepte des mod. Entwurfs
Schwerpunkt: Benutzungsbeziehung, Generizität, Komponentengraph

Umfang:
Schwierigkeit:

Aufgabe 2.3

Kantenzug

Ein graphischer Editor zur Erstellung modularer Entwürfe zeichnet Benutzungsbeziehungen zwischen Moduln als starre Pfeile, die von der Lage der Modulsymbole abhängen und nicht verändert werden können. Das Plazieren der Modulsymbole in Hinblick auf eine übersichtliche graphische Darstellung gestaltet sich deshalb bei großen Architekturen als äußerst schwierig. In einer neuen Version des Editors soll die Darstellung von Benutzungsbeziehungen erheblich flexibilisiert und Modulsymbole durch frei definierbare Kantenzüge verbunden werden. Im Rahmen dieser Überarbeitung des Editors ist es Ihre Aufgabe, unter Benutzung der Moduln Objektliste und Punkt (dessen Spezifikation Sie in Abb. 2.2.K1 finden) den Rumpf eines entsprechenden ADT-Moduls Kantenzug zu spezifizieren.

a) Instantiieren Sie den GADT-Modul Objektliste mit dem ADT-Modul Punkt und geben Sie die Rumpfspezifikation des so entstehenden ADT-Moduls Punktliste an.

b) Erstellen Sie mit Hilfe der ADT-Moduln Punktliste und Punkt die Rumpfspezifikation des ADT-Moduls Kantenzug. Operationen, die nur durchgereicht bzw. umbenannt werden, brauchen nicht aufgeführt zu werden.

c) Stellen Sie die Moduln und deren Beziehungen in einem Komponentengraphen dar.

Vorarbeiten

Die Spezifikationen der Exportschnittstellen des ADT-Moduls Kantenzug und des GADT-Moduls Objektliste liegen bereits vor (Abb. 2.3.K1 bzw. Abb. 2.3.K2).

MODULSPEZIFIKATION ADT Kantenzug;

  SCHNITTSTELLENSPEZIFIKATION

    IMPORTE
      AUS Punkt **IMPORTIERE** TPunkt;

    EXPORTE
      DATENTYPEN
        TKantenzug, TPunkt;
      OPERATIONEN
        Create : TKantenzug,
        Dispose (**INOUT** Ktzug : TKantenzug),
        IstLeer (**IN** Ktzug : TKantenzug) : BOOLEAN,
        IstVoll (**IN** Ktzug : TKantenzug) : BOOLEAN,
        KanteAnhängen (**INOUT** Ktzug : TKantenzug; **IN** Pkt : TPunkt),
        InitialisiereDurchlauf (**INOUT** Ktzug : TKantenzug),
        DurchlaufEnde (**IN** Ktzug : TKantenzug) : BOOLEAN,
        NächsterPunkt (**INOUT** Ktzug : TKantenzug) : TPunkt,
        Länge (**INOUT** Ktzug : TKantenzug) : REAL;

  SEMANTIK
    Der Wert der lokalen Zustandsvariablen $pos \geq 0$ gibt die Position des aktuellen Punktes in einem Kantenzug an und die lokale Integervariable $anz \geq 0$ beschreibt die Anzahl der Punkte, aus denen der Kantenzug gebildet wird. Die Kapazitätskonstante *maxsize* enthält die Maximalkapazität eines Kantenzuges. Die Indizes $_{alt}$ und $_{neu}$ bezeichnen den Wert einer Zustandsvariablen vor bzw. nach Ausführen einer Operation. Werte nicht erwähnter Variablen sind ausführungsinvariant.

    Create: Vorbed.:   keine
                Generiert ein ADO Ktzug vom Typ TKantenzug
                Nachbed.: (ADO Ktzug existiert) $\wedge$ ($pos = 0$) $\wedge$ ($anz = 0$);
    Dispose: Vorbed.:   keine
                Entfernt das ADO Ktzug aus dem System
                Nachbed.: ADO Ktzug existiert nicht mehr;
    IstLeer: Vorbed.:   keine
                Prüft, ob der Kantenzug aus mindestens einem Punkt besteht.
                Bezeichne *empty* den booleschen Rückgabeparameter, dann gilt:
                Nachbed.: *empty* $\Leftrightarrow$ $anz = 0$;
    IstVoll: Vorbed.:   keine
                Prüft, ob der Kantenzug noch einen Punkt aufnehmen kann
                Bezeichne *full* den booleschen Rückgabeparameter, dann gilt:
                Nachbed.: *full* $\Leftrightarrow$ $anz = maxsize$;

KanteAnhängen:

    Vorbed.:   ¬ IstVoll (Ktzug)

    Fügt einen neuen Punkt an der Position *anz+1* in den Kantenzug ein, so daß der neue Punkt zusammen mit dem Punkt an Position *anz* eine neue Kante bildet

    Nachbed.: $anz_{neu} = anz_{alt} + 1$;

InitialisiereDurchlauf:

    Vorbed.:   keine

    Initialisiert den Kantenzug für einen sequentiellen Durchlauf, indem die aktuelle Position auf 1 gesetzt wird

    Nachbed.: $pos_{neu} = 1$;

DurchlaufEnde:

    Vorbed.:   keine

    Prüft, ob die aktuelle Position hinter dem letzten Punkt des Kantenzugs ist. Bezeichne *stop* den booleschen Rückgabeparameter, dann gilt:

    Nachbed.: $stop \Leftrightarrow pos = anz + 1$;

NächsterPunkt:

    Vorbed.:   ¬ DurchlaufEnde (Ktzug)

    Liefert den Punkt des Kantenzugs auf der Position *pos* und erhöht die aktuelle Position um 1

    Nachbed.: $pos_{neu} = pos_{alt} + 1$;

Länge: Vorbed.:   keine

    Berechnet die Summe der einzelnen Kantenlängen des Kantenzugs

    Nachbed.: keine;

(*••*)

RUMPFSPEZIFIKATION

(* – *siehe Aufgabenstellung* *)

SPEZIFIKATIONSENDE MODUL Kantenzug.

Abb. 2.3.K1 Exportschnittstelle des ADT-Moduls Kantenzug.

GENERISCHE MODULSPEZIFIKATION GADT Objektliste;

  FORMALE GENERISCHE PARAMETER

    GENERISCHE DATENTYPEN

      TObjekt;   (* – Typ der Listenelemente *)

    GENERISCHE OPERATIONEN

      (* – Operationen zur Bearbeitung der ADOs des gen. Typs TObjekt *)

      Objekt.Create: TObjekt,

      Objekt.Dispose (**INOUT** Objekt : TObjekt),

      Objekt.Equalize (**INOUT** ZielObjekt : TObjekt; IN QuellObjekt : TObjekt),

      Objekt.Duplicate (**IN** Source : TObjekt) : BOOLEAN,

      Objekt.IsEqual (**IN** Objekt1, Objekt2 : TObjekt) : BOOLEAN,

(*••*)

SCHNITTSTELLENSPEZIFIKATION

EXPORTE

DATENTYPEN

TObjektliste [TObjekt], TObjekt;

OPERATIONEN

Create : TObjektliste [TObjekt],

Dispose (**INOUT** OL : TObjektliste [TObjekt]),

OffStart (IN OL : TObjektliste [TObjekt]) : BOOLEAN,

OffEnd (**IN** OL : TObjektliste [TObjekt]) : BOOLEAN,

IsEmpty (**IN** OL : TObjektliste [TObjekt]) : BOOLEAN,

IsFull (**IN** OL : TObjektliste [TObjekt]) : BOOLEAN,

Current (**IN** OL : TObjektliste [TObjekt]) : TObjekt,

Insert (**INOUT** OL : TObjektliste [TObjekt]; IN Objekt : TObjekt),

Delete (**INOUT** OL : TObjektliste [TObjekt]),

Update (**INOUT** OL : TObjektliste [TObjekt]; **IN** Objekt : TObjekt),

Search (**INOUT** OL : TObjektliste [TObjekt]; **IN** Objekt : TObjekt) : BOOLEAN,

GoStart (**INOUT** OL : TObjektliste [TObjekt]),

GoEnd (**INOUT** OL : TObjektliste [TObjekt]),

StepNext (**INOUT** OL : TObjektliste [TObjekt]),

StepBack (**INOUT** OL : TObjektliste [TObjekt]);

SEMANTIK

Die Semantik wird auf Basis zweier lokaler Integervariablen *len* und *pos*, die den Zustand der Objektliste beschreiben, und einer lokalen Kapazitätskonstanten *maxlen* spezifiziert.

Sei *len* die Länge der Objektliste, *maxlen* > 0 die Maximalkapazität der Liste, d.h. $0 \le len \le maxlen$, und *pos* die Position des aktuellen Listenelements mit $0 \le pos \le len + 1$.

Die Indizes $_{alt}$ und $_{neu}$ bezeichnen den Wert einer Zustandsvariablen vor bzw. nach Ausführen einer Operation. Werden die neuen Zustände der Variablen nicht explizit angegeben, so sind sie invariant.

Create: Vorbed.:   keine

Erzeugt ein neues ADO OL

Nachbed.: $(pos = 1) \wedge (len = 0)$;

Dispose:Vorbed.:   IsEmpty (OL)

Entfernt das ADO OL wieder aus dem System

Nachbed.:   ADO OL existiert nicht mehr;

OffStart:Vorbed.:   keine

Test, ob die Position vor dem ersten Objekt aktuell ist

Bezeichne *off* den booleschen Rückgabeparameter, dann gilt:

Nachbed.: $(off \Rightarrow pos = 0) \wedge (\neg off \Rightarrow 0 < pos \le len + 1)$;

IsEmpty:Vorbed.:   keine

Test, ob die Objektliste leer ist

Bezeichne *empty* den booleschen Rückgabeparameter, dann gilt:

Nachbed.: $empty \Leftrightarrow len = 0$;

IsFull: Vorbed.:   keine

Test, ob die Liste noch ein Objekt aufnehmen kann

Bezeichne *full* den booleschen Rückgabeparameter, dann gilt:

Nachbed.: $full \Leftrightarrow len = maxlen$;

Current:Vorbed.:   ¬ (OffStart (OL) ∨ OffEnd (OL));
Liefert das Objekt an der aktuellen Position
Nachbed.:   ¬ (OffStart (OL) ∨ OffEnd (OL));

Insert: Vorbed.:   ¬ IsFull (OL)
Einfügen eines Objekts, so daß es sich anschließend an der aktuellen
Position befindet
Nachbed.: $(len_{neu} = len_{alt} + 1) \wedge (0 < pos_{neu} < len_{neu}+1)$;

Delete: Vorbed.:   ¬ (OffStart (OL) ∨ OffEnd (OL))
Löschen des Objekts an der aktuellen Position; das Listenelement hinter dem
zu löschenden Element befindet sich anschließend an der (unveränderten)
aktuellen Position Wird das letzte Objekt gelöscht, steht die aktuelle Position
auf OffEnd
Nachbed.: $(len_{neu} = len_{alt} - 1) \wedge \neg$ OffStart (OL);

Update: Vorbed.:   ¬ (OffStart (OL) ∨ OffEnd (OL))
Überschreibt das Objekt an der aktuellen Position mit dem Zustand des
übergebenen Objekts. Das übergebene Objekt und das aktuelle Objekt
sind nach dieser Operation zustandsgleich
Nachbed.:   ¬ (OffStart (OL)∨ OffEnd (OL));

Search: Vorbed.:   keine
Suche nach einem Objekt; wird das Objekt gefunden, ist dort die neue
aktuelle Position; sonst gilt OffEnd (OL)
Sei *found* der boolesche Rückgabeparameter, dann gilt:
Nachbed.: $(found \Rightarrow 0 < pos_{neu} \leq len) \wedge (\neg \, found \Rightarrow pos_{neu} = len +1)$;

GoStart:Vorbed.:   keine
Die erste Position der Liste wird zur aktuellen Position
Nachbed.: $pos_{neu} = 1$;

GoEnd: Vorbed.: keine
Die Position des letzten Objekts der Liste wird zur aktuellen Position
Nachbed.: $pos_{neu} = len$;

StepNext:Vorbed.:   ¬ OffEnd (OL)
Die Position hinter der alten Position wird zur neuen Position
Nachbed. $pos_{neu} = pos_{alt} + 1$;

StepBack:Vorbed.:   ¬ OffStart (OL)
Die Position vor der alten Position wird zur neuen Position
Nachbed. $pos_{neu} = pos_{alt} - 1$;

(*••*)

RUMPFSPEZIFIKATION
(* – Realisierung als doppelt verkettete Liste mit Zeigern auf den Listenkopf, das
– Listenende und das aktuelle Listenelement sowie mit zwei zusätzlichen Listen-
– elementen vorn und hinten („Stoppern") zur Markierung der Off-Zustände. *)
...

SPEZIFIKATIONSENDE GENERISCHER MODUL Objektliste.

Abb. 2.3.K2 Exportschnittstelle des GADT-Moduls Objektliste.

Lösung zu Teilaufgabe a)

Der ADT-Modul Punktliste wird durch Instantiierung aus dem GADT-Modul Objektliste gewonnen. Wie in Band 1 vorgeschlagen, führen wir die Basisoperationen des ADT-Moduls Punkt bei der Instantiierung nicht mit auf und erhalten auf diese Weise die Spezifikation in Abb. 2.3.L1.

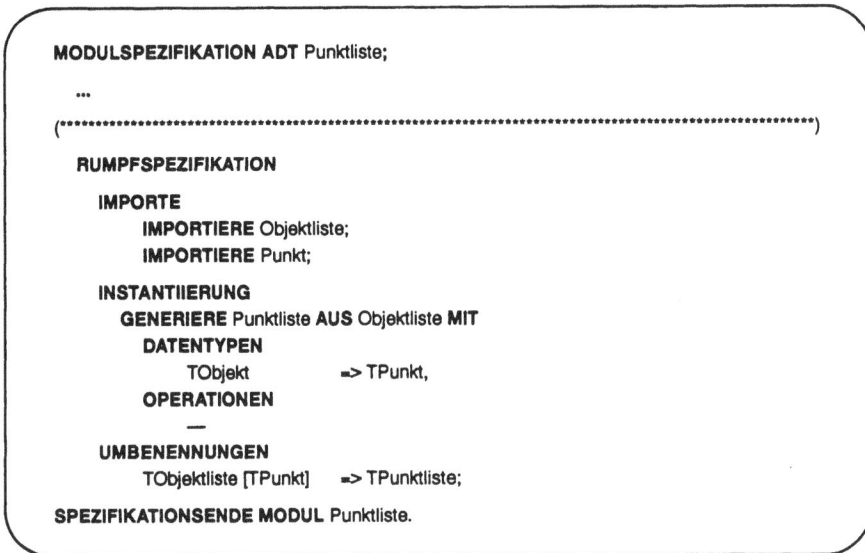

```
MODULSPEZIFIKATION ADT Punktliste;

    ...

(•••••••••••••••••••••••••••••••••••••••••••••••••••••••••••••••••••••••••••••••••••••••••)

    RUMPFSPEZIFIKATION

        IMPORTE
            IMPORTIERE Objektliste;
            IMPORTIERE Punkt;

        INSTANTIIERUNG
            GENERIERE Punktliste AUS Objektliste MIT
            DATENTYPEN
                TObjekt              => TPunkt,
            OPERATIONEN
                —

        UMBENENNUNGEN
            TObjektliste [TPunkt]    => TPunktliste;

    SPEZIFIKATIONSENDE MODUL Punktliste.
```

Abb. 2.3.L1 Vom GADT-Modul Objektliste abgeleiteter ADT-Modul Punktliste.

Lösung zu Teilaufgabe b)

Beim Modul Kantenzug können die Operationen Create, Dispose, IstLeer, IstVoll, KanteAnhängen, InitialisiereDurchlauf und DurchlaufEnde durch Aufruf einer entsprechenden Operation des Moduls Punktliste (Create, Dispose, IsEmpty, IsFull, Append, GoStart und OffEnd) realisiert werden. Da diese Operationen nur durchgereicht bzw. umbenannt werden, brauchen wir sie gemäß Aufgabenstellung nicht zu spezifizieren. In Abb. 2.3.L2 geben wir dennoch exemplarisch die Prozeßspezifikationen der Operationen InitialisiereDurchlauf und DurchlaufEnde an.

Mehr Arbeit machen uns die Operationen NächsterPunkt und Länge, deren Prozeßspezifikationen sich auf verschiedenen Operationen der Moduln Punktliste und Punkt abstützen.

MODULSPEZIFIKATION ADT Kantenzug;

...

(*••*)

   RUMPFSPEZIFIKATION

    IMPORTE
      IMPORTIERE Punkt;
      IMPORTIERE Punktliste;

    TKantenzug = Punktliste.TPunktliste;

    ....

    Prozeßspezifikation InitialisiereDurchlauf
    Parameter: Ktzug : TKantenzug;   (*– INOUT *)
      Punktliste.GoStart (Ktzug)
    END InitialisiereDurchlauf;

    Prozeßspezifikation DurchlaufEnde
    Parameter: Ktzug   : TKantenzug;   (*– IN *)
      RETURN Punktliste.OffEnd (Ktzug)
    END DurchlaufEnde;

    Prozeßspezifikation NächsterPunkt
    Parameter: Ktzug   : TKantenzug;   (*– INOUT *)
    lokale Variable: pkt   : TPunkt;
      (* – Die Vorbedingung von Punktliste.Current ist erfüllt, da diese äquivalent zur
        – Vorbedingung von NächsterPunkt ist *)
      pkt := Punktliste.Current (Ktzug);
      Punktliste.StepNext (Ktzug);
      RETURN pkt
    END NächsterPunkt;

    Prozeßspezifikation Länge;
    Parameter: Ktzug   : TKantenzug;   (*– INOUT *)
    lokale Variablen: letzterPkt, aktPkt: TPunkt;
                aktLänge   : REAL;
      aktLänge := 0;
      InitialisiereDurchlauf (Ktzug);
      IF NOT DurchlaufEnde (Ktzug) **THEN**
        letzterPkt := NächsterPunkt (Ktzug);
        (* – letzterPkt wird durch den Rückgabeparameter von NächsterPunkt ein
          – PunktADO zugewiesen, d.h. die Operation Länge trägt jetzt die Verantwortung
          – für dieses PunktADO *)
        WHILE NOT DurchlaufEnde (Ktzug) **DO**
          aktPkt := NächsterPunkt (Ktzug);

```
         ("     – aktPkt wird ein PunktADO zugewiesen *)
         aktLänge := aktLänge + Punkt.Abstand (letzterPkt, aktPkt);
         Punkt.Equalize (letzterPkt, aktPkt);
         ("     – Das von aktPkt referenzierte PunktADO wird wieder gelöscht *)
         Punkt.Dispose (aktPkt)
      END; (* WHILE *)
      (* – Das von letzterPkt referenzierte PunktADO wird wieder gelöscht *)
      Punkt.Dispose (letzterPkt)
   END; (* IF *)
   RETURN aktLänge
END Länge;

SPEZIFIKATIONSENDE MODUL Kantenzug.
```

Abb. 2.3.L2 Rumpfspezifikation des ADT-Moduls Kantenzug.

Lösung zu Teilaufgabe c)

Abbildung 2.3.L3 zeigt den Komponentengraphen der Teilarchitektur.

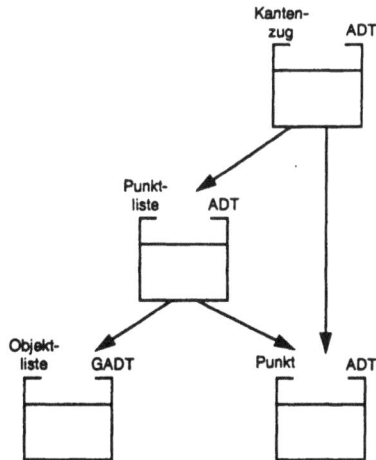

Abb. 2.3.L3 Komponentengraph der Kantenzug-Architektur.

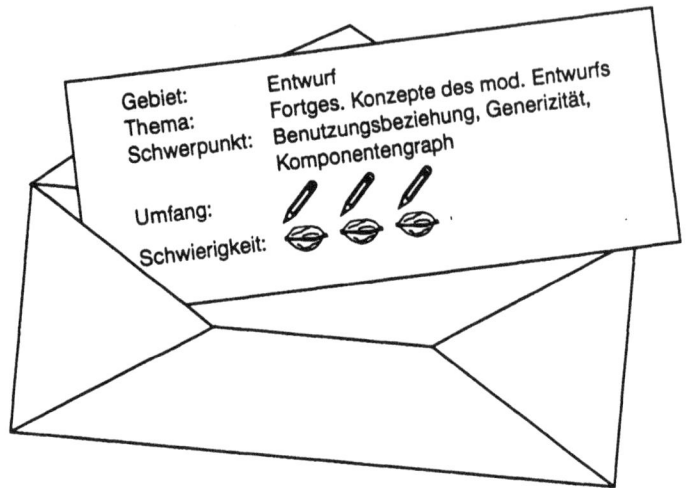

Gebiet: Entwurf
Thema: Fortges. Konzepte des mod. Entwurfs
Schwerpunkt: Benutzungsbeziehung, Generizität, Komponentengraph

Umfang: ✎ ✎ ✎
Schwierigkeit: ◉ ◉ ◉

Aufgabe 2.4

Klausurstatistik

Über die Ergebnisse einer Klausur muß eine Statistik erstellt werden. Da mit sehr vielen Teil-
nehmern gerechnet wird, soll die Auswertung DV-technisch unterstützt werden. In der Architektur des entsprechenden Softwaresystems soll ein ArchitekturADO Teilnehmerverzeichnis die Teilnehmer sortiert nach ihrer erreichten Punktzahl verwalten. Ihre Aufgabe
ist es, auf Basis des GADT-Moduls SortierteObjektliste und des — teilweise spezifizierten
— ADT-Moduls Teilnehmer den ADO-Modul Teilnehmerverzeichnis zu entwerfen. Die
folgenden Teilaufgaben geben den Weg dorthin vor:

a)   Ergänzen Sie im Rumpf des ADT-Moduls Teilnehmer (Abb. 2.4.K1) die Prozeßspezifikationen der Operationen Dispose, IsEqual, LiesName und LiesPunktzahl.

b)   Instantiieren Sie den GADT-Modul SortierteObjektliste (Abb. 2.4.K2) mit dem
ADT-Modul Teilnehmer zu einem ADT-Modul SortierteTeilnehmerliste. Es genügt, wenn Sie die Rumpfspezifikation des ADT-Moduls SortierteTeilnehmerliste
angeben.

c)   Entwerfen Sie mit Hilfe der ADT-Moduln Teilnehmer und SortierteTeilnehmerliste
den ArchitekturADO Teilnehmerverzeichnis. Die Exportschnittstelle des ADO-Moduls Teilnehmerverzeichnis entspricht der Schnittstelle des ADT-Moduls Sortierte-
Teilnehmerliste erweitert um folgende Operation:

TeilnehmerZwischen (**IN** Min, Max : CARDINAL) : TTeilnehmerverzeichnis;
Vorbed.: Min ≤ Max
Liefert alle Teilnehmer im Verzeichnis, deren in der Klausur erreichte
Punktzahl innerhalb des durch Min/Max definierten Intervalls liegt.
Bezeichne *gesuchteTeilnehmer* den Rückgabeparameter der Operation, so gilt:
Nachbed.: ∀ Tn ∈ *gesuchteTeilnehmer*: Min ≤ Teilnehmer.LiesPunktzahl (Tn) ≤ Max;

Beachten Sie, daß zu jedem ArchitekturADO zunächst eine ADT-Schablone zu erstellen ist. Bei den ADT-Modulspezifikationen können Sie sich auf die Modulrümpfe konzentrieren und durchgereichte Operationen weglassen, beim ArchitekturADO Teilnehmerverzeichnis genügt es, wenn Sie exemplarisch die Operationen Create und TeilnehmerZwischen spezifizieren.

d)   Zeichnen Sie den Komponentengraphen der entstandenen Systemarchitektur (einschließlich der vorspezifizierten Moduln SortierteObjektliste und Teilnehmer).

Vorarbeiten

MODULSPEZIFIKATION ADT Teilnehmer;

SCHNITTSTELLENSPEZIFIKATION

IMPORTE
    AUS TextVW **IMPORTIERE** TText;

EXPORTE
  DATENTYPEN
      TTeilnehmer;
  OPERATIONEN
      Create (**IN** Name : TText) : TTeilnehmer;
      Dispose (**INOUT** Tn : TTeilnehmer),
      Duplicate (**IN** QuellTn : TTeilnehmer) : TTeilnehmer,
      IsEqual (**IN** Tn1, Tn2 : TTeilnehmer) : BOOLEAN,
      Equalize (**INOUT** ZielTn : TTeilnehmer; **IN** QuellTn : TTeilnehmer),
      SamePunktzahl (**IN** Tn1, Tn2 : TTeilnehmer) : BOOLEAN,
      SmallerPunktzahl (**IN** Tn1, Tn2 : TTeilnehmer) : BOOLEAN,
      LiesPunktzahl (**IN** Tn : TTeilnehmer) : CARDINAL,
      SetzePunktzahl (**INOUT** Tn : TTeilnehmer; **IN** ErreichtePunkte : CARDINAL),
      LiesName (**IN** Tn : TTeilnehmer) : TText;

SEMANTIK
      Die ADT-Basisoperationen Create, Dispose, Duplicate, IsEqual und Equalize
      besitzen die übliche Semantik.
      SamePunktzahl:
              Vorbed.:   keine
              Vergleicht die Punktzahl der übergebenen TeilnehmerADOs.

Bezeichne *same* den booleschen Rückgabeparameter, so gilt:

Nachbed.: *same* ⇔ (LiesPunktzahl (Tn1) = LiesPunktzahl (Tn2));

SmallerPunktzahl:

Vorbed.: keine

Vergleicht die Punktzahl der übergebenen TeilnehmerADOs.

Bezeichne *smaller* den booleschen Rückgabeparameter, so gilt:

Nachbed.: *smaller* ⇔ (LiesPunktzahl (Tn1) < LiesPunktzahl (Tn2));

LiesPunktzahl:

Vorbed.: keine

Liefert die Punktzahl des übergebenen Teilnehmers

Nachbed.: keine;

SetzePunktzahl:

Vorbed.: keine

Überschreibt die Punktzahl des übergebenen Teilnehmers mit dem Wert

des Parameters *ErreichtePunkte*

Nachbed.: LiesPunktzahl (Tn) = *ErreichtePunkte*;

LiesName:

Vorbed.: keine

Liefert den Namen des übergebenen Teilnehmers.

Bezeichne *name* den Rückgabe-TextADO der Operation, dann gilt:

Nachbed.: TextADO *name* existiert;

(*••*)

RUMPFSPEZIFIKATION

IMPORTE

IMPORTIERE TextVW.Create, TextVW.Dispose, TextVW.IsEqual,TextVW.Duplicate,

...;

TTeilnehmer   **=**   **RECORD**

Name   : TText;

Pktzahl   : CARDINAL

END;

Prozeßspezifikation Create

Parameter: Name   : TText;   (* – IN *)

lokale Variable: aktTn   : TTeilnehmer;

Allokiere Speicherplatz für aktTn;

aktTn.Name := TextVW.Duplicate (Name);

aktTn.Pktzahl := 0;

RETURN aktTn

END Create;

...

SPEZIFIKATIONSENDE MODUL Teilnehmer.

Abb. 2.4.K1 Spezifikation des ADT-Moduls Teilnehmer.

GENERISCHE MODULSPEZIFIKATION GADT SortierteObjektliste;

FORMALE GENERISCHE PARAMETER

GENERISCHE DATENTYPEN

TObjekt;   (* – Typ der Listenelemente *)

GENERISCHE OPERATIONEN

SmallerValue (**IN** Objekt1, Objekt2 : TObjekt)   : BOOLEAN,
SameValue (**IN** Objekt1, Objekt2 : TObjekt)   : BOOLEAN;

(*••*)

SCHNITTSTELLENSPEZIFIKATION

EXPORTE

DATENTYPEN

TSortierteObjektliste [TObjekt], TObjekt;

OPERATIONEN

Create : TSortierteObjektliste [TObjekt],
Dispose (**INOUT** OL : TSortierteObjektliste [TObjekt]),
OffStart (**IN** OL : TSortierteObjektliste [TObjekt]) : BOOLEAN,
OffEnd (**IN** OL : TSortierteObjektliste [TObjekt]) : BOOLEAN,
IsEmpty (**IN** OL : TSortierteObjektliste [TObjekt]) : BOOLEAN,
IsFull (**IN** OL : TSortierteObjektliste [TObjekt]) : BOOLEAN,
Current (**IN** OL : TSortierteObjektliste [TObjekt]) : TObjekt,
Insert (**INOUT** OL : TSortierteObjektliste [TObjekt]; **IN** Objekt : TObjekt),
Delete (**INOUT** OL : TSortierteObjektliste [TObjekt]),
Update (**INOUT** OL : TObjektliste [TObjekt]; **IN** Objekt : TObjekt),
Search (**INOUT** OL : TSortierteObjektliste [TObjekt];
         IN Objekt : TObjekt) : BOOLEAN,
GoSmallest (**INOUT** OL : TSortierteObjektliste [TObjekt]),
StopAt (**INOUT** OL : TSortierteObjektliste [TObjekt];
         IN Objekt : TObjekt) : BOOLEAN,
GoLargest (**INOUT** OL : TSortierteObjektliste [TObjekt]),
StepNext (**INOUT** OL : TSortierteObjektliste [TObjekt]),
StepBack (**INOUT** OL : TSortierteObjektliste [TObjekt]);

SEMANTIK

Die Semantik wird auf Basis zweier lokaler Integervariablen *len* und *pos*, die den Zustand der sortierten Objektliste beschreiben, und einer lokalen Kapazitätskonstanten *maxlen* spezifiziert: Sei *len* die Länge der sortierten Objektliste, *maxlen* > 0 die Maximalkapazität der Liste, d.h. $0 \leq len \leq maxlen$, und *pos* die Position des aktuellen Listenelements mit $0 \leq pos \leq len + 1$.

Die Indizes $_{alt}$ und $_{neu}$ bezeichnen den Wert einer Zustandsvariablen vor bzw. nach Ausführen einer Operation. Werden die neuen Zustände der Variablen nicht explizit angegeben, so sind sie invariant.

Create: Vorbed.:   keine
          Erzeugt ein neues ADO OL
          Nachbed.: ADO OL existiert $\wedge$ IsEmpty (OL);

Dispose: Vorbed.:   keine
Entfernt das ADO OL wieder aus dem System
Nachbed.: ADO OL existiert nicht mehr;

OffStart: Vorbed.:   keine
Test, ob die Position vor dem ersten Objekt aktuell ist
Nachbed.: OffStart (OL) $\Leftrightarrow pos = 0$;

OffEnd: Vorbed.:   keine
Test, ob die Position hinter dem letzten Objekt aktuell ist
Nachbed.: OffEnd (OL) $\Leftrightarrow pos = len + 1$;

IsEmpty: Vorbed.:   keine
Test, ob die sortierte Objektliste leer ist
Nachbed.: IsEmpty (OL) $\Leftrightarrow len = 0$;

IsFull: Vorbed.:   keine
Test, ob die Liste noch ein Objekt aufnehmen kann
Nachbed.: IsFull (OL) $\Leftrightarrow len = maxlen$;

Current: Vorbed.: $\neg$ (OffStart (OL) $\vee$ OffEnd (OL));
Liefert das Objekt an der aktuellen Position
Nachbed.: $\neg$ (OffStart (OL) $\vee$ OffEnd (OL));

Insert: Vorbed.: $\neg$ IsFull (OL)
Einfügen eines Objekts bezüglich der Sortierreihenfolge, so daß es sich
anschließend an der aktuellen Position befindet
Nachbed.: $(1 \leq pos_{neu} \leq len) \wedge (len_{neu} = len_{alt} + 1)$;

Delete: Vorbed.: $\neg$ (OffStart (OL) $\vee$ OffEnd (OL))
Löschen des Objekts an der aktuellen Position; das Listenelement hinter
dem zu löschenden Element befindet sich anschließend an der (unveränderten) aktuellen Position. Wird das letzte Objekt gelöscht, steht die
aktuelle Position auf OffEnd
Nachbed.: $(len_{neu} = len_{alt} - 1) \wedge \neg$ (IsFull (OL) $\vee$ OffStart (OL));

Update: Vorbed.: $\neg$ (OffStart (OL) $\vee$ OffEnd (OL))
Überschreibt unter Beachtung der Ordnung die Attributwerte des Objekts
an der aktuellen Position mit denen des übergebenen Objekts.
Anschließend sind das Objekt an der ggf. neuen aktuellen Position und
das übergebene Objekt zustandsgleich.
Nachbed.: $1 \leq pos_{neu} \leq len$;

Search: Vorbed.:   keine
Suche nach einem Objekt; wird das Objekt gefunden, ist dort die neue
aktuelle Position; sonst gilt OffEnd (OL).
Sei *found* der boolesche Rückgabeparameter, dann gilt:
Nachbed.: $(found \Rightarrow \neg$ (OffStart (OL) $\vee$ OffEnd (OL))
$\wedge (\neg found \Rightarrow$ OffEnd (OL));

GoSmallest: Vorbed.:keine
Die Position des kleinsten Objekts der Liste wird zur aktuellen Position
Nachbed.: $pos_{neu} = 1$;

StopAt: Vorbed.:   keine
Suche nach einem bzgl. SameValue Objekt gleichen Objekt. Wird ein
solches Objekt gefunden, ist dort die neue aktuelle Position;
Seien *found* der boolesche Rueckgabeparameter und aktObjekt bzw.
MaxObjekt die Objekte an pos_neu bzw. pos = len (falls diese existieren),
dann gilt:

Nachbed.: (*found* ⇒ ¬ (OffStart (OL) ∨ OffEnd (OL)) ∧
Objekt.SameValue (Objekt, aktObjekt)) ∧
(¬ found => (IsEmpty (OL) ∧ OffEnd (OL)) ∨
(¬ IsEmpty (OL) ∧ OffEnd (OL) ∧
Objekt.SmallerValue (MaxObjekt, Objekt)) ∨
(¬ (OffStart (OL) ∨ OffEnd (OL)) ∧
Objekt.SmallerValue (aktObjekt, Objekt));

GoLargest:Vorbed.: keine
Die Position der größten Objekts der Liste wird zur aktuellen Position
Nachbed.: $pos_{neu} = len$;

StepNext: Vorbed.:   ¬ OffEnd (OL)
Die Position hinter der alten Position wird zur neuen Position
Nachbed. $pos_{neu} = pos_{alt} + 1$;

StepBack: Vorbed.:   ¬ OffStart (OL)
Die Position vor der alten Position wird zur neuen Position
Nachbed. $pos_{neu} = pos_{alt} - 1$;

(*•••*)

RUMPFSPEZIFIKATION

...

SPEZIFIKATIONSENDE GENERISCHER MODUL SortierteObjektliste.

Abb. 2.4.K2 Spezifikation des generischen Moduls SortierteObjektliste.

Lösung zu Teilaufgabe a)

Abb. 2.4.L1 zeigt die Prozeßspezifikationen der Operationen Dispose, IsEqual, LiesName und LiesPunktzahl. Beachten Sie die unterschiedliche Behandlung von Attributen eines elementaren Datentyps (Pktzahl) und Attributen, die Datenobjekte verwalten (Name).

MODULSPEZIFIKATION ADT Teilnehmer;

...

(*•••*)

RUMPFSPEZIFIKATION

...

Prozeßspezifikation Dispose
Parameter: Tn : TTeilnehmer;   (* – INOUT *)
  (* – RealisierungsADO aktTn.Name muß gelöscht werden *)
  TextVW.Dispose (Tn.Name);
  Deallokiere Speicherplatz für Tn
END Dispose;

Prozeßspezifikation IsEqual
Parameter: Tn1,   (* – IN *)
                  Tn2   : TTeilnehmer;   (* – IN *)
lokale Variable: gleich : BOOLEAN;
        gleich := (Tn1.Pktzahl = Tn2.Pktzahl) AND TextVW.IsEqual (Tn1.Name, Tn2.Name);
        (* – RealisierungsADOs Tn1.Name und Tn2.Name müssen zustandsgleich sein! *)
        RETURN gleich
END IsEqual;

Prozeßspezifikation LiesPunktzahl
Parameter: Tn : TTeilnehmer;   (* – IN *)
        (* – Tn.Pktzahl verweist auf kein ADO, kann also direkt zurückgegeben werden *)
        RETURN Tn.Pktzahl
END LiesPunktzahl;

Prozeßspezifikation LiesName
Parameter: Tn   : TTeilnehmer;   (* – IN *)
lokale Variable : aktName   : TText;
        (* – Tn.Name verweist auf ein RealisierungsADO, es darf also nur eine Kopie des
            – RealisierungsADO zurückgegeben werden. *)
        aktName := TextVW.Duplicate (Tn.Name);
        RETURN aktName
END LiesName;

SPEZIFIKATIONSENDE MODUL Teilnehmer.

Abb. 2.4.L1 Fehlende Prozeßspezifikationen des ADT-Moduls Teilnehmer.

Lösung zu Teilaufgabe b)

Die Instantiierung des GADT-Moduls SortierteObjektliste mit dem ADT-Modul Teilnehmer wird im Rumpf des ADT-Moduls SortierteTeilnehmerliste vorgenommen (Abb.
2.4.L2).

MODULSPEZIFIKATION ADT SortierteTeilnehmerliste;

  SCHNITTSTELLENSPEZIFIKATION
    ...

(*•••*)

  RUMPFSPEZIFIKATION

  IMPORTE
      IMPORTIERE SortierteObjektliste;
      IMPORTIERE Teilnehmer;

```
    INSTANTIIERUNG
      GENERIERE SortierteTeilnehmerliste AUS SortierteObjektliste MIT
        DATENTYPEN
            TObjekt          => TTeilnehmer,
        OPERATIONEN
            SmallerValue     => Teilnehmer.SmallerPunktzahl,
            SameValue        => Teilnehmer.SamePunktzahl;

      UMBENENNUNGEN
          TSortierteObjektliste [TTeilnehmer] => TSortierteTeilnehmerliste;

    SPEZIFIKATIONSENDE MODUL SortierteTeilnehmerliste.
```

Abb. 2.4.L2 Instantiierung des GADT-Moduls SortierteObjektliste
zum ADT-Modul SortierteTeilnehmerliste.

Lösung zu Teilaufgabe c)

Jeder ADO-Modul stützt sich auf einer entsprechenden ADT-Schablone ab. Wir entwerfen
also zunächst den zum ADO-Modul Teilnehmerverzeichnis gehörenden ADT-Modul TeilnehmerverzeichnisSchablone, welcher die Operationen des ADT-Moduls SortierteTeilnehmerliste durchreicht und die zusätzlich geforderte Operation TeilnehmerZwischen
definiert. Abb. 2.4.L3 zeigt den Rumpf der ADT-Schablone mit der Prozeßspezifikation der
neuen Operation, wobei der Parameter VZ das zu bearbeitende Teilnehmerverzeichnis-ADO
referenziert, während die beiden CARDINAL-Parameter Min und Max die Grenzen des Aus-
wahlintervalls definieren.

```
    MODULSPEZIFIKATION ADT TeilnehmerverzeichnisSchablone;

        ...

    (•••••••••••••••••••••••••••••••••••••••••••••••••••••••••••••••••••••••••••••••••••••)

    RUMPFSPEZIFIKATION
    IMPORTE
        IMPORTIERE SortierteTeilnehmerliste;
        AUS Teilnehmer IMPORTIERE Teilnehmer.Dispose, LiesPunktzahl;

    TTeilnehmerverzeichnis = SortierteTeilnehmerliste.TSortierteTeilnehmerliste;

    ... (* – Es werden alle Operationen des ADT-Moduls SortierteTeilnehmerliste durchgereicht *)

    Prozeßspezifikation TeilnehmerZwischen
    Parameter:    VZ        : TTeilnehmerverzeichnis;    (* – INOUT *)
                  Min,                                    (* – IN *)
                  Max       : CARDINAL;                   (* – IN *)
    lokale Variable : aktTn       : TTeilnehmer;
                      aktBereich: TTeilnehmerverzeichnis;
                      exit       : BOOLEAN;
```

```
    aktBereich := SortierteTeilnehmerliste.Create;
    exit := FALSE;
    SortierteTeilnehmerliste.GoSmallest (VZ);
    WHILE NOT (SortierteTeilnehmerliste.OffEnd (VZ) OR exit) DO
        aktTn := SortierteTeilnehmerliste.Current (VZ);
        (* – aktTn wird durch den Rückgabeparameter von SortierteTeilnehmerliste.Current
           – ein TeilnehmerADO zugewiesen, d.h. diese Operation kontrolliert jetzt die
           – Existenz dieses TeilnehmerADO *)
        IF Max < LiesPunktzahl (aktTn) THEN
            exit := TRUE
        ELSIF Min <= LiesPunktzahl (aktTn) THEN
            SortierteTeilnehmerliste.Insert (aktBereich, aktTn)
        END; (* IF *)
        SortierteTeilnehmerliste.StepNext (VZ);
        (* – Das von aktTn referenzierte TeilnehmerADO wird wieder gelöscht *)
        Teilnehmer.Dispose (aktTn)
    END; (* WHILE *)
    RETURN aktBereich
END TeilnehmerZwischen;

SPEZIFIKATIONSENDE MODUL TeilnehmerverzeichnisSchablone.
```

Abb. 2.4.L3 Modulrumpf des ADT-Moduls TeilnehmerverzeichnisSchablone

Im Rumpf des ADO-Moduls Teilnehmerverzeichnis definieren wir eine Datenstrukturvariable VerzeichnisDS, welche das ArchitekturADO referenziert. Die Operationen der Schablone werden (bis auf Dispose) im Prinzip durchgereicht, ihre Flexibilität allerdings insofern eingeschränkt, daß sie stets das ArchitekturADO manipulieren.

```
MODULSPEZIFIKATION ADO Teilnehmerverzeichnis;

    ...

(*·····················································································*)

    RUMPFSPEZIFIKATION
    IMPORTE
        IMPORTIERE TeilnehmerverzeichnisSchablone;

    VAR VerzeichnisDS : TeilnehmerverzeichnisSchablone.TTeilnehmerverzeichnis;

    Prozeßspezifikation Create
        VerzeichnisDS := TeilnehmerverzeichnisSchablone.Create
    END Create;

    Prozeßspezifikation TeilnehmerZwischen
    Parameter:                  Min,                          (* – IN *)
                                Max      : CARDINAL;          (* – IN *)
        TeilnehmerverzeichnisSchablone.TeilnehmerZwischen (VerzeichnisDS, Min, Max)
    END TeilnehmerZwischen;
```

```
...          (*   – Bis auf Dispose werden alle weiteren Operationen des ADT-Moduls
                  – TeilnehmerverzeichnisSchablone analog zur Operation Teilnehmer-
  Zwischen
                  – durchgereicht *)
```

Abb. 2.4.L4 Modulrumpf des ADO-Moduls Teilnehmerverzeichnis.

Lösung zu Teilaufgabe d)

Der Komponentengraph in Abb. 2.4.L5 veranschaulicht die Beziehungen und Abhängigkeiten der Architekturkomponenten.

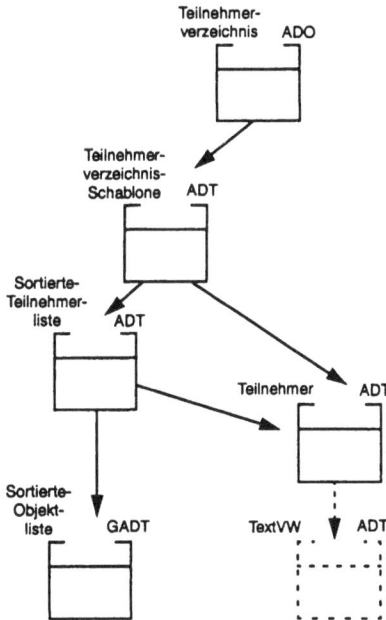

Abb. 2.4.L5 Komponentengraph zur Spezifikation des ADO-Moduls Teilnehmerverzeichnis.

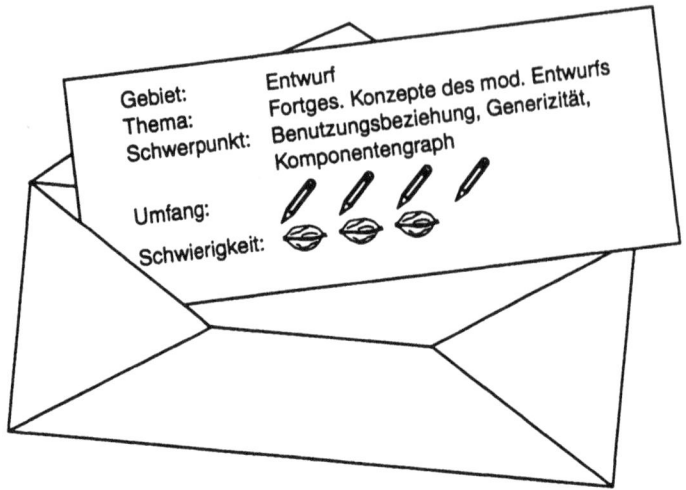

Gebiet:	Entwurf
Thema:	Fortges. Konzepte des mod. Entwurfs
Schwerpunkt:	Benutzungsbeziehung, Generizität, Komponentengraph
Umfang:	✍ ✍ ✍ ✍
Schwierigkeit:	👄 👄 👄

Aufgabe 2.5

Euro-Container

Ein Unternehmen produziert genormte Euro-Container, die sich zum Transport von Waren per Bahn, Schiff oder LKW eignen. Für die verantwortlichen Mitarbeiter in der Fertigungs- bzw. der Auslieferungsabteilung ist es wichtig, stets über den aktuellen Auftragsbestand informiert zu sein, um den Fertigungsprozeß sinnvoll steuern und die Auslieferung der fertigen Container organisieren zu können. Die Aufträge werden dabei grundsätzlich in der Eingangs- reihenfolge abgearbeitet und die gewünschten Container geliefert, sobald im Auslieferungs- lager ein entsprechender Posten verfügbar ist. Zur Vereinfachung gehen wir davon aus, daß Aufträge weder verändert noch storniert werden und von einem Auftrag nur der *Auftraggeber* und das *Auftragsvolumen*, d.h. die Anzahl der bestellten Container, relevant sind.

a) Im Rahmen des Entwurfs eines unternehmensweiten Informationssystems ist es Ihre Aufgabe, Komponenten zur Verwaltung des Auftragsbestands zu entwerfen.
Beachten Sie das im folgenden skizzierte Vorgehen und spezifizieren Sie die Import- und Exportschnittstelle jedes der von Ihnen entworfenen Moduln. Geben Sie für alle Operationen dieser Moduln Semantikbeschreibungen mittels Vor- und Nachbedingun- gen an sowie für alle Operationen, die nicht nur durchgereicht werden, zusätzlich Pro- zeßbeschreibungen.

Entwerfen Sie zunächst einen ADT-Modul Auftrag, wobei Sie auf die Spezifikation des ADT-Moduls Auftraggeber in Abb. 2.5.K1 zurückgreifen können. Instantiieren Sie dann den GADT-Modul Objektliste, dessen Spezifikation Sie in Abb. 2.3.K2 fin- den, zu einem ADT-Modul Auftragsliste und leiten Sie daraus einen ArchitekturA-

DO Auftragsbestand ab. (Beachten Sie, daß jeder ArchitekturADO eine entsprechende ADT-Schablone benötigt.)

Bei der Verwaltung der Aufträge ist die Reihenfolge ihres Eingangs relevant. Der ADO-Modul Auftragsbestand muß also im Rumpf eine FiFo-Datenstruktur realisieren, d.h. eine Warteschlange. Neben den für eine solche Struktur typischen Operationen

- Create (Erzeugen und Initialisieren des ADO),
- Annehmen (Anfügen eines Auftrags an das Ende der Warteschlange),
- Entnehmen (Löschen des Auftrags am Kopf der Warteschlange),
- AktuellerAuftrag (Ausgeben einer Kopie des Auftrags am Kopf der Schlange),
- IstLeer (Prüfen, ob die Warteschlange leer ist, d.h. keinen Auftrag enthält) und
- IstVoll (Prüfen, ob die Warteschlange noch einen Auftrag aufnehmen kann)

ist außerdem eine Operation Gesamtauftragsvolumen vonnöten, die aus dem Auftragsvolumen aller noch unbearbeiteten Aufträge das Gesamtauftragsvolumen ermittelt.

b) Stellen Sie die Moduln und ihre Beziehungen in einem Komponentengraphen graphisch dar (einschließlich der vorspezifizierten Moduln Objektliste und Auftraggeber).

Vorarbeiten

Abb. 2.5.K1 zeigt einen Auszug der Exportschnittstelle des ADT-Moduls Auftraggeber.

```
MODULSPEZIFIKATION ADT Auftraggeber;

SCHNITTSTELLENSPEZIFIKATION

    IMPORTE
        AUS TextVW IMPORTIERE TText;

    EXPORTE
        DATENTYPEN
            TAuftraggeber;
        OPERATIONEN
            Create : TAuftraggeber,
            Dispose (INOUT Auftraggeber : TAuftraggeber),
            Duplicate (IN Auftraggeber : TAuftraggeber) : TAuftraggeber,
            IsEqual (IN Auftraggeber1, Auftraggeber2 : TAuftraggeber) : BOOLEAN,
```

```
        Equalize ( INOUT ZielAuftraggeber : TAuftraggeber;
                  IN QuellAuftraggeber : TAuftraggeber),
        SchreibName (INOUT Auftraggeber : TAuftraggeber; IN Name : TText),
        LiesName (IN Auftraggeber : TAuftraggeber) : TText,
        . . . ;
        (* – weitere Lese- und Schreiboperationen für die Datenfelder des ADT *)


    SEMANTIK
        . . .


 (*••••••••••••••••••••••••••••••••••••••••••••••••••••••••••••••••••••••••••••••••••••••••••*)


    RUMPFSPEZIFIKATION

        IMPORTE
            IMPORTIERE TextVW;
            ...


        TAuftraggeber =   RECORD
                          Name   : TText;
                          . . .  (* – weitere Attribute eines Auftraggebers *)
                          END;


        . . .


    SPEZIFIKATIONSENDE MODUL Auftraggeber.
```

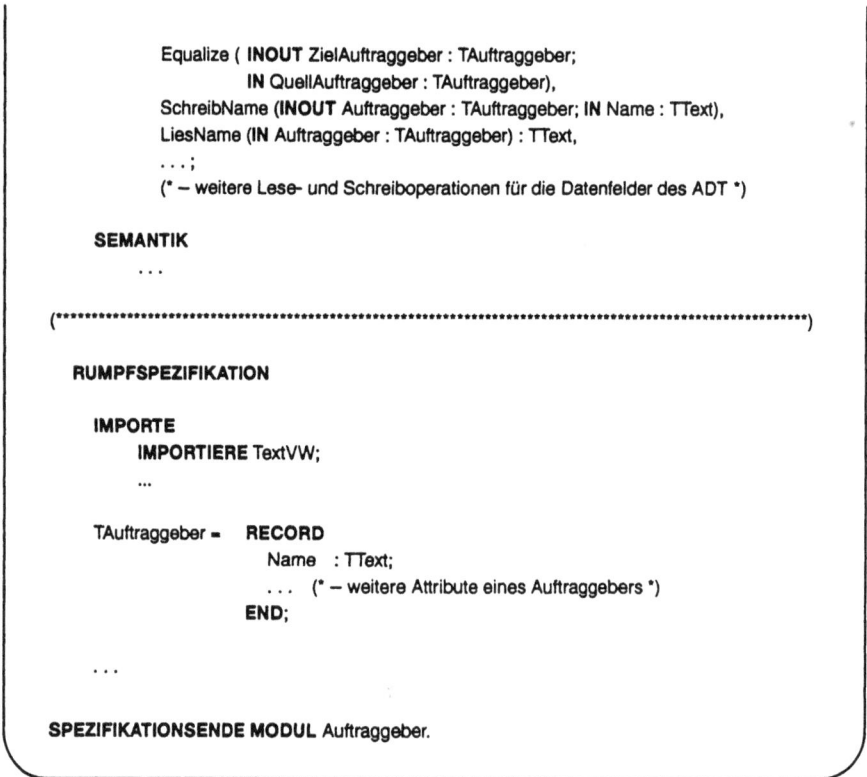

Abb. 2.5.K1 ADT-Modul Auftraggeber.

Lösung zu Teilaufgabe a)

Wir gehen bottom up vor und — da der ADT-Modul Auftraggeber bereits vorgegeben ist —
betrachten als erstes den ADT-Modul Auftrag. Die relevanten Attribute eines Auftrags sind
der Auftraggeber (vom Typ TAuftraggeber) und das Auftragsvolumen (vom Typ CARDI-
NAL). Wir sehen Schreib- und Leseoperationen für diese Attribute in der Exportschnittstelle
des Moduls Auftrag vor und ergänzen die ADT-Basisoperationen Create, Dispose, Duplicate, Equalize und IsEqual zur Modulspezifikation in Abb. 2.5.L1.

MODULSPEZIFIKATION ADT Auftrag;

SCHNITTSTELLENSPEZIFIKATION

IMPORTE
    AUS Auftraggeber **IMPORTIERE** TAuftraggeber;

EXPORTE
  DATENTYPEN
      TAuftrag, TAuftraggeber;
  OPERATIONEN
      Create (**IN** Auftraggeber : TAuftraggeber) : TAuftrag,
      Dispose (**INOUT** ATG : TAuftrag),
      Duplicate (**IN** QuellATG : TAuftrag) : TAuftrag,
      IsEqual (**IN** ATG1, ATG2 : TAuftrag) : BOOLEAN,
      Equalize (**INOUT** ZielATG : TAuftrag; **IN** QuellATG : TAuftrag);
      SetzeAuftraggeber (**INOUT** ATG : TAuftrag; **IN** Auftraggeber : TAuftraggeber),
      LiesAuftraggeber (**IN** ATG : TAuftrag) : TAuftraggeber,
      SetzeAuftragsvolumen (**INOUT** ATG : TAuftrag; **IN** Anzahl: CARDINAL),
      LiesAuftragsvolumen (**IN** ATG : TAuftrag) : CARDINAL;

SEMANTIK
    Die Indizes $_{alt}$ und $_{neu}$ bezeichnen den Zustand eines ADO vor bzw. nach
    Ausführen einer Operation. Wird der neue Zustand nicht explizit angegeben,
    so ist er invariant.

Create: Vorbed.:   keine
                 Generiert und initialisiert ein neues AuftragADO.
                 Bezeichne *order* den Rückgabeparameter, dann gilt:
                 Nachbed.: LiesAuftragsvolumen (*order*) = 0;

Dispose: Vorbed.:   keine
                 Entfernt das ADO ATG aus dem System
                 Nachbed.: ADO ATG existiert nicht mehr;

IsEqual: Vorbed.:   keine
                 Überprüft die beiden Aufträge auf Zustands-/Wertegleichheit,
                 d.h. die Gleichheit aller korrespondierenden Attribute
                 Nachbed.: keine;

Equalize: Vorbed.:   keine
                 Gleicht den Zustand bzw. die Attribute des ADO ZielATG an den ADO
                 QuellATG an, wobei die Identität der ADOs nicht verändert wird
                 Nachbed.: $(\text{QuellATG}_{alt} = \text{QuellATG}_{neu}) \wedge (\text{ZielATG}_{alt} = \text{ZielATG}_{neu})$
                        $\wedge$ IsEqual $(\text{QuellATG}_{alt}, \text{ZielATG}_{neu})$;

Duplicate :
                 Vorbed.:   keine
                 Erzeugt ein neues AuftragsADO *Duplikat* und gleicht dieses an
                 den Zustand bzw. die Attribute des ADO QuellATG an
                 Nachbed.: IsEqual (*Duplikat*, QuellATG) $\wedge \neg$ (*Duplikat* = QuellATG);

SetzeAuftraggeber :
                 Vorbed.:   keine
                 Setzt den Auftraggeber des ADO ATG
                 Nachbed.: LiesAuftraggeber (ATG_{neu}) "=" Auftraggeber;

LiesAuftraggeber :
    Vorbed.:   keine
    Liefert den Auftraggeber des ADO ATG
    Bezeichne *client* den Rückgabeparameter, dann gilt:
    Nachbed.: Auftraggeber.IsEqual (*client*, Auftrag.*Auftraggeber*) ;

SetzeAuftragsvolumen :
    Vorbed.:   keine
    Setzt die Anzahl der bestellten Container des ADO ATG
    Nachbed.: LiesAuftragsvolumen (ATG_{neu}) = Anzahl;

LiesAuftragsvolumen :
    Vorbed.:   keine
    Liefert die Anzahl der bestellten Container des ADO ATG
    Nachbed.: keine;

(*•••*)

RUMPFSPEZIFIKATION

IMPORTE
    AUS Auftraggeber **IMPORTIERE**   Auftraggeber.Dispose, Auftraggeber.IsEqual
                               Auftraggeber.Equalize, Auftraggeber.Duplicate;

```
TAuftrag       = RECORD
                     Auftraggeber    : TAuftraggeber;
                     Auftragsvolumen : CARDINAL;
                 END;
```

Prozeßspezifikation Create
Parameter: Auftraggeber : TAuftraggeber;   (* – IN *)
lokale Variable: aktATG   : TAuftrag;
  Allokiere Speicherplatz für aktATG;
  aktATG.Auftraggeber := Auftraggeber.Duplicate (Auftraggeber);
  aktATG.Auftragsvolumen := 0;
  RETURN aktATG
END Create;

Prozeßspezifikation Dispose
Parameter: ATG : TAuftrag;   (* – INOUT *)
  Auftraggeber.Dispose (ATG.Auftraggeber);
  Deallokiere Speicherplatz für das AuftragsADO ATG
END Dispose;

Prozeßspezifikation IsEqual
Parameter: ATG1, ATG2: TAuftrag;   (* – IN *)
lokale Variable: gleich   : BOOLEAN;
  gleich := (Auftraggeber.IsEqual (ATG1.Auftraggeber, ATG2.Auftraggeber))
           AND (ATG1.Auftragsvolumen = ATG2.Auftragsvolumen);
  RETURN gleich
END IsEqual;

Prozeßspezifikation Equalize
Parameter: ZielATG,   (* – INOUT *)
                 QuellATG : TAuftrag   (* – IN *)
  Auftraggeber.Equalize (ZielATG.Auftraggeber, QuellATG.Auftraggeber);
  ZielATG.Auftragsvolumen := QuellATG.Auftragsvolumen
END Equalize;

Prozeßspezifikation Duplicate
Parameter: QuellATG : TAuftrag;   (* – IN *)
lokale Variable: duplikat   : TAuftrag;
  duplikat := Create (QuellATG.Auftraggeber);
  Equalize (duplikat, QuellATG);
  RETURN duplikat
END Duplicate;

Prozeßspezifikation SetzeAuftraggeber
Parameter: ATG   : TAuftrag;   (* – INOUT *)
                 Auftraggeber : TAuftraggeber;   (* – IN *)
  Auftraggeber.Equalize (ATG.Auftraggeber, Auftraggeber)
END SetzeAuftraggeber;

Prozeßspezifikation LiesAuftraggeber
Parameter: ATG   : TAuftrag;   (* – IN *)
lokale Variable: auftraggeber   : TAuftraggeber;
  auftraggeber := Auftraggeber.Duplicate (ATG.Auftraggeber);
  RETURN auftraggeber
END LiesAuftraggeber;

Prozeßspezifikation SetzeAuftragsvolumen
Parameter: ATG   : TAuftrag;   (* – INOUT *)
                 Anzahl : CARDINAL;   (* – IN *)
  ATG.Auftragsvolumen := Anzahl
END SetzeAuftragsvolumen;

Prozeßspezifikation LiesAuftragsvolumen
Parameter   : ATG   : TAuftrag;   (* – IN *)
  RETURN ATG.Auftragsvolumen
END LiesAuftragsvolumen;

SPEZIFIKATIONSENDE MODUL Auftrag.

Abb. 2.5.L1 ADT-Modul Auftrag.

Den ADT-Modul **Auftragsliste** erhalten wir durch Instantiierung des GADT-Moduls **Ob**-**jektliste** mit dem ADT-Modul **Auftrag.** Abb. 2.5.L2 zeigt diesen Instantiierungsschritt.

MODULSPEZIFIKATION ADT Auftragsliste;

   SCHNITTSTELLENSPEZIFIKATION

      IMPORTE
            AUS Auftrag **IMPORTIERE** TAuftrag;

      EXPORTE
         DATENTYPEN
               TAuftragsliste, TAuftrag;
         OPERATIONEN
               Create : TAuftragsliste,
               Dispose (**INOUT** AL : TAuftragsliste),
               Current (**IN** AL : TAuftragsliste) : TAuftrag,
               Insert (**INOUT** AL : TAuftragsliste; **IN** Auftrag : TAuftrag),
               Append (**INOUT** AL : TAuftragsliste; **IN** Auftrag : TAuftrag),
               Update (**INOUT** AL : TAuftragsliste; **IN** Auftrag : TAuftrag),
               Delete (**INOUT** AL : TAuftragsliste),
               Search (**INOUT** AL : TAuftragsliste;
                          IN Auftrag : TAuftrag) : BOOLEAN,
               GoStart (**INOUT** AL : TAuftragsliste),
               GoEnd (**INOUT** AL : TAuftragsliste),
               StepNext (**INOUT** AL : TAuftragsliste),
               StepBack (**INOUT** AL : TAuftragsliste),
               IsEmpty (**IN** AL : TAuftragsliste) : BOOLEAN,
               IsFull (**IN** AL : TAuftragsliste) : BOOLEAN,
               OffStart (**IN** AL : TAuftragsliste) : BOOLEAN,
               OffEnd (**IN** AL : TAuftragsliste) : BOOLEAN;

      SEMANTIK
            (* – Semantik ändert sich nicht gegenüber der Objektliste *)

(*•••*)

   RUMPFSPEZIFIKATION

      IMPORTE
            IMPORTIERE Objektliste;
            AUS Auftrag **IMPORTIERE**   Auftrag.Create, Auftrag.Dispose,
                                          Auftrag.Equalize, Auftrag.Duplicate,
                                          Auftrag.IsEqual;

      INSTANTIIERUNG
            GENERIERE Auftragsliste **AUS** Objektliste **MIT**
               DATENTYPEN
                  TObjekt   ➡ TAuftrag
               OPERATIONEN
                  Objekt.Create   ➡ Auftrag.Create;
                  Objekt.Dispose   ➡ Auftrag.Dispose;

```
        Objekt.Equalize    => Auftrag.Equalize;
        Objekt.Duplicate   => Auftrag.Duplicate;
        Objekt.IsEqual     => Auftrag.IsEqual;


UMBENENNUNGEN
    TObjektliste [TAuftrag] => TAuftragsliste;


SPEZIFIKATIONSENDE MODUL Auftragsliste.
```

Abb. 2.5.L2 Vom GADT-Modul Objektliste abgeleiteter ADT-Modul Auftragsliste.

Für den ArchitekturADO Auftragsbestand benötigen wir eine ADT-Schablone. Der ADT-Modul Auftragsliste bringt nicht die hierfür notwendigen Eigenschaften mit, denn die Operationen einer Warteschlange weichen von denen einer reinen Liste ab und die Operation Gesamtauftragsvolumen fehlt als Listenoperation vollständig. Wir müssen also einen ADT-Modul Auftragsbestandsschablone zwischenschalten, der auf Grundlage der Listenoperationen die Warteschlangenoperationen simuliert und die fehlende Operation implementiert. Konkret wird die FiFo-Datenstruktur des ADT-Moduls Auftragsbestandsschablone mit Hilfe eines RealisierungsADO vom Typ Auftragsliste, einer festen Einfügeposition (am Ende des RealisierungsADO) und einer festen Lese- bzw. Löschposition (am Kopf des RealisierungsADO) simuliert (Abb. 2.5.L3).

```
MODULSPEZIFIKATION ADT Auftragsbestandsschablone;


SCHNITTSTELLENSPEZIFIKATION


    IMPORTE
        AUS Auftragsliste IMPORTIERE TAuftrag;


    EXPORTE
        DATENTYPEN
            TAuftragsbestand, TAuftrag;
        OPERATIONEN
            Create : TAuftragsbestand,
            Dispose (INOUT AE : TAuftragsbestand),
            Annehmen (INOUT AE : TAuftragsbestand; IN Auftrag : TAuftrag),
            Entnehmen (INOUT AE : TAuftragsbestand),
            AktuellerAuftrag (IN AE : TAuftragsbestand) : TAuftrag,
            IstLeer (IN AE : TAuftragsbestand) : BOOLEAN,
            IstVoll (IN AE : TAuftragsbestand) : BOOLEAN,
            Gesamtauftragsvolumen (INOUT AE : TAuftragsbestand) : CARDINAL;


    SEMANTIK
        Die Semantik wird auf Basis der lokalen Zustandsvariable anz, einer
```

Kapazitätskonstante $maxanz > 0$ und der konstanten Lese- bzw. Löschposition $pos=1$ beschrieben. Die CARDINAL-Variable $0 \le anz \le maxanz$ beschreibt die Anzahl der gespeicherten Aufträge. Die Indizes $_{alt}$ und $_{neu}$ bezeichnen den Wert einer Zustandsvariable vor bzw. nach Ausführen einer Operation. Wird kein neuer Zustand angegeben, so ist der alte Zustand ausführungsinvariant.

Create: Vorbed.:   keine
            Generiert ein neues abstraktes Datenobjekt AE
            Nachbed.: RückgabeADO AE existiert $\land$ $(anz_{neu} = 0)$ $\land$ $(pos_{neu} = 1)$;
Dispose: Vorbed.:   keine
            Entfernt das ADO AE und alle enthaltenen AuftragsADOs aus dem System
            Nachbed.: ADO AE existiert nicht mehr;
Annehmen:Vorbed.: $\neg$ IstVoll (AE)
            Fügt den AuftragsADO an Position $anz+1$ in das ADO AE ein
            Nachbed.: $anz_{neu} = anz_{alt} + 1$;
Entnehmen:Vorbed.: $\neg$ IstLeer (AE)
            Löscht den Auftrag an Position pos des ADO AE
            Nachbed.: $anz_{neu} = anz - 1$
AktuellerAuftrag:
            Vorbed.: $\neg$ IstLeer (AE)
            Ausgabe einer Kopie des Auftrags an Position pos des ADO AE
            Nachbed.: keine;
IstLeer: Vorbed.:   keine
            Prüft, ob AE einen Auftrag enthält. Bezeichne $empty$ den booleschen Rückgabeparameter, so gilt:
            Nachbed.: $empty \Leftrightarrow anz = 0$;
IstVoll: Vorbed.:   keine
            Prüft, ob AE noch einen Auftrag aufnehmen kann. Bezeichne $full$ den booleschen Rückgabeparameter, so gilt:
            Nachbed.: $full \Leftrightarrow anz = maxanz$;
Gesamtauftragsvolumen:
            Vorbed.:   keine
            Berechnet mit Hilfe der in AE abgelegten Aufträge die Gesamtzahl der bestellten Container.
            Nachbed.: keine;

$(\bullet)$

RUMPFSPEZIFIKATION

IMPORTE
      IMPORTIERE Auftragsliste;
      AUS Auftrag IMPORTIERE LiesAuftragsvolumen, Auftrag.Dispose;

TAuftragsbestand = Auftragsliste.TAuftragsliste;

Prozeßspezifikation Create
lokale Variable: aktAE: TAuftragsbestand;
  aktAE := Auftragsliste.Create;
  (* – Aktuelle Listenposition auf Listenanfang (feste Lese- und Löschposition) setzen *)
  Auftragsliste.GoStart (aktAE);
  RETURN aktAE
END Create;

...

Prozeßspezifikation Annehmen
Parameter: AE: TAuftragsbestand;   (* – INOUT *)
             Auftrag : TAuftrag,   (* – IN *)
  (* – Aus der Vorbedingung von Annehmen folgt die Vorbedingung von Append. *)
  Auftragsliste.Append (AE, Auftrag)
  (* – Die Nachbedingung von Append stellt die Nachbedingung von Annehmen sicher;
    – die aktuelle Position im RealisierungsADO *Auftragsliste* bleibt invariant. *)
END Annehmen;

Prozeßspezifikation Entnehmen
Parameter: AE : TAuftragsbestand;   (* – INOUT *)
  (* – Aus der Vorbedingung von Entnehmen folgt die Vorbedingung von Delete. *)
  Auftragsliste.Delete (AE)
  (* – Die Nachbedingung von Delete stellt die Nachbedingung von Entnehmen sicher;
    – die aktuelle Position im RealisierungsADO *Auftragsliste* bleibt invariant. *)
END Entnehmen;

Prozeßspezifikation AktuellerAuftrag
Parameter: AE : TAuftragsbestand;   (* – IN *)
  (* – Aus der Vorbedingung von AktuellerAuftrag und der invarianten Leseposition
    – pos = 1 im RealisierungsADO *Auftragsliste* folgt die Vorbedingung von Current! *)
  RETURN Auftragsliste.Current (AE)
END AktuellerAuftrag;

(* – Die Operationen Dispose, IstLeer und IstVoll werden wie die Operationen
    – Annehmen, Entnehmen, AktuellerAuftrag nur durchgereicht.
    – Wir machen an dieser Stelle von der Vereinfachung der Aufgabenstellung Gebrauch
    – und verzichten auf die Spezifikation der durchgereichten Operationen. *)

Prozeßspezifikation Gesamtauftragsvolumen
Parameter: AE   : TAuftragsbestand;   (* – INOUT *)
lokale Variablen: aktATG : TAuftrag;
             volumen : CARDINAL;
  AktuelleAnzahl := 0;
  (* – Aus IsEmpty (AE) folgt wegen pos = 1: OffEnd (AE). *)
  WHILE NOT Auftragsliste.OffEnd (AE) **DO**
    aktATG := Auftragsliste.Current (AE);
    volumen := volumen + LiesAuftragsvolumen (aktATG);
    Auftrag.Dispose (aktATG);

```
            Auftragsliste.StepNext (AE)
        END; (* WHILE *)
        (*– zurück zum Listenanfang, d.h. der festen Lese- und Löschposition *)
        Auftragsliste.GoStart (AE);
            RETURN volumen
    END Gesamtauftragsvolumen;


    SPEZIFIKATIONSENDE MODUL Auftragsbestandsschablone.
```

Abb. 2.5.L3 ADT-Modul Auftragsbestandsschablone.

Abschließend geben wir in Abb. 2.5.L4 die Spezifikation des ArchitekturADO Auftragsbestand an.

```
MODULSPEZIFIKATION ADO Auftragsbestand;

    SCHNITTSTELLENSPEZIFIKATION

        IMPORTE
            AUS Auftragsbestandsschablone IMPORTIERE TAuftrag;

        EXPORTE
            OPERATIONEN
                Create,
                Annehmen (IN Auftrag : TAuftrag),
                Entnehmen,
                AktuellerAuftrag : TAuftrag,
                IstLeer : BOOLEAN,
                IstVoll : BOOLEAN,
                Gesamtauftragsvolumen : CARDINAL;

        SEMANTIK      (* – vgl. Auftragsbestandsschablone *)
            Create:     Vorbed.:   ArchitekturADO Auftragsbestand existiert nicht
                        Generiert und initialisiert den ArchitekturADO Auftragsbestand
                        Nachbed.: (ArchitekturADO Auftragsbestand existiert) ∧ IstLeer;
            Annehmen:
                        Vorbed.:   ¬ IstVoll
                        Fügt einen Auftrag an das "Ende" der Warteschlange ein
                        Nachbed.: ¬ IstLeer;
            Entnehmen:
                        Vorbed.:   ¬ IstLeer
                        Löscht den Auftrag am Warteschlangenkopf
                        Nachbed.: ¬ IstVoll;
            AktuellerAuftrag:
                        Vorbed.:   ¬ IstLeer
                        Gibt eine Kopie des Auftrags am Warteschlangenkopf aus
                        Nachbed.: ¬ IstLeer;
```

IstLeer: Vorbed.:   keine
             Prüft, ob das ADO Auftragsbestand leer ist, d.h. keinen Auftrag enthält
             Nachbed.: keine;
IstVoll: Vorbed.:   keine
             Prüft, ob das ADO Auftragsbestand noch einen Auftrag aufnehmen kann
             Nachbed.: keine;
Gesamtauftragsvolumen:
             Vorbed.:   keine
             Berechnet die Gesamtzahl der z.Z. bestellten Container
             Nachbed.: keine;

(•••)

RUMPFSPEZIFIKATION

IMPORTE
     IMPORTIERE Auftragsbestandsschablone;

VAR AuftragsbestandDS : Auftragsbestandsschablone.TAuftragsbestand;
                                      (* – lokale Datenstruktur als Modulgedächtnis *)

Prozeßspezifikation Create
     AuftragsbestandDS := Auftragsbestandsschablone.Create
END Create;

     ...

Prozeßspezifikation Gesamtauftragsvolumen
     RETURN
             Auftragsbestandsschablone.Gesamtauftragsvolumen (AuftragsbestandDS)
END Gesamtauftragsvolumen;

SPEZIFIKATIONSENDE MODUL Auftragsbestand.

Abb. 2.5.L4 ADO-Modul Auftragsbestand.

Lösung zu Teilaufgabe b)

Die Moduln und Benutzungsbeziehungen entnehmen wir unmittelbar den Modulspezifikationen aus (a). Es ergibt sich der Komponentengraph in Abb. 2.5.L5.

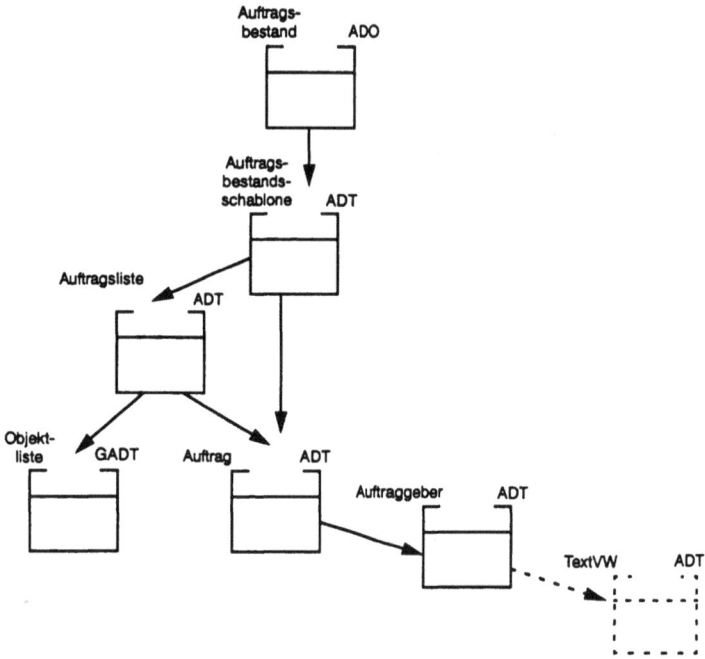

Abb. 2.5.L5 Architektur zur Verwaltung des Auftragsbestands.

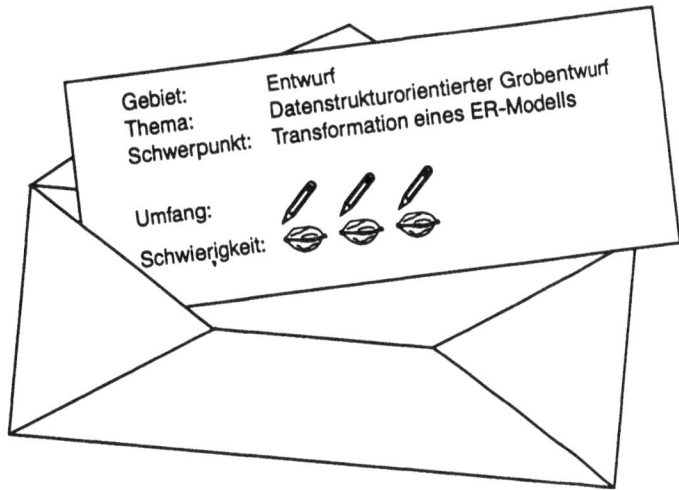

Aufgabe 2.6

Graphischer Editor

Ein Softwarehaus plant, einen graphischen Editor zur Konstruktion von Datenflußdiagrammen zu entwickeln. Ein (stark vereinfachtes) ER-Diagramm des Werkzeugs liegt bereits vor (Abb. 2.6.K1). Ihre Aufgabe ist es, das ER-Modell zu überprüfen und daraus eine datenstrukturorientierte Grobarchitektur abzuleiten.

a) Das ER-Diagramm aus Abb. 2.6.K1 berücksichtigt nicht alle Einschränkungen bzw. Konsistenzbedingungen, die von den Komponenten eines Datenflußdiagramms berücksichtigt werden müssen. Geben Sie drei Konsistenzbedingungen an, deren Einhaltung zusätzlich geprüft werden muß.

b) Übertragen Sie den Entitätstyp *"Knoten"* in ein Datenteilsystem. Beachten Sie dabei, daß jeder Knoten durch seinen Namen eindeutig identifiziert wird. Zeichnen Sie ein, welche Moduln an der Exportschnittstelle des Teilsystems beteiligt sind.

c) Geben Sie an, mit welchen Transformationsregeln Sie die Beziehungen *"enthält"*, *"verbindet"*, *"stellt dar"* und *"verfeinert"* in die Softwarearchitektur übertragen. Gehen Sie davon aus, daß die Entitätstypen *"Diagramm"* und *"Datenfluß"* bereits in Datenteilsysteme transformiert wurden.
Skizzeren Sie Aufgaben der resultierenden Architekturkomponenten und stellen sie die Teilergebnisse graphisch dar. Stellen Sie abschließend die fertige Grobarchitektur als Komponentengraphen dar.

d) Entwickeln Sie eine Implementationsreihenfolge für die Softwarearchitektur in (c) und begründen Ihre Entscheidung.

Vorarbeiten

Das ER-Modell in Abb. 2.6.K1 modelliert die Primitive von Datenflußdiagrammen (Begrenzer, Lager, Prozeß, Datenfluß) als Entitätstypen. Das Zusammenspiel von (Instanzen von) Primitiven in Datenflußmodellen wird durch Beziehungstypen wie z.B. den Beziehungstyp *"verbindet"* ausgedrückt. Wir erkennen folgende Eigenschaften:

❑   Ein Datenflußdiagramm wird durch seinen Namen oder seine Diagrammnummer identifiziert. Es stellt unterschiedliche Knoten dar (Prozesse, Begrenzer und/oder Lager), die über Datenflüsse miteinander verbunden sind.

❑   Ein Datenflußdiagramm *kann* einen Prozeß eines übergeordneten Datenflußdiagramms verfeinern.

❑   Datenflüsse werden durch einen Informationstyp und ihre Richtung beschrieben.

❑   Knoten werden durch ihren global eindeutigen Namen identifiziert. Prozesse sind zusätzlich durch eine Prozeßnummer, eine Semantikbeschreibung und eine Typangabe gekennzeichnet. Ein Begrenzer kann textuell genauer beschrieben werden, während ein Lager durch seinen Informationstyp definiert ist.

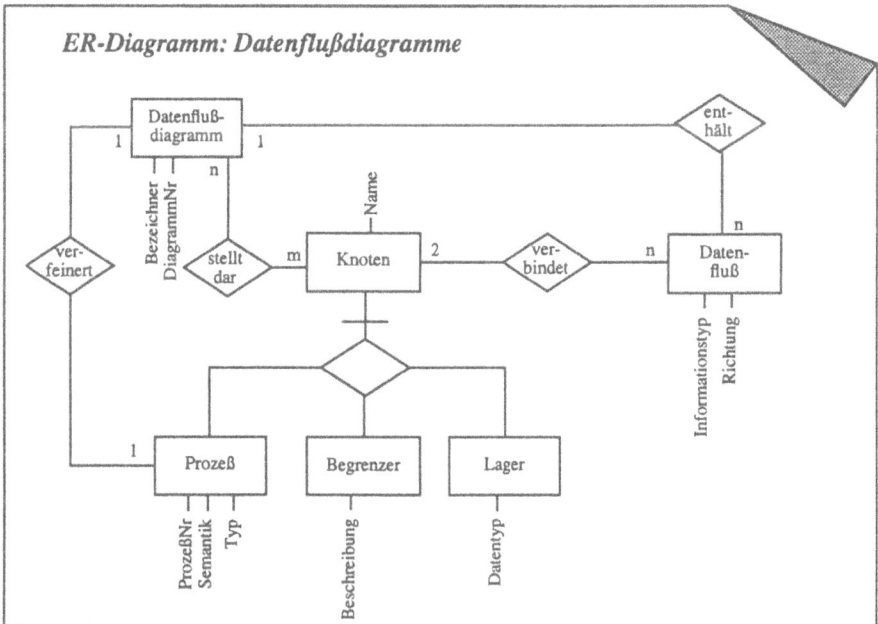

Abb. 2.6.K1 (Vereinfachtes) ER-Diagramm des graphischen Editors für Datenflußdiagramme.

Lösung zu Teilaufgabe a)

Das ER-Diagramm (Abb. 2.6.K1) spiegelt u.a. die folgenden Konsistenzbedingungen nicht wider:

☐ Lager und Begrenzer dürfen nicht direkt über einen Datenfluß verknüpft werden.

☐ Prozesse dürfen nur in jeweils einem Datenflußdiagramm dargestellt werden, Begrenzer und Lager dagegen in mehreren Diagrammen.

☐ Mit Ausnahme des Kontextdiagramms muß jedes Datenflußdiagramm einen Prozeß eines übergeordneten Datenflußdiagramms verfeinern.

☐ Ein Datenfluß darf keine Begrenzer direkt miteinander verbinden. Die gleiche Aussage gilt für Lager.

☐ Je zwei unterschiedliche Knoten dürfen in jeder Richtung nur maximal über einen Datenfluß miteinander verbunden sein.

☐ Lager bzw. Begrenzer dürfen in einem Datenflußdiagramm nur dann dargestellt werden, wenn mindestens ein im Diagramm dargestellter Prozeß über einen Datenfluß mit diesem Lager bzw. Begrenzer verbunden ist.

Lösung zu Teilaufgabe b)

Das Teilsystem Knoten entsteht im Prinzip aus der in Band 1, Abb. 15.8, angegebenen Schablone für die Transformation eines ER-Entitätstyps in ein Datenteilsystem des Grobentwurfs. Zunächst leiten wir aus dem Entitätstyp "*Knoten*" einen ADT-Modul AllgemeinerKnoten ab. Da der Knotenname/Identifikator nicht vom System sondern durch den Benutzer (eindeutig) festgelegt wird, brauchen keine Identifikatoren vergeben bzw. wiederverwendet werden, so daß die entsprechenden Architekturkomponenten KnotenID und KnotenIDVerwaltung hier überflüssig sind. Allerdings besitzt der Entitätstyp "*Knoten*" drei Subentitätstypen "*Prozeß*", "*Begrenzer*" und "*Lager*", die wir geeignet übertragen müssen (vgl. Band 1, Abb. 15.20). Wir realisieren sie durch entsprechende ADT-Moduln Prozeß, Begrenzer bzw. Lager, die sich auf dem ADT-Modul AllgemeinerKnoten abstützen. Jedes ADO, das aus den ADT Moduln Prozeß, Begrenzer bzw. Lager erzeugt wird, enthält also genau ein RealisierungsADO des ADT-Moduls AllgemeinerKnoten. Der ADO-Modul Knotenkartei (mit zugehöriger ADT-Schablone Knotenkarteischablone) schließlich verwaltet LaufzeitADOs der ADT-Moduln Prozeß, Begrenzer und Lager.

Die so gewonnene Teilsystemarchitektur zeigt Abb. 2.6.L1.

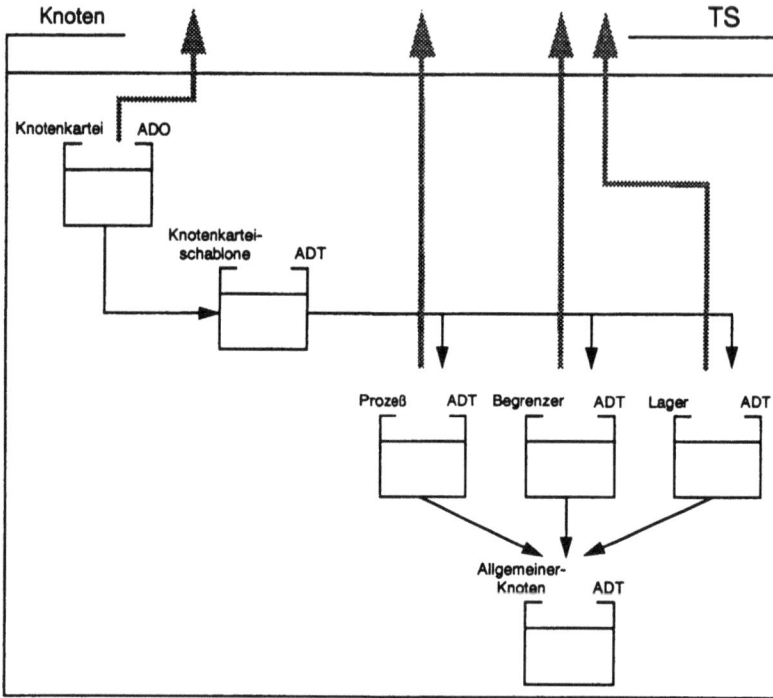

Abb. 2.6.L1 Teilsystem Knoten.

Lösung zu Teilaufgabe c)

Den *"1,n"*-Beziehungstyp *"enthält"* transformieren wir, indem wir den Datentyp TDatenfluß (des Teilsystems Datenfluß) um ein Attribut *"DiagrammNr"* (einen Fremdschlüssel) mit entsprechenden Zugriffsoperationen ergänzen. Das Diagramm, das einen bestimmten Datenfluß enthält, kann auf diese Weise direkt bestimmt werden (das zum Schlüssel DiagrammNr des Datenflusses zugehörige DiagrammADO kann im Datenflußdiagramm-Teilsystem abgefragt werden). Demgegenüber muß zur Beantwortung der Frage, welcher Datenfluß zu einem bestimmten Datenflußdiagramm gehört, im Datenfluß-Teilsystem nach allen ADOs gesucht werden, welche die Nummer des DiagrammADO tragen. Eine entsprechende Suche ist vom Datenfluß-Teilsystem durch geeignete Datenstrukturen effizient zu unterstützen.

Beide Funktionalitäten bilden Standardoperationen auf *"1,n"*-Beziehungstypen und werden zusammen mit allen Operationen, die ausschließlich den Beziehungstyp bearbeiten, in einem Beziehungsmodul Behälter zusammengefaßt, der auf beide Teilsysteme zugreift (Abb. 2.6.L2).

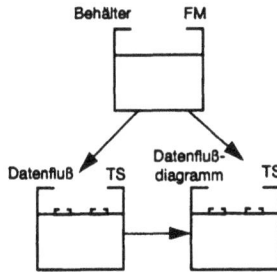

Abb. 2.6.L2 Funktionsmodul Behälter.

Wir übertragen nun den "2,*n*"-Beziehungstyp "*verbindet*". Da dessen untere Kardinalitäts-grenze fest und sehr klein ist, transformieren wir die Beziehung "*verbindet*" wie einen "*1,n*"-Beziehungstyp. Jedoch muß der Datentyp TDatenfluß jetzt um zwei Attribute zur Speiche-rung der Knotenidentifikatoren (Fremdschlüssel) ergänzt werden. Jeder Knoten kann so über seinen Schlüssel im Knoten-Teilsystem identifiziert werden. Zur Beantwortung der Frage, welche Datenflüsse durch Knoten verbunden sind, muß im Datenfluß-Teilsystem nach allen Objektpaaren gesucht werden, welche die entsprechenden Fremdschlüssel besitzen. Eine ent-sprechende Suchoperation, die wiederum vom Datenfluß-Teilsystem zu unterstützen ist, ordnen wir zusammen mit anderen Operationen auf dem Beziehungstyp "*verbindet*" einem Beziehungsmodul Verbindung zu (Abb. 2.6.L3).

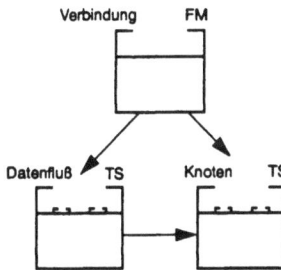

Abb. 2.6.L3 Funktionsmodul Verbindung.

Der "*n,m*"-Beziehungstyp "*stellt dar*" zwischen den Entitätstypen "*Datenflußiagramm*" und "*Knoten*" weist keine speziellen Eigenschaften im Vergleich zu anderen "*n,m*"-Beziehungs-typen auf. Für seine Transformation benutzen wir die Schablone aus Band 1, Abb 15.14.

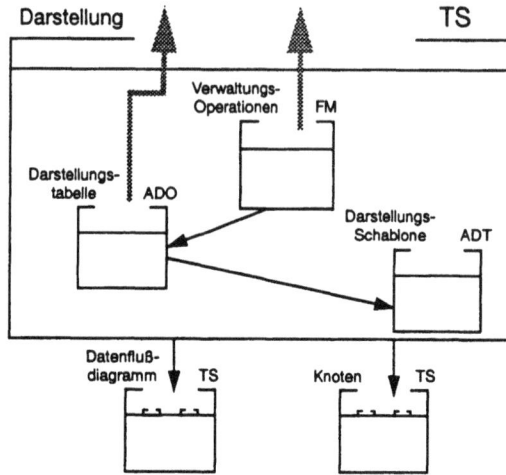

Abb. 2.6.L4 Teilsystem Darstellung.

Die Übertragung des "*1,1*"-Beziehungstyps "*verfeinert*" erfolgt analog zur Transformation von "*1,n*"-Beziehungstypen. Bei den hier vorliegenden Informationen können uns frei entscheiden, welches Teilsystem den Fremdschlüssel verwalten soll. Wir ordnen wir dem abstrakten Datentyp TDatenflußdiagramm das Attribut "*ProzeßNr*" zur Speicherung eines Prozeßidentifikators und entsprechende Zugriffsoperationen zu, so daß der zu einem (Unter-) Diagramm gehörende Prozeß im Datenflußdiagramm-Teilsystem direkt über das Attribut "*ProzeßNr*" bestimmt werden kann.

Auf einen übergeordneten Beziehungsmodul Verfeinerung könnten wir in diesem Fall verzichten, da dieser keine zusätzliche Funktionalität bereitstellt, sondern nur Operationen der Teilsysteme Datenflußdiagramm und Knoten durchreicht. Zur besseren Erweiterbarkeit entscheiden wir uns dennoch, einen Beziehungsmodul Verfeinerung zu entwerfen (Abb. 2.6.L5).

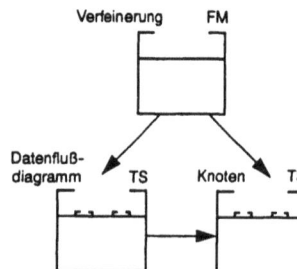

Abb. 2.6.L5 Funktionsmodul Verfeinerung.

Die Beziehungen zwischen allen Komponenten der Softwarearchitektur zeigt Abb. 2.6.L6.

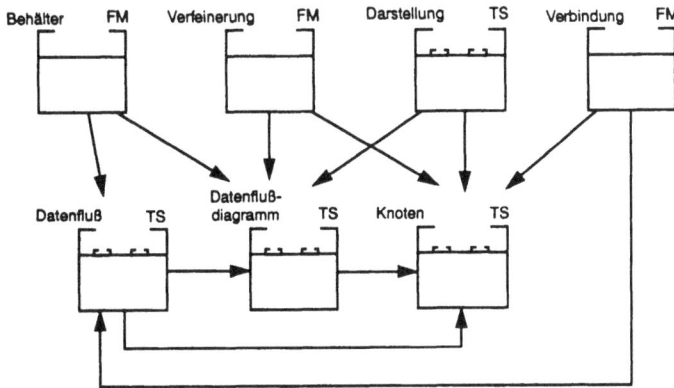

Abb. 2.6.L6 Benutzungsbeziehungen zwischen Datenteilsystemen und Beziehungsmoduln.

Lösung zu Teilaufgabe d)

Um schnell zu ausführbaren, d.h. ohne Stubs testbaren Teilimplementationen zu kommen, sollten vor den Beziehungsmoduln die zugehörigen Datenteilsysteme implementiert und getestet werden. Wir schlagen daher folgende Reihenfolge vor:

1. Wir beginnen mit dem Teilsystem Knoten, da dieses keine anderen Komponenten der Architektur benutzt,

2. realisieren das Teilsystem Datenflußdiagramm, da dieses sich nur auf dem bereits implementierten Teilsystem Knoten abstützt,

3. und können jetzt die Beziehungsmoduln Darstellung und Verfeinerung implementieren und beide allein mit Hilfe der zuvor realisierten Teilsysteme Knoten und Datenfluß (d.h. ohne zusätzliche Stubs) testen.

4. Da die verbleibenden Beziehungsmoduln Behälter und Verbindung auf das Teilsystem Datenfluß zugreifen, stellen wir nun diese Komponente bereit,

5. und implementieren abschließend die verbliebenen Beziehungsmoduln Behälter und Verbindung, wobei die Architektur keine Implementationsreihenfolge präjudiziert.

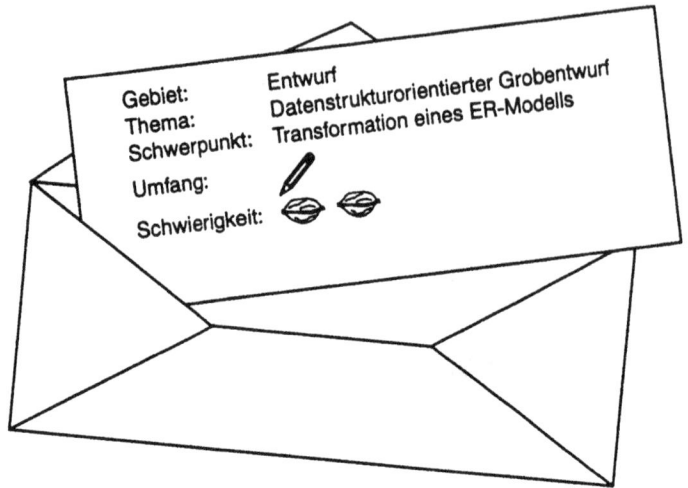

Aufgabe 2.7

Autovermietung

Ein Autovermieter plant, die Daten aller Kunden, Autos und Mietverträge mit Hilfe eines Computerprogramms zentral zu verwalten. Ihre Aufgabe ist es, aus dem ER-Modell des Programms eine datenstrukturorientierte Grobarchitektur zu entwerfen.

a) Übertragen Sie den Entitätstyp *"Kunde"* in ein Teilsystem, indem Sie die Architektur dieses Teilsystems angeben und alle Moduln markieren, die an der Exportschnittstelle dieses Teilsystems beteiligt sind.

b) Gehen Sie davon aus, daß die Entitätstypen *"Auto"* und *"Mietvertrag"* bereits in Teilsysteme transformiert wurden, und übertragen Sie den attributierten *"n,m"*-Beziehungstyp zwischen den Entitätstypen *"Kunde"* und *"Auto"*. Stellen Sie die Beziehungen zwischen den Architekturkomponenten graphisch dar.

c) Leiten Sie eine Implementationsreihenfolge für die entstandene Softwarearchitektur her und begründen Sie Ihren Vorschlag.

Vorarbeiten

Dem Pflichtenheft der Vermietungssoftware ist das in Abb. 2.7.K1 dargestellte ER-Modell entnommen. Da die Attributierung der Entitätstypen für die Grobarchitektur nicht von Belang ist, haben wir auf ihre Darstellung verzichtet. Anzumerken ist allerdings, daß Kunden durch eine eindeutige, vom System zu vergebende Kundennummer identifiziert werden, während das Schlüsselattribut der Autos, das amtliche Kennzeichen, extern vergeben wird.

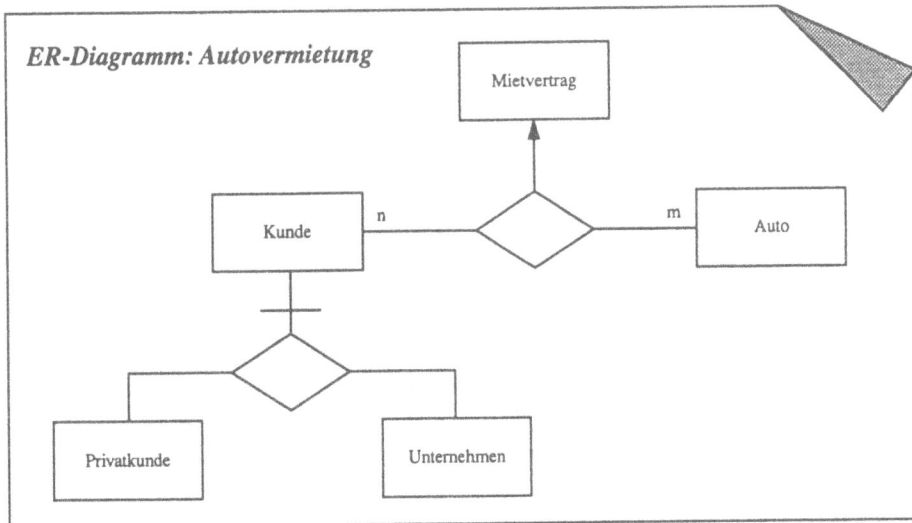

Abb. 2.7.K1 ER-Diagramm der Autovermietungssoftware.

Lösung zu Teilaufgabe a)

Das Teilsystem Kunden entsteht nach dem Transformationsschema in Band 1, Abschnitt 15.3. Aus dem Entitätstyp "*Kunde*" leiten wir den ADT-Modul Kunde ab. Jedes KundeADO ist durch seine Kundennummer eindeutig identifizierbar. Da der Schlüssel vom System vergeben werden soll, verkapseln wir seine Definition in einem ADT-Modul Kundennummer. Die Vergabe bzw. die Wiederverwendung von freigewordenen Identifikatoren übernimmt der ADT-Modul Kundennummernverwaltung.

Bei der Übertragung müssen wir berücksichtigen, daß der Entitätstyp "*Kunde*" zwei Subentitätstypen "*Privatkunde*" und "*Unternehmen*" besitzt. Wir gehen analog zu Band 1, Abb. 15.20, vor und realisieren sie durch entsprechende ADT Moduln Privatkunde bzw. Unternehmen, die sich beide auf dem (allgemeineren) Modul Kunde abstützen, d.h. wir reichen dessen Operationen und Attribute nach oben durch (Abb. 2.7.L1).

Der ADO-Modul Kundenkartei (mit zugehöriger ADT-Schablone Kundenkarteischablone) schließlich verwaltet LaufzeitADOs der ADT-Moduln Privatkunde und Unternehmen.

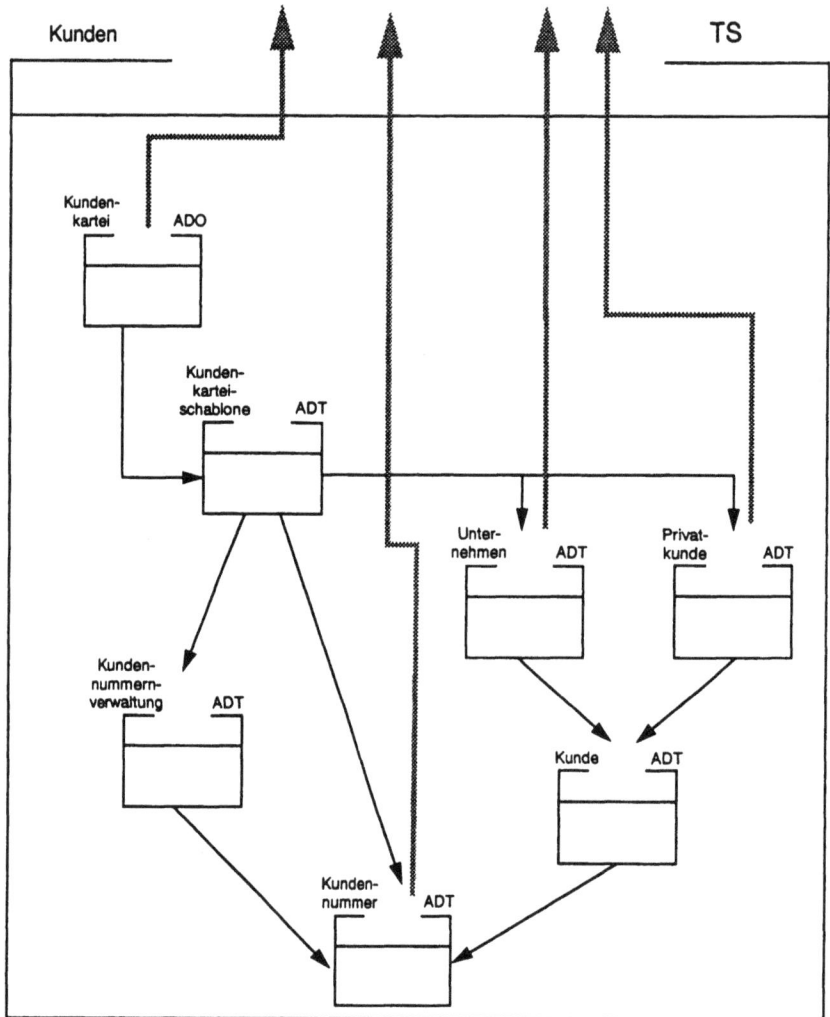

Abb. 2.7.L1 Teilsystem Kunden.

Lösung zu Teilaufgabe b)

Den attributierten *"n,m"*-Beziehungstyp zwischen den Entitätstypen *"Kunde"* und *"Auto"* übertragen wir in einen attributierten *"1,n"*-Beziehungstyp. In diesem Fall muß der resultierende Funktionsmodul Mietvertragsverwaltung allerdings keine zwei-, sondern eine dreistellige Relation (zwischen Kunden, Autos und Mietverträgen) verwalten (Abb. 2.7.L2).

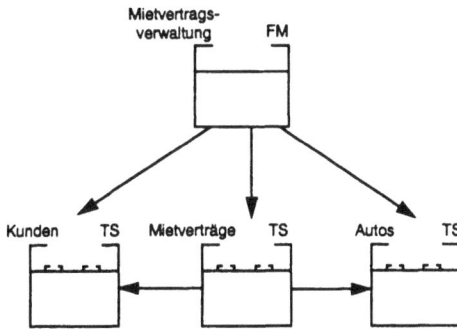

Abb. 2.7.L2 Komponentengraph der Mietvertragsverwaltung.

Lösung zu Teilaufgabe c)

Die Festlegung der Implementationsreihenfolge sollte so gewählt werden, daß schon während der Implementationsphase mit möglichst geringem Aufwand dynamische Tests durchgeführt werden können (wenige und einfache Treiber und Stubs). Die hierarchische Struktur des Komponentengraphen in Abb. 2.7.L2 legt ein bottom up-Vorgehen nahe. Wir implementieren deshalb zuerst die beiden Teilsysteme Kunden und Autos (in beliebiger Reihenfolge), die sich auf keine anderen Komponenten abstützen. Danach bietet sich die Implementation des Teilsystems Mietverträge an, das auf die Teilsysteme Autos und Kunden zugreift. Als letztes realisieren wir den Funktionsmodul Mietvertragsverwaltung, der die Beziehungen zwischen Kunden, Autos und Mietverträgen verwaltet.

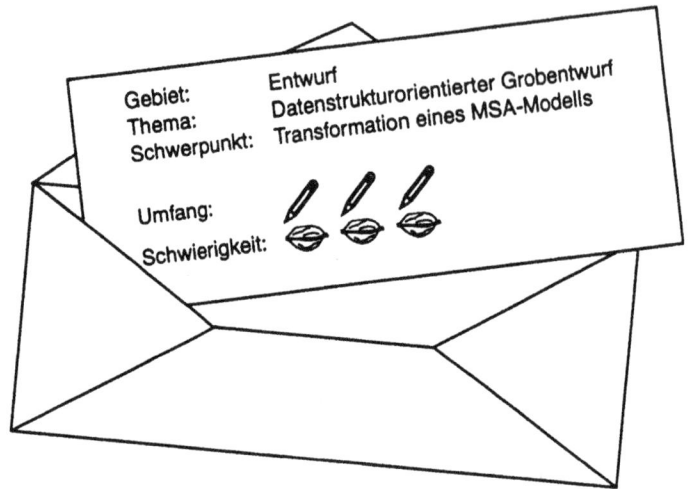

Gebiet: Entwurf
Thema: Datenstrukturorientierter Grobentwurf
Schwerpunkt: Transformation eines MSA-Modells

Umfang:
Schwierigkeit:

Aufgabe 2.8

Flugbuchung

Eine Fluggesellschaft will ihren Service für „Vielflieger" verbessern und zu diesem Zweck ein Flugbuchungs- und Informationssystems (FIS) entwickeln. Erste Erfahrungen mit einem derartigen System sollen beim Einsatz eines Prototyps mit eingeschränktem Funktionsumfang gesammelt werden, dessen Aufgaben sich in die Bereiche Flugdatenverwaltung, Kundenverwaltung, Buchungsbetrieb und Fluginformation gliedern.

❑ Innerhalb der Bereiche Kunden- bzw. Flugdatenverwaltung ist es möglich, neue Kunden- bzw. Flugdaten aufzunehmen, zu ändern, zu löschen oder auf dem Drucker auszugeben.

❑ Im Buchungsbetrieb können Flüge reserviert, Reservierungen storniert und alte Buchungsdaten gelöscht werden. Alle Buchungsvorgänge werden auf dem angeschlossenen Drucker protokolliert.

❑ Aufgabe der Fluginformation ist die Beantwortung von Anfragen folgender Art:

• Suche alle Flüge von Berlin nach New York am 13.08.95.

• Liefere alle Passagiere des Flugs LH14056 von Berlin nach New York.

• Suche den Flug mit der kürzesten Flugdauer von Frankfurt nach Stockholm.

• Prüfe, ob der Flug BA0011 ausgebucht ist.

• Suche alle Flüge, die der Kunde mit Kundennummer 00141 gebucht hat.

• ...

Anfrageergebnisse können auf dem Drucker ausgegeben werden.

Ihre Aufgabe ist es, aus Teilen eines MSA-Modells und den bereits vorgegebenen Teilsystemen Angestellter und Anfragebearbeitung einen datenstrukturorientierten Grobentwurf des FIS-Prototyps zu erstellen.

a) Leiten Sie aus dem ER-Modell entsprechende Architekturkomponenten (Teilsysteme bzw. Moduln) ab und kapseln Sie die Schnittstelle zum Drucker in einer virtuellen Komponente.

Stellen Sie alle Komponenten graphisch dar und beschreiben Sie informell jedes Teilsystem bzw. jeden Modul, das bzw. der nicht in einem Teilsystem enthalten ist. Orientieren Sie sich bzgl. Umfang und Präzision an unseren Beschreibungen der Teilsysteme Angestellter und Anfragebearbeitung.

b) Fassen Sie die Grobarchitektur des FIS-Prototyps in einem Komponentengraphen zusammen, ohne dabei Darstellungsbereiche oder Sichten zu verwenden.

Vorarbeiten

Produktdefinition

Das MSA-Modell des FIS-Prototyps besteht nur aus einem ER-Modell und einem Datenflußmodell. Wir beginnen mit dem ER-Modell des FIS-Prototyps:

❑ Der Entitätstyps *"Flug"* wird durch die beiden Schlüsselattribute *"FlugNr"* und *"Abflugdatum"* identifiziert und durch die Attribute *"Abflugzeit"*, *"Ankunftdatum"*, *"Ankunftzeit"*, *"Startflughafen"* und *"Zielflughafen"* näher beschrieben.

❑ Von einem Kunden interessiert uns der *"Name"*, die *"Adresse"* und zur eindeutigen Identifizierbarkeit ein Schlüsselattribut *"KundenNr"*.

❑ Buchungen modellieren wir als assoziativen Entitätstyp einer *"bucht"*-Beziehung zwischen den Entitätstypen *"Kunde"* und *"Flug"*. Er besitzt die Attribute *"Auftragstag"*, *"Status"* und *"Stornierungstag"*. Die eindeutige Identifizierbarkeit einer Entität des Entitätstyps *"Buchung"* garantiert das Attribut *"BuchungsNr"*.

Die graphische Darstellung in Abb. 2.8.K1 zeigt alle Entitätstypen und einige ihrer wichtigsten Attribute.

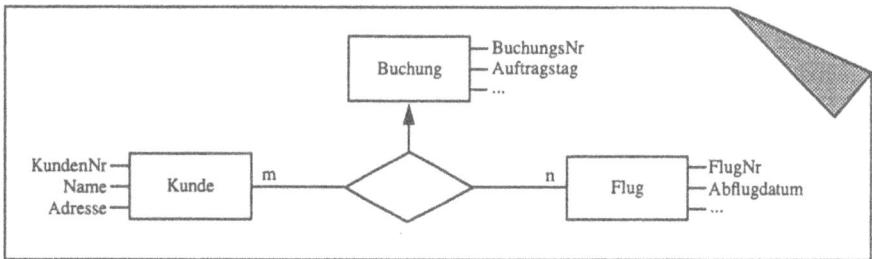

Abb. 2.8.K1 ER-Modell des FIS-Prototyps.

Wir wenden uns nun dem Datenflußmodell des FIS-Prototyps zu. Als Begrenzer fungieren die Benutzergruppe *"Angestellter"* sowie der *"Drucker"* (Abb. 2.8.K2).

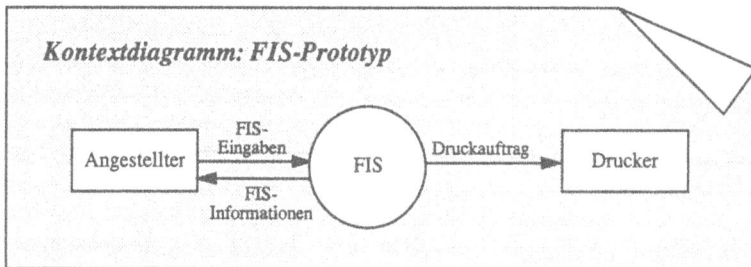

Abb. 2.8.K2 Kontextdiagramm des FIS-Prototyps.

Die zentralen Prozesse des Datenflußmodells bilden die in der Aufgabenstellung skizzierten Bereiche *"Kundenverwaltung"* D1, *"Flugdatenverwaltung"* D2, *"Fluginformation"* D3 und *"Buchungsbetrieb"* D4. Die Bestandsdaten (Prozesse D1, D2 und D4) und Informationen über Flüge bzw. Kunden (Prozeß D3) werden über den Prozeß *"Ausgabeaufbereitung"* D5 an den Drucker übergeben (Abb. 2.8.K3).

Die Prozesse D1, D2 und D4 müssen weiter verfeinert werden. Prozeß D5 *"Ausgabeaufbe-reitung"* kann direkt als Prozeßspezifikation formuliert werden und wird nicht weiter betrachtet. Gleiches gilt für Prozeß D3 *"Fluginformation"*, der allerdings auf die Lager *"Kunden"*, *"Buchungen"* und *"Flüge"* lesend zugreift (auf deren Darstellung im initialen Datenflußdiagramm wir aus Gründen der Übersichtlichkeit verzichtet haben).

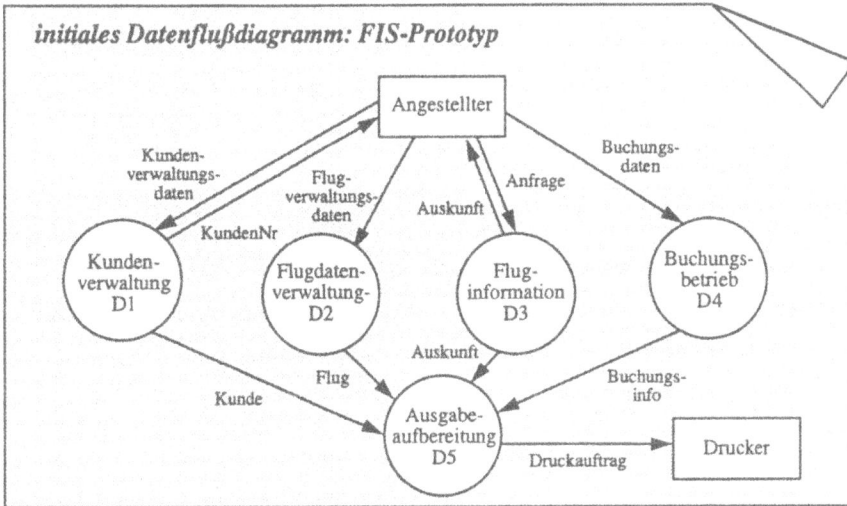

Abb. 2.8.K3 Initiales Datenflußdiagramm des FIS-Prototyps.

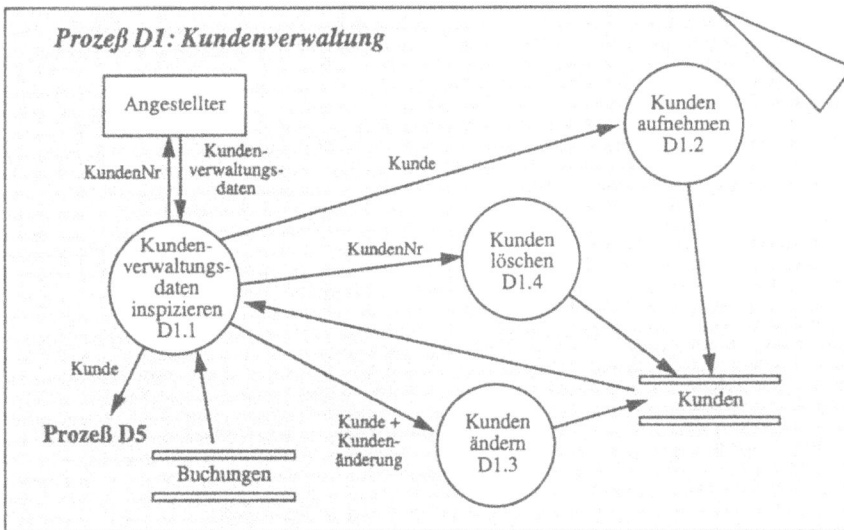

Abb. 2.8.K4 Verfeinerung von Prozeß D1 *"Kundenverwaltung"*.

Prozeß D1 "Kundenverwaltung". Zur Verwaltung des Kundenbestands sind verschiedene Operationen auf den Datensätzen des Lagers *"Kunden"* erforderlich (Abb. 2.8.K4):

❑ Prozeß D1.1 *"Kundenverwaltungsdaten inspizieren"* bestimmt die gewünschte Aktion und überprüft die übergebenen *"Kundenverwaltungsdaten"*, z.B. ob ein neu aufzunehmender Kunde bereits im Lager *"Kunden"* existiert. Kann der Kunde aufgenommen werden, wird automatisch eine KundenNr festgelegt und anschließend wird der vollständige Kundedatensatz an den Prozeß D1.2 *"Kunde aufnehmen"* übergeben.

❑   Im Falle einer Kundenänderung wird der entsprechende Datensatz aus dem Lager *"Kunden"* herausgesucht und mit den gewünschten Änderungen an Prozeß D1.3 *"Kunde ändern"* übergeben.

❑   Zum Löschen eines Kunden wird zunächst geprüft, ob zum Kunden noch ein Eintrag im Lager *"Buchungen"* existiert (Prozeß D1.3 *"Kunde löschen"*). Ist der Löschvorgang zulässig, wird die entsprechende KundenNr an den Prozeß D1.3 übergeben.

❑   Die Prozesse D1.2 *"Kunde aufnehmen"*, D1.3 *"Kunde löschen"*, D1.4 *"Kunde ändern"* führen die entsprechende Aktion im Lager *"Kunden"* aus

Prozeß D2 "Flugdatenverwaltung". Die Verfeinerung dieses Prozesses entspricht im wesentlichen der Verfeinerung des Prozesses D1 *"Kundenverwaltung"*, so daß wir auf die Darstellung des zugehörigen Datenflußdiagramms verzichten. Allerdings werden die beiden Schlüsselattribute eines Fluges (*"FlugNr"* und *"Abflugdatum"*) extern vergeben, d.h. im Falle einer Neuaufnahme muß geprüft werden, ob im Lager *"Flüge"* ein Datensatz *"Flug"* mit der übergebenen Schlüsselkombination existiert.

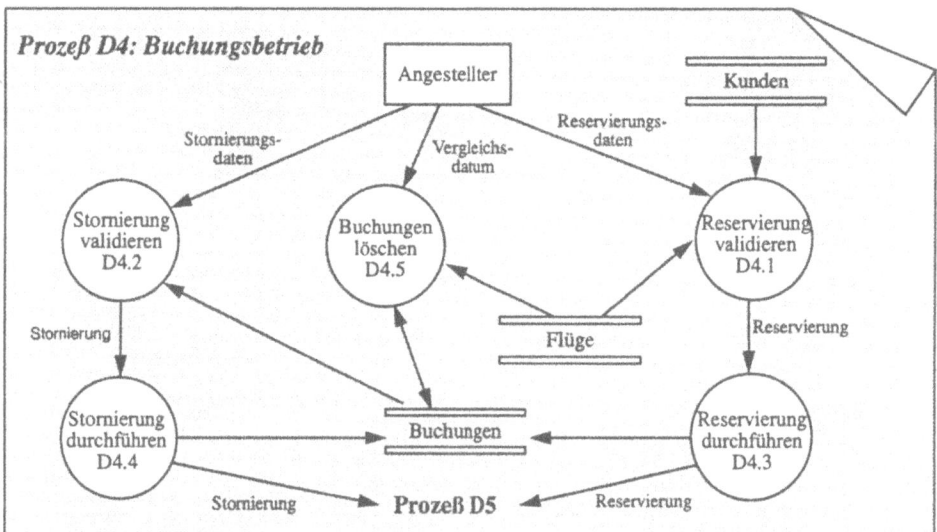

Abb. 2.8.K5 Verfeinerung von Prozeß D4 *"Buchungsbetrieb"*.

Prozeß D4 "Buchungsbetrieb". Prozeß D4 empfängt vom Angestellten *"Buchungsdaten"*, die sich disjunktiv aus *"Stornierungsdaten"*, *"Reservierungsdaten"* oder einem *"Vergleichsdatum"* zusammensetzen. Sie werden wie folgt bearbeitet (Abb. 2.8.K5):

□ Prozeß D4.1 *"Reservierung validieren"* kontrolliert die Existenz des angegebenen Kunden im Lager *"Kunden"* und des gewünschten Fluges im Lager *"Flüge"*.

□ Zulässige Reservierungen werden an Prozeß D4.3 *"Reservierung durchführen"* übergeben.

□ Prozeß D4.2 *"Stornierung validieren"* überprüft die Existenz und den Status der spezifizierten Buchung im Lager *"Buchungen"*.

□ Zulässige Stornierungen werden an Prozeß D4.4 *"Stornierung durchführen"* übergeben.

□ Um veraltete Buchungen zu löschen, übergibt der Angestellte dem Prozeß D4.5 *"Buchungen löschen"* ein Vergleichsdatum. Prozeß D4.5 löscht dann jede Buchung im Lager *"Buchungen"*, deren Stornierungsdatum oder Abflugdatum älter als das Vergleichsdatum ist.

Weitere Verfeinerungen von Prozessen sind nicht notwendig.

Die in ER- und Datenflußmodell verwendeten Bezeichner definiert das Datenlexikon in Abb. 2.8.K6.

Abflugdatum	= Datum
Abflugzeit	= Uhrzeit
Anfrage	= *Anfrageattribut* + {*logische Verknüpfung* + *Anfrageattribut*}^{n}
Anfrageattribut	= *Startflughafen* | *Zielflughafen* | *Flugdauer* | *KundenNr* | ...
Ankunftdatum	= Datum
Ankunftzeit	= Uhrzeit
Auftragstag	= Datum
Auskunft	= {*Flug*} + {*Kunde*}
Buchung	= @*BuchungsNr* + *KundenNr* + *FlugNr* + *Abflugdatum* + *Auftragstag* + *Status* + (*Stornierungstag*)
BuchungsNr	= ** Buchungsidentifikator, der automatisch vergeben wird
Buchungsdaten	= *Reservierungsdaten* | *Stornierungsdaten* | *Vergleichsdatum*
Buchungsinfo	= *Stornierung* | *Reservierung*
Druckauftrag	= ** Ausgabetext in einem für den angeschlossenen Drucker ** verständlichen Format (z.B. PostScript)
FISEingaben	= *Kundenverwaltungsdaten* | *Flugverwaltungsdaten* | *Anfrage* | *Buchungsdaten*
FISInformationen	= *KundenNr* | *Auskunft*
Flug	= @*FlugNr* + @*Abflugdatum* + *Abflugzeit* + *Ankunftdatum* + *Ankunftzeit* + *Startflughafen* + *Zielflughafen*
Flugänderung	= (*Abflugzeit*) + (*Ankunftdatum*) + (*Ankunftzeit*) + (*Startflughafen*) + (*Zielflughafen*)
FlugNr	= ** extern vergebenes Schlüsselattribut eines Flugdatensatzes
Flugverwaltungsdaten	= *Kommando* + (*FlugNr* + *Abflugdatum* | *FlugNr* + *Abflugdatum* + *Flugänderung* | *Flug*)
Kommando	= *Aufnehmen* | *Löschen* | *Ändern* | *Drucken*
Kunde	= @*KundenNr* + *Name* + *Adresse*

Kundenänderung	= (Name) + (Adresse)
KundenNr	= ** Kundenidentifikator, der automatisch vergeben wird
Kundenverwaltungsdaten	= *Kommando* + (*KundenNr* I *KundenNr* + *Kundenänderung* I
	Name + Adresse)
logische Verknüpfung	= AND I OR
Reservierung	= *BuchungsNr* + *KundenNr* + *FlugNr* + *Abflugdatum* + *Auftragstag*
Reservierungsdaten	= *KundenNr* + *FlugNr* + *Abflugdatum*
Startflughafen	= Text
Status	= reserviert I storniert
Stornierung	= *BuchungsNr* + *Stornierungstag*
Stornierungsdaten	= *BuchungsNr*
Stornierungstag	= Datum
Vergleichsdatum	= Datum
Zielflughafen	= Text

Abb. 2.8.K6 Auszug aus dem Datenlexikon des FIS-Prototyps.

Softwarespezifikation

Im Rahmen der Übertragung des MSA-Modells in einen datenstrukturorientierten Grobentwurf wurden bereits zwei Teilsysteme identifiziert.

❑ Das Teilsystem Angestellter (Abb. 2.8.K7) verkapselt die Funktionsmoduln Buchungsbearbeitung, Flugdatenbearbeitung, Kundenbetreuung und Info. Diese drei Moduln verwalten die Buchungs-, Flug- bzw. Kundendaten. Der Funktionsmodul Info erzeugt und initialisiert ein LaufzeitADO Anfrage, das dann vom Teilsystem Anfragebearbeitung bearbeitet wird.

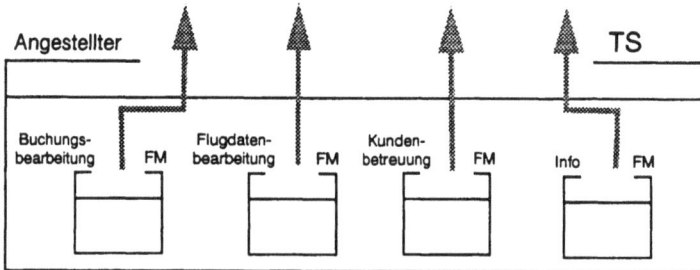

Abb. 2.8.K7 Teilsystem Angestellter.

❑ Das Teilsystem Anfragebearbeitung (Abb. 2.8.K8) enthält zunächst den ADT-Modul Anfrage, der die vom System handhabbaren Anfragen festlegt. Da die Größe der Antwortmengen unbestimmt ist, definiert der ADT-Modul Auskunft eine geeignete Behälterstruktur. Der Funktionsmodul Bearbeitung schließlich koordiniert das Zu-

sammenspiel von Anfrage- und AuskunftADOs: Zur Auswertung eines AnfrageADO
greift er auf die Lager *"Kunden"* und *"Flüge"* zu, erzeugt ein AuskunftADO zur Verwaltung der Anwort und gibt dieses zurück.

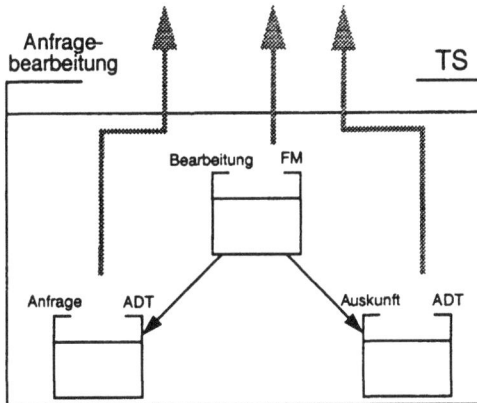

Abb. 2.8.K8 Teilsystem Anfragebearbeitung.

Lösung zu Teilaufgabe a)

Wir beginnen mit der Transformation des ER-Modells und übertragen die Entitätstypen
"Kunde", *"Flug"* und *"Buchung"* in entsprechende Teilsysteme. Wir erhalten so die Behälter-
teilsysteme Kunden, Flüge und Buchungen.

❑   Das Teilsystem Kunden entsteht gemäß Transformationsschema in Band 1,
     Abschnitt15.3. Die im Datenlexikon spezifizierten Attribute des Entitätstyps *"Kunde"*
     werden gemeinsam mit entsprechenden Schreib- und Leseoperationen im ADT-Mo-
     dul Kunde zusammengefaßt. Jedes KundenADO ist durch seine KundenID eindeutig
     identifizierbar. Da der Schlüssel vom System vergeben werden soll, verkapseln wir
     seine Definition in einem ADT-Modul KundenID. Die Vergabe bzw. die Wiederver-
     wendung von freigewordenen Identifikatoren übernimmt der ADT-Modul Kun-
     denIDVerwaltung. Der ADO-Modul KundenOrdner (mit zugehöriger ADT-
     Schablone KundenOrdnerschablone) verwaltet LaufzeitADOs des ADT-Moduls
     Kunde (Abb. 2.8.L1).

❑   Die Übertragung des Entitätstyps *"Flug"* orientiert sich ebenfalls an obigem Transfor-
     mationsschema. Da die Werte der Schlüsselattribute Flugnummer und Abflugdatum
     extern vergeben werden, wird im Unterschied zum Teilsystem Kunden im Teilsystem
     Flüge jedoch keine ID-Verwaltung benötigt. Andererseits sind Flugnummern "spre-
     chende Schlüsselattribute, die sich üblicherweise aus dem Kürzel der Fluggesellschaft

und einer Zahl zusammensetzen, so daß wir auf einen eigenständigen ADT-Modul
FlugNr nicht verzichten können (Abb. 2.8.L2).

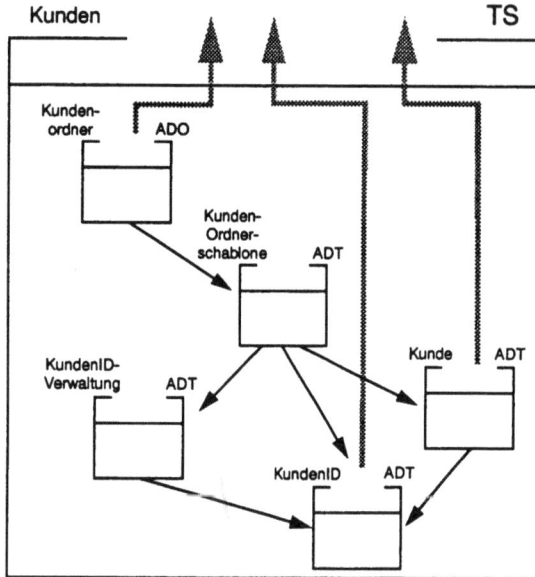

Abb. 2.8.L1 Teilsystem Kunden.

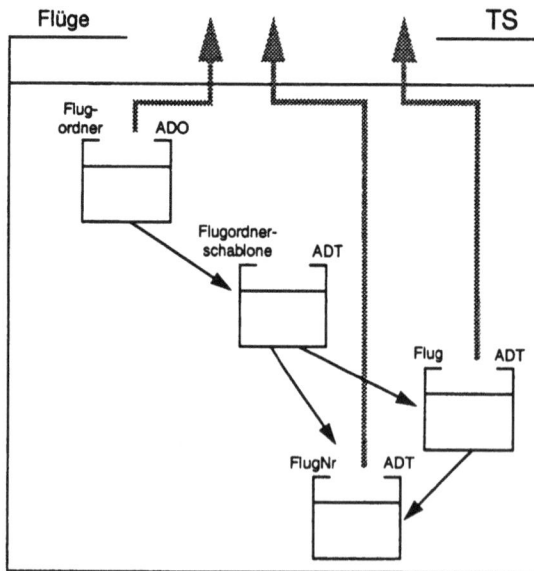

Abb. 2.8.L2 Teilsystem Flüge.

❑   Aus dem assoziativen Entitätstyp *"Buchung"* entsteht das Teilsystem Buchungen.
     Jede Buchung wird durch eine automatisch vergebene Buchungsnummer identifiziert,
     so daß sich die Teilsysteme Buchungen und Kunden grundsätzlich entsprechen
     (Abb. 2.8.L3).

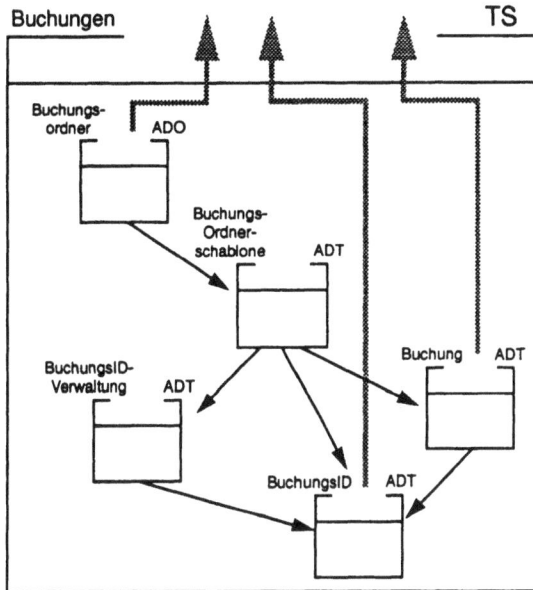

Abb. 2.8.L3 Teilsystem Buchungen.

Nach der Übertragung der Entitätstypen wenden wir uns nun dem einzigen Beziehungstyp
des ER-Modells zu, d.h. dem attributierten *"n,m"*-Beziehungstyp zwischen *"Kunde"* und
"Flug". Wir wenden das Transformationsschema für attributierte *"n,m"*-Beziehungstypen an
(Band 1, Abb. 15.12) und entwerfen einen Funktionsmodul Buchungsverwaltung, der mit
Hilfe der Identifikatoren die Beziehungen zwischen den LaufzeitADOs der Typen Kunde,
Buchung und Flug rekonstruiert und alle Operationen bündelt, die auf den Beziehungstyp
unmittelbar Bezug nehmen (Abb. 2.8.L4).

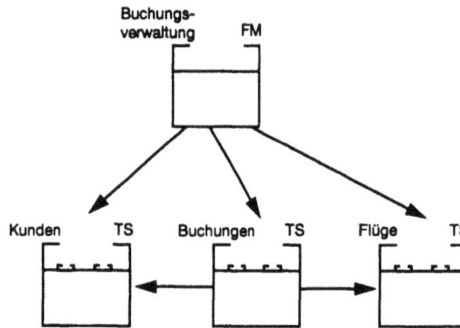

Abb. 2.8.L4 Funktiosmodul Buchungsverwaltung.

Die bisher entworfenen Teilsysteme realisieren weitgehend alle im Datenflußmodell spezifizierten Begrenzer, Prozesse und Lager. Die einzige Ausnahme stellt der Begrenzer "*Drucker*" mit dem Prozeß D5 "*Druckaufbereitung*" dar. Zum Abschluß verbergen wir daher die Schnittstelle zum Drucker in einer virtuellen Komponente, dem Teilsystem Drucker. Der ADT-Modul Druckauftrag dieses Teilsystems stellt die Schablone für auszugebende Texte dar. Neben den Operationen DruckeText und Betriebsbereit des ArchitekturADO Druckerschnittstelle exportiert das Teilsystem den Datentyp TDruckauftrag sowie alle zugehörigen Operationen des ADT-Moduls Druckauftrag (Abb. 2.8.L5).

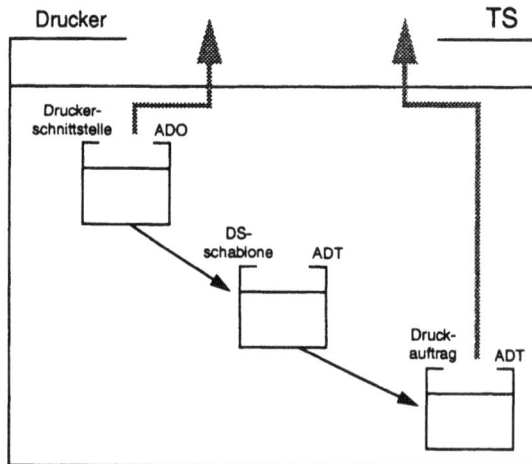

Abb. 2.8.L5 Teilsystem Drucker.

Lösung zu Teilaufgabe b)

Alle Komponenten des FIS-Prototyps und ihre Benutzungsbeziehungen zeigt der Komponentengraph in Abb. 2.8.L6.

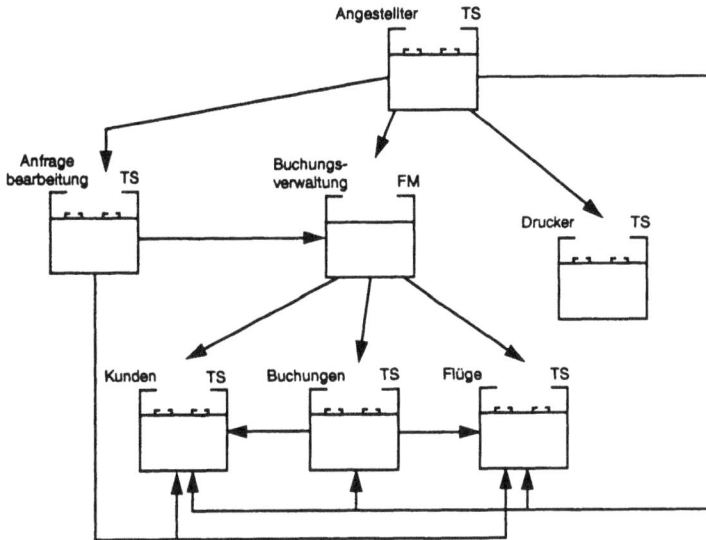

Abb. 2.8.L6 Komponentengraph des FIS-Prototyps.

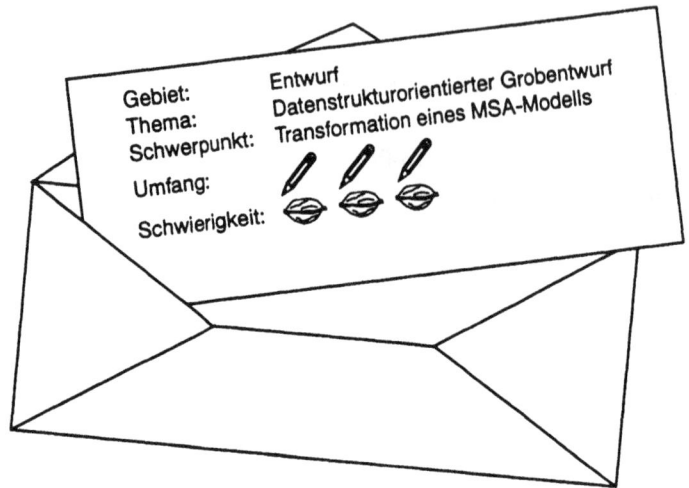

Aufgabe 2.9

Tankstellenversorgung

Die Vertriebsabteilung einer Raffinerie beliefert Tankstellen mit verschiedenen Kraftstoffsorten. Der Vertriebsleiter beschreibt die Arbeit der Abteilung wie folgt:

> „Die Tankstellenpächter können an Werktagen zwischen 8^{00} und 19^{00} Uhr die Kraftstoffsorte (Super bleifrei, Diesel, ...) und die gewünschte Menge telefonisch bei uns bestellen. Bestellungen werden — vom nächsten Werktag an gerechnet — zum schnellstmöglichen Termin von unseren Tankwagen zu den Tankstellen geliefert. Dazu muß täglich nach 19^{00} Uhr aus den bisher unerledigten Aufträgen und den verfügbaren Tankwagen der Lieferplan des nächsten Tages bestimmt werden. Die Touren werden so festgelegt, daß jeder Tankwagen seine Tour an einem Tag erledigen kann, wenig Kilometer gefahren werden, möglichst viel Kraftstoff ausgeliefert wird und die Wartezeiten der Tankstellen gering sind."

Um diese Tätigkeiten zu erleichtern, soll ein Programm erstellt werden, daß über Nacht einen optimierten Lieferplan errechnet und ausdruckt. Da die Qualität des Lieferplans aus Kosten- und Kundensicht wichtig ist, aber noch keine allgemeingültigen Erkenntnisse über die beste Optimierungsstrategie für dieses Problem bekannt sind, soll zunächst ein rudimentärer Prototyp entwickelt werden, mit dem mögliche Optimierungsstrategien miteinander verglichen werden können. Ihre Aufgabe ist es, basierend auf einer Modernen Strukturierten Analyse (MSA) und einigen bereits fertigen Architekturkomponenten einen datenstrukturorientierten Grobentwurf dieses Lieferungsoptimierungs-Prototypen (LOP) zu erstellen.

a)   Ergänzen Sie den in Teilen vorliegenden Grobentwurf des LOP um fehlende Teilsysteme und Moduln. Begründen Sie Ihre Entwurfsentscheidungen und beschreiben Sie informell die Aufgaben jedes hinzugekommenen Teilsystems bzw. separaten Moduls

(der nicht in einem Teilsystem enthalten ist). Orientieren Sie sich bezüglich Umfang und Präzision an den Beschreibungen der bereits fertigen Teilsysteme **Leiter**, **Entfernungen** und **Drucker**.
Stellen Sie die Architektur der Teilsysteme graphisch dar.

b)   Zeichnen Sie den Komponentengraphen des LOP ohne Verwendung von Darstellungsbereiche oder Sichten.

Vorarbeiten

Produktdefinition

Das MSA-Modell des LOP besteht nur aus ER- und Datenflußmodell. Bevor wir mit der Darstellung des ER-Modells beginnen, geben wir noch einige allgemeine Nebenbedingungen bzw. nicht-operationale Anforderungen an:

❑   Der LOP ist als Einplatzsystem zu entwickeln. Einsatz- und Entwicklungsumgebung ist Windows95.

❑   Das Fabrikat des anzuschließenden Druckers ist noch unbestimmt.

❑   Die Entfernung zwischen zwei Tankstellen wird mittels Postleitzahlen geschätzt. Eine Entfernungstabelle (Matrix) liefert zu je zwei Postleitzahlgebieten die mittlere Distanz in Kilometern und Fahrminuten, woraus die durchschnittlichen Kosten für eine Fahrt von einem Gebiet ins andere geschätzt werden können. Erstellung und Wartung der Entfernungstabelle sind nicht Bestandteil des LOP. Sie kann als gegeben vorausgesetzt und als externe Komponente behandelt werden.

Aus den Angaben des Vertriebsleiters ergibt sich das ER-Diagramm in Abb. 2.9.K1. Einige

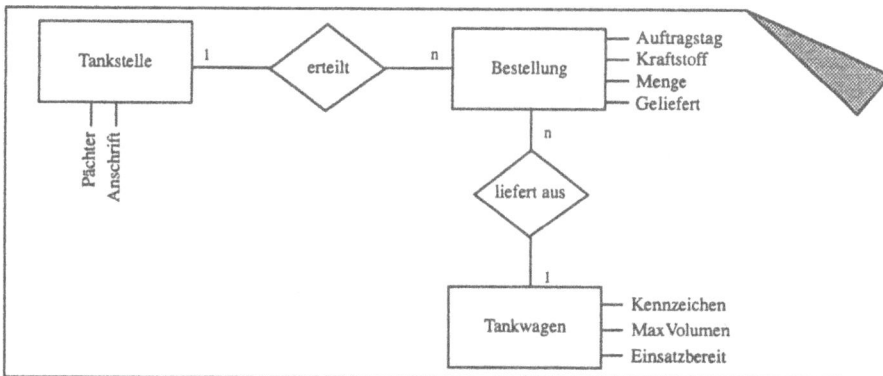

Abb. 2.9.K1 ER-Modell des LOP.

der wichtigsten Attribute der Entitätstypen sind im Diagramm aufgeführt. Die genaue Definition der Entitätstypen und ihrer Attribute kann im Auszug aus dem Datenlexikon (Abb. 2.9.K8) nachgelesen werden.

Wir wenden uns nun dem Datenflußmodell des LOP zu. Als Begrenzer fungieren Vertriebs-"*Leiter*" (als Repräsentant eines späteren Benutzers), der "*Drucker*" sowie die "*Entfernungstabelle*". Daraus ergibt sich das Kontextdiagramm in Abb. 2.9.K2.

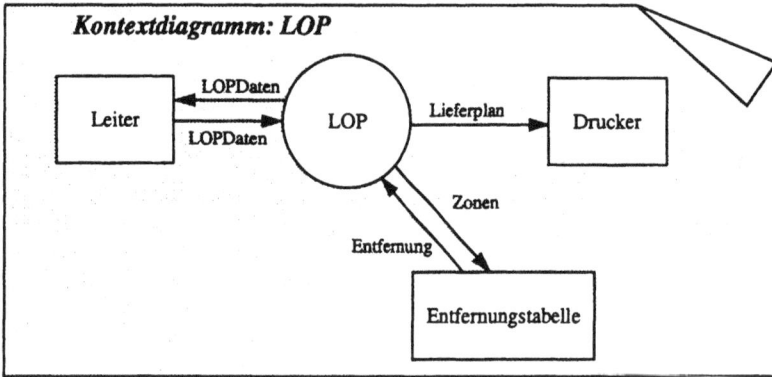

Abb. 2.9.K2 Kontextdiagramm des LOP.

Der Vertriebsleiter bearbeitet Bestellungen, Tankstellen- und Tankwagendaten. Außerdem aktiviert er die Erstellung von Lieferplänen (Auftragskoordination, unter Zuhilfenahme der Entfernungstabelle), die automatisch auf dem Drucker ausgegeben werden. Diese Angaben finden sich in dem initialen Datenflußdiagramm in Abb. 2.9.K3 wieder.

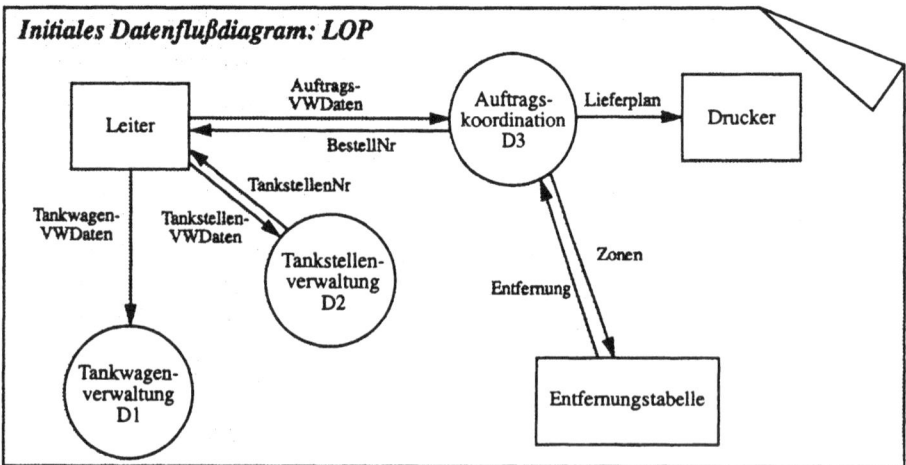

Abb. 2.9.K3 Datenflußdiagramm des LOP.

Wir verfeinern Prozeß D1 *"Tankwagenverwaltung"* und unterscheiden folgende Funktionalitäten auf den Datensätzen des Lagers *"Tankwagen"*:

Prozeß D1.1 "TankwagenVWDaten inspizieren" entscheidet, ob ein existierender Datensatz geändert bzw. gelöscht oder ein neuer Datensatz aufgenommen werden soll. Zum Ändern liest der Prozeß den durch das KFZ-Kennzeichen spezifizierten Datensatz aus dem Lager *"Tankwagen"* aus und übergibt ihn an Prozeß D1.2 *"Tankwagen ändern"*. Beim Aufnehmen wird zunächst geprüft, ob der extern vergebene Identifikator (KFZ-Kennzeichen) noch nicht vergeben ist.

Prozeß D1.2 "Tankwagen ändern" führt die gewünschten Änderungen durch und schreibt den modifizierten Datensatz in das Lager *"Tankwagen"* zurück.

Prozeß D1.3 "Tankwagen löschen" entfernt den durch das KFZ-Kennzeichen spezifizierten Datensatz aus dem Lager *"Tankwagen"*.

Prozeß D1.4 "Tankwagen aufnehmen" fügt den neuen Datensatz in das Lager *"Tankwagen"* ein.

Abb. 2.9.K4 zeigt das zugehörige Datenflußdiagramm.

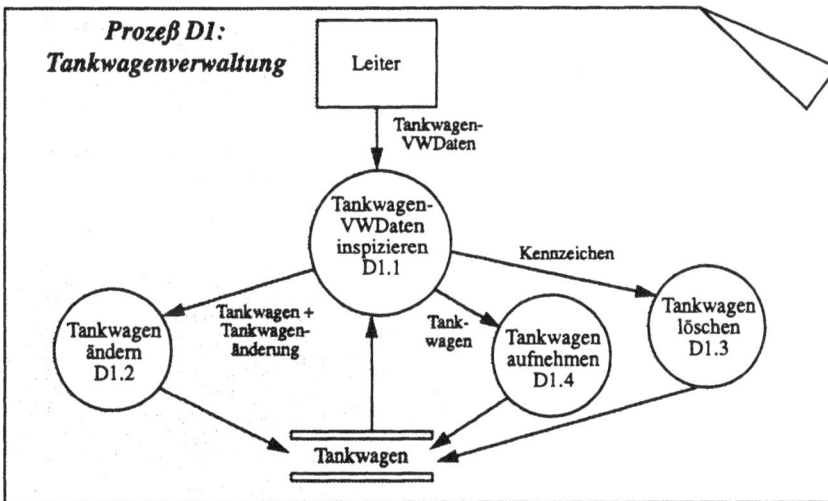

Abb. 2.9.K4 Verfeinerung von Prozeß D1 *"Tankwagenverwaltung"*.

Die Verwaltung des Tankstellenbestands entspricht im wesentlichen der Verwaltung des Tankwagenbestands. Allerdings wird die Tankstellennummer einer neuen Tankstelle vom Prozeß D2.1 *"TankstellenVWDaten inspizieren"*, d.h. intern, vergeben und dem Vertriebsleiter mitgeteilt (Abb. 2.9.K5).

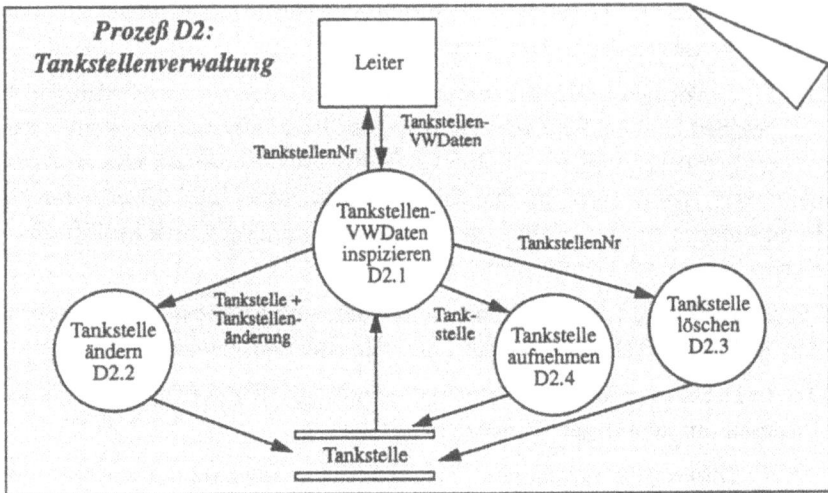

Abb. 2.9.K5 Verfeinerung von Prozeß D2 *"Tankstellenverwaltung"*.

Prozeß D3 *"Auftragskoordination"* zerfällt in die Prozesse D3.1 *"Bestellverwaltung"* und D3.2 *"Lieferplanberechnung"* (Abb. 2.9.K6):

Prozeß D3.1 *"Bestellverwaltung"* wird unten weiter verfeinert.

Prozeß D3.2 *"Lieferplanberechnung"* bestimmt unter Verwendung einer gewählten Optimierungsstrategie aus den aktuellen Daten der Lager *"Bestellungen"*, *"Tankstellen"* und *"Tankwagen"* unter Zuhilfenahme des Begrenzers *"Entfernungstabelle"* einen neuen Tageslieferplan. Jede Bestellung, die im Tageslieferplan berücksichtigt wurde, wird als ausgeliefert markiert.

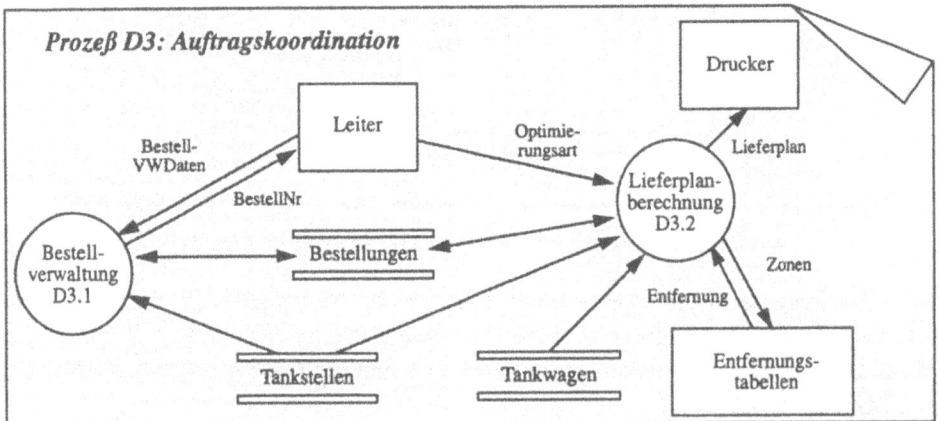

Abb. 2.9.K6 Verfeinerung von Prozeß D3 *"Auftragskoordination"*.

Abgesehen von folgenden Punkten entspricht die Verwaltung von Bestellungen (Prozeß 3.1) der Verwaltung von Tankstellen:

Prozeß D3.1.1 *"BestellVWDaten inspizieren"* prüft, ob die auftraggebende Tankstelle der übergebenen *"BestellVWDaten"* im Lager *"Tankstellen"* existiert.

Prozeß D3.1.4 *"Bestellungen löschen"* entfernt nicht einzelne, ausgezeichnete Datensätze, sondern alle Datensätze des Lagers *"Bestellungen"*, die vor dem übergebenen Datum liegen und als ausgeliefert markiert sind.

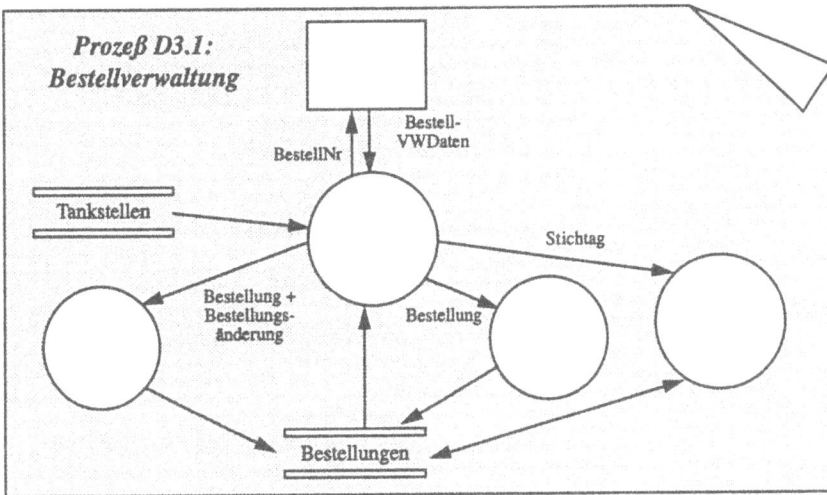

Abb. 2.9.K7 Verfeinerung von Prozeß D3.1 *"Bestellverwaltung"*.

Weitere Verfeinerungen von Prozessen sind nicht notwendig.

Die Bezeichner des ER- bzw. Datenflußmodells definiert das Datenlexikon in Abb. 2.9.K8.

Anschrift	= Straße + Hausnummer + PLZ + Ort
Auftragstag	= Datum
	** Eingangstag der Bestellung
AuftragsVWDaten	= Optimierungsart I BestellVWDaten
BestellNr	= ** z.Z. nicht näher bestimmter Identifikator, der automatisch vom
	** System vergeben wird
Bestellung	= @BestellNr + TankstellenNr + Auftragstag + Kraftstoff + Menge +
	Geliefert + (Kennzeichen)
Bestellungsänderung	= (Auftragstag) + (Kraftstoff) + (Menge) +(TankstellenNr)
BestellVWDaten	= Kommando + (Stichtag I
	BestellNr + Bestellungsänderung I Auftragstag + Kraftstoff + Menge)
Einsatzbereit	= ja I nein
	** Angabe, ob der Tankwagen z.Zt. verkehrstauglich ist

Entfernung	= *Länge + Zeit*
	** Angabe der Streckenlänge und der durchschnittlichen Zeit,
	** um diese Strecke zurückzulegen
Geliefert	= BOOLEAN
	** Angabe, ob die Bestellung bereits ausgeliefert wurde
Kennzeichen	= @Städtekürzel + @Buchstaben + @Nummer
	** (KFZ-) Kennzeichen werden extern vergeben
Kraftstoff	= Super bleifrei I Normal bleifrei I ... I Diesel
Kommando	= Aufnehmen I Ändern I Löschen
Länge	= CARDINAL
	** Längenangabe in km
Lieferplan	= {*Tankwagen* + {*Tankstelle* + *Bestellung*}^{m}}^{n}
	** Nach Tankwagen sortierte Liste, wobei die Reihenfolge
	** der einzelnen Listeneinträge gleichzeitig die Reihenfolge
	** der Tankstellenbelieferungen festlegt.
LOPDaten	= *TankstellenVWDaten* I *AuftragsVWDaten* I
	TankwagenVWDaten
MaxVolumen	= CARDINAL
	** Angabe des zulässigen Gesamtvolumens in Liter
Menge	= CARDINAL
	** Angabe der bestellten Ware in Liter
Optimierungsart	= Algo$_1$ I ... I Algo$_n$
	** Algo$_i$ sind Identifikatoren der unterschiedlichen
	** Berechnungsalgorithmen
Pächter	= Nachname + Vorname
Stichtag	= Datum
	** Vergleichdatum, zum Löschen älterer, ausgelieferter Bestellung
Tankstelle	= @*TankstellenNr* + *Pächter* + *Anschrift*
Tankstellenänderung	= *Pächter* I *Anschrift*
TankstellenNr	= ** z.Z. nicht näher bestimmter Identifikator, der
	** automatisch vom System vergeben wird
TankstellenVWDaten	= *Kommando* + (*TankstellenNr* I
	TankstellenNr + *Tankstellenänderung* I *Pächter* + *Anschrift*)
Tankwagen	= @*Kennzeichen* + *MaxVolumen* + *Einsatzbereit*
Tankwagenänderung	= *MaxVolumen* I *Einsatzbereit*
TankwagenVWDaten	= *Kommando* + (*Kennzeichen* I
	Kennzeichen + *Tankwagenänderung* I
	Kennzeichen + *MaxVolumen* + *Einsatzbereit*)
Zeit	= CARDINAL
	** Zeitangabe in Fahrminuten
Zonen	= {PLZ}^{2}
...	

Abb. 2.9.K8 Auszug aus dem LOP-Datenlexikon.

Softwarespezifikation

Im Rahmen der Übertragung des MSA-Modells in einen datenstrukturorientierten Grobentwurf wurden bereits drei Komponenten identifiziert, ein separates Funktionsmodul und zwei
virtuelle Komponenten.

❑ Alle zentralen Aufgaben des Systems werden von dem Begrenzer "*Leiter*" angesto-
ßen. Dies umfaßt die Verwaltung der Tankstellen und Tankwagen sowie die Koordi-
nation der Anlieferung. Während die hierfür notwendigen Standardoperationen
(gemäß der Transformationsregeln von MSA-Modellen) von Datenteilsystemen und
Beziehungsmoduln angeboten werden, benötigen wir eine Komponente, welche diese
Standardoperationen koordiniert, komplexe Abläufe anstößt und Lieferpläne an den
Drucker übermittelt. Wir entwerfen dazu das Teilsystem Leiter, das die Funktionsmoduln Tankstellenverwaltung, Tankwagenverwaltung und Auftragskoordination
enthält (Abb. 2.9.K9).

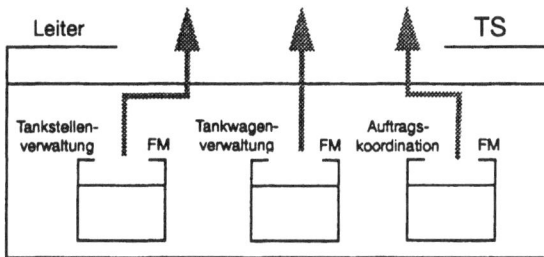

Abb. 2.9.K9 Teilsystem Leiter.

❑ Wir verbergen die Schnittstelle zur Entfernungstabelle im virtuellen Teilsystem Entfernungen und ersetzen dadurch die außerhalb der eigenen Kontrolle liegende Software durch eine logische Schnittstelle (Abb. 2.9.K10).

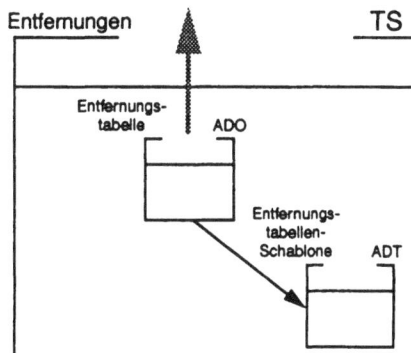

Abb. 2.9.K10 Virtuelle Teilsystem Entfernungen.

Das Teilsystem enthält einen ArchitekturADO Entfernungstabelle sowie den notwendigen ADT-Modul EntfernungstabellenSchablone. Exportiert wird u.a. die Operation Distanz, die zu zwei Postleitzahlen die durchschnittliche Entfernung in Kilometern und Fahrminuten liefert (mit deren Hilfe schließlich die Kosten geschätzt werden können, um vom Gebiet der einen Postleitzahl ins Gebiet der anderen zu gelangen).

❑   Wie schon die Schnittstelle zur Entfernungstabelle verbergen wir auch die Schnittstelle zum Drucker in einem virtuellen Teilsystem und ersetzen den außerhalb der eigenen Kontrolle liegenden Gerätetreiber durch eine logische Schnittstelle (Abb. 2.9.K11). Das ADT-Modul Druckauftrag in diesem Teilsystem stellt die Schablone für auszugebende Texte dar. Neben den Operationen DruckeText und Betriebsbereit des ArchitekturADO Druckerschnittstelle exportiert das Teilsystem Drucker den Datentyp TDruckauftrag sowie alle Operationen des ADT-Moduls Druckauftrag.

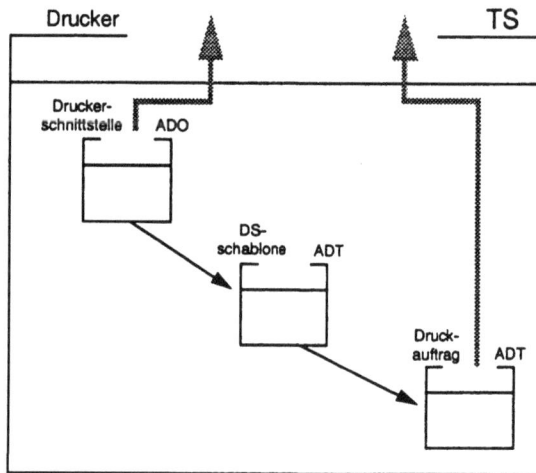

Abb. 2.9.K11 Teilsystem Drucker.

Lösung zu Teilaufgabe a)

Wir beginnen mit der Übertragung des ER-Modells des LOP:

❑   Wir übertragen zunächst den Entitätstyp "*Tankstelle*" unter Verwendung des Architekturgerüsts aus Band 1, Abb. 15.8, in ein Teilsystem Tankstellen. Es hat die Aufgabe, die im System existierenden Datenobjekte des Entitätstyps "*Tankstelle*" zu verwalten und in dem ADO-Modul Tankstellenkartei zu speichern. Der ADT-Moduls Tankstelle basiert auf den im Datenlexikon spezifizierten Entitätstyp "*Tankstelle*". Der Modul modelliert die Attribute des Entitätstyps als Datenfelder und macht diese durch entsprechende Lese- und ggf. Schreiboperationen verfügbar. Die einzelnen TankstellenADOs werden mit Identifikatoren versehen. Die Vergabe bzw. Verwaltung der Tankstellen-Identifikatoren erfolgt automatisch durch den LOP. Wir statten das Teilsystem Tankstellen entsprechend mit ADT-Moduln TankstellenNr und TankstellenNrVerwaltung aus (Abb. 2.9.L1).

Die Untersuchung der Datenflußdiagramme ergibt, daß das Teilsystem Tankstellen weitere Prozesse als Operationen realisieren und in seiner Exportschnittstelle anbieten muß.

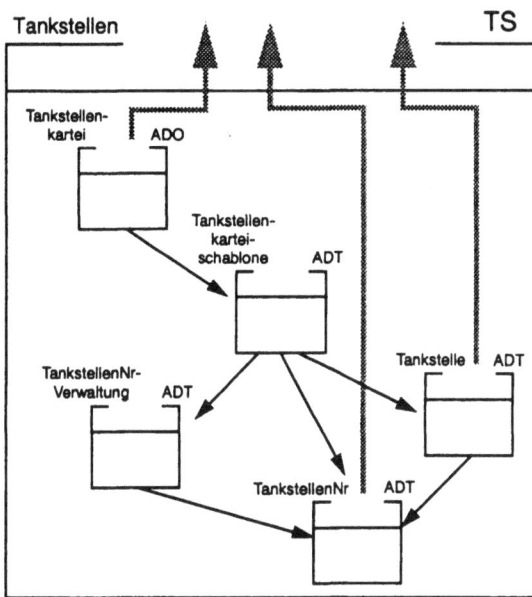

Abb. 2.9.L1 Teilsystem Tankstellen.

❏   Mit dem Entitätstyp *"Tankwagen"* verfahren wir analog und erhalten das Teilsystem Tankwagen. Allerdings werden hier die TankwagenADOs nicht durch intern vergebene Identifikatoren sondern durch extern vergebene KFZ-Kennzeichen identifiziert. Wir fassen die Daten und die zugehörigen Operationen auf KFZ-Kennzeichen in einem ADT-Modul Kennzeichen zusammen. Da KFZ-Kennzeichen extern vergeben werden, ist die Verwaltung freigewordener Kennzeichen nicht notwendig, so daß wir auf einen entsprechenden Modul verzichten (Abb. 2.9.L2).

Das Teilsystem Tankwagen exportiert nur Standardoperationen.

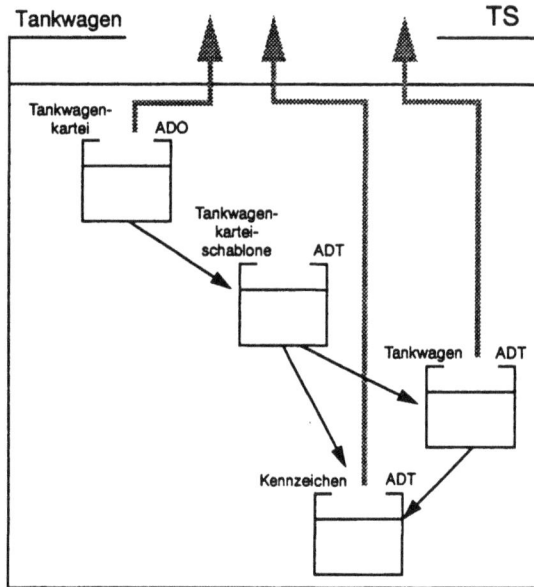

Abb. 2.9.L2 Teilsystem Tankwagen.

Zur Transformation des Entitätstyps "*Bestellung*" verwenden wir erneut die Teilsystemschablone aus Band 1, Abb. 15.8, und erhalten das Teilsystem Bestellungen. Die einzelnen Bestellungen werden mit Identifikatoren versehen, die vom LOP automatisch vergeben werden. Durch Inspizieren des Datenflußdiagramms D3.1 "*Bestellverwaltung*" erkennen wir, daß der ADT-Modul Bestellordnerschablone neben seinen Standardoperationen eine weitere Operation LoescheGelieferteBestellungen anbieten muß. Sie löscht alle Bestellungen, die als ausgeliefert markiert sind und vor dem durch einen Parameter übergebenen Datum liegen (Prozeß D3.1.4 "*Bestellungen löschen*", Abb. 2.9.L3).

Nach den Entitätstypen wenden wir uns nun den Beziehungstypen zu:

❑   Den "*1,n*"-Beziehungstyp "*liefert aus*" transformieren wir, indem wir den Datentyp TBestellung (des Teilsystems Bestellungen) um ein Attribut KFZ-Kennzeichen und entsprechende Zugriffsoperationen ergänzen. Es markiert den Schlüssel des die Bestellung ausführenden Tankwagens. Während der eine Bestellung anliefernde Tankwagen auf diese Weise direkt bestimmt werden kann (das zum Fremdschlüssel KFZ-Kennzeichen der Bestellung zugehörige TankwagenADO kann im Tankwagen-Teilsystem abgefragt werden), muß zur Beantwortung der Frage, welche Bestellungen ein bestimmter Tankwagen zu erledigen bzw. bereits erledigt hat, im Bestellungen-Teilsystem nach allen BestellungsADOs gesucht werden, die mit dem KFZ-Kennzeichen des TankwagenADO markiert sind. Eine entsprechende Suche ist vom Bestellungen-Teilsystem durch geeignete Datenstrukturen effizient zu unterstützen.

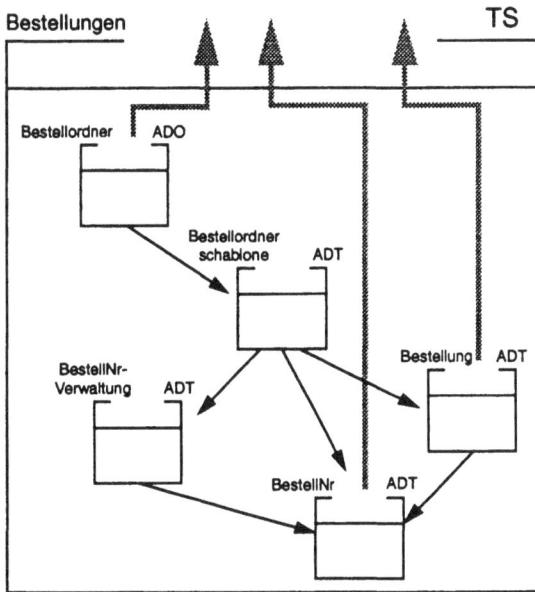

Abb. 2.9.L3 Teilsystem Bestellungen.

Die beiden diskutierten Funktionalitäten bilden Standardoperationen auf "*1,n*"-Bezie-hungstypen. Sie und alle weiteren Operationen, die ausschließlich den Beziehungstyp bearbeiten, werden in dem Funktionsmodul Lieferverwaltung zusammengefaßt, der die beiden Teilsysteme benutzt (Abb. 2.9.L4).

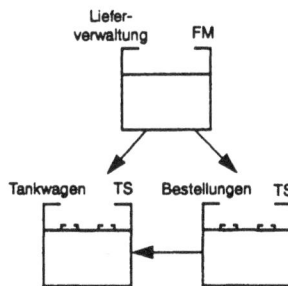

Abb. 2.9.L4 Funktionsmodul Lieferverwaltung.

❑   Den "*1,n*"-Beziehungstyp "*erteilt*" transformieren wir analog zum Beziehungstyp "*lie-fert aus*", d.h. ergänzen den Datentyp TBestellung erneut, diesmal um das Attribut "*TankstellenNr*" zur Speicherung eines Tankstellenidentifikators und entsprechende Zugriffsoperationen (Abb. 2.9.L5).

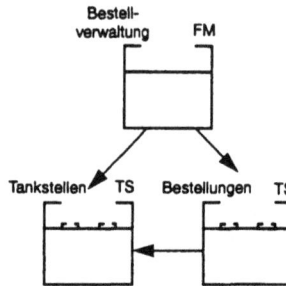

Abb. 2.9.L5 Funktionsmodul Bestellverwaltung.

Die komplexeste Funktionalität des LOP ist die Optimierung des Lieferplans. Jede der alter-
nativ zu implementierenden Optimierungsstrategien weist eine hohe algorithmische Komplexität auf und greift auf alle Datenteilsysteme und Beziehungsmoduln zu. Im Feinentwurf
wird vermutlich jede Optimierungsstrategie durch einen Funktionsmodul realisiert, in dem
mit Hilfe der prozeduralen Zerlegung die Komplexität der Optimierungsstrategie schrittweise
reduziert wird. Da eine Optimierungsstrategie in der Regel ihre Ergebnisse in Abhängigkeit
einer Bewertungsfunktion (Kostenmaß) liefert, fassen wir alle unterschiedlichen Bewer-
tungsfunktionen im Funktionsmodul Bewertungen zusammen. Mittels eines übergeordneten Funktionsmoduls Optimierungsverwaltung können dann z.B. eine der verfügbaren
Strategien und eine dafür zulässige Bewertungsfunktion ausgewählt und ggf. das Ergebnis einer zuvor ausprobierten Strategie zurückgesetzt werden.

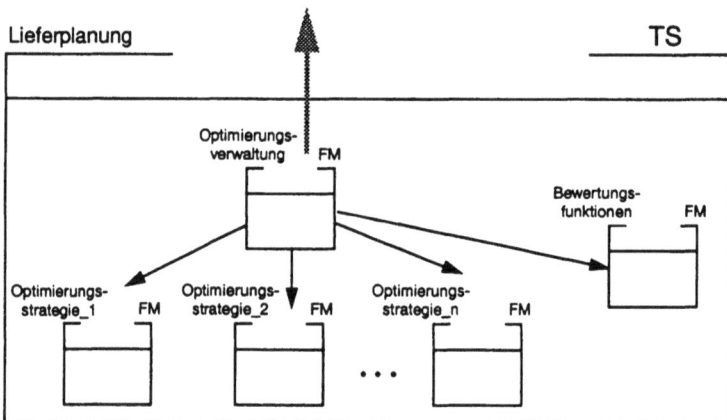

Abb. 2.9.L6 Teilsystem Lieferplanung.

Wir abstrahieren nun nach funktionalen Gesichtspunkten und fassen die Strategiemoduln und
die Funktionsmoduln Bewertungen und Optimierungsverwaltung zum Teilsystem Lieferplanung zusammen (Abb. 2.9.L6). Das Teilsystem stützt sich also auf allen Datenteilsyste-

men und Beziehungsmoduln ab und benutzt außerdem das Teilsystem Entfernungen. Benutzt wird das Teilsystem Lieferplanung ausschließlich vom Teilsystem Leiter.

Lösung zu Teilaufgabe b)

Die Architektur des datenstrukturorientierten Grobentwurfs zeigt der Komponentengraph in Abb. 2.9.L7.

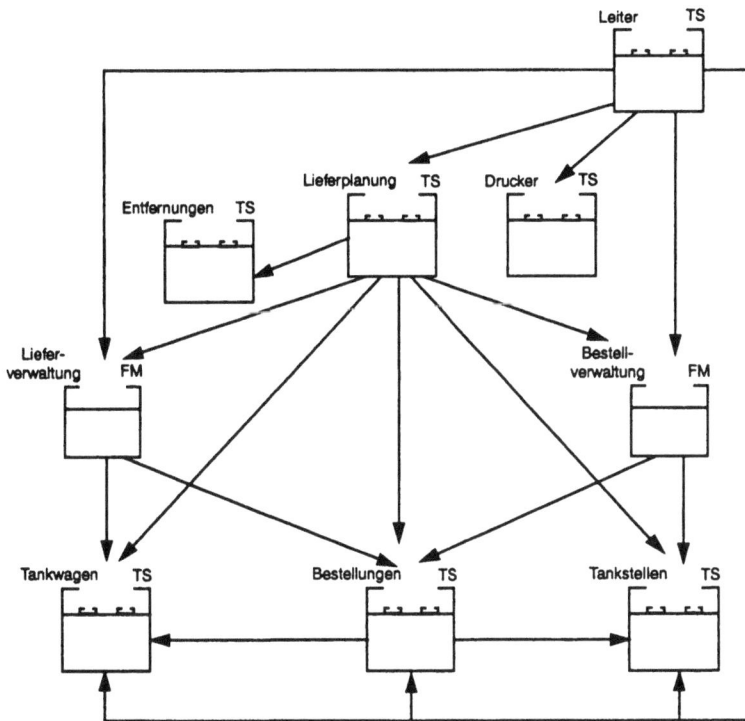

Abb. 2.9.L7 Komponentengraph des LOP.

Kapitel 3

Modulare Softwareentwicklung mit ANSI-C

Hinweis: Dieses Kapitel setzt Grundkentnisse der Programmiersprache C voraus, die nicht im Lehrbuch vermittelt werden. Den eigentlichen Aufgaben geht ein Abschnitt voraus, in dem Konventionen und Konstrukte von ANSI-C behandelt werden, welche die Umsetzung eines modularen Entwurfs in möglichst strukturerhaltende C-Implementationen unterstützen. Das Studium dieses Abschnitts ist unbedingte Voraussetzung für die Bearbeitung der Aufgaben.

Grundlagen

ANSI-C ist eine Sprache, in der die Implementation eines modularen Entwurfs deutlich schwerer fällt als in Modula-2 oder Ada. Insbesondere die konsequente Umsetzung des Geheimnisprinzips ist nicht immer möglich. Wo die Ausdrucksmöglichkeiten der Sprache nicht reichen, muß dies durch geeignete Kommentare und die Disziplin der Entwickler wettgemacht werden. Die Sprache C ist in jedem Fall besser als ihr Ruf (allerdings oft nicht die C-Programmierer). Mit entsprechendem Wissen und Wollen kann auch in C qualitativ hochwertige Software erstellt werden. Insbesondere lassen sich modulare Entwurfskonstrukte bei weitem besser umsetzen als in rein prozeduralen Sprachen wie Fortran oder Cobol.

Die Sprache ANSI-C[1] besitzt kein Modulkonzept, d.h. es existieren keine syntaktischen Konstrukte MODULE oder package und keine Anweisungen zum Importieren oder Exportieren. So muß bereits die wichtigste Komponente des modularen Entwurfs simuliert werden. Die folgenden Eigenschaften von ANSI-C sind dabei hilfreich und unterstützen auch die Transformation der übrigen Entwurfskomponenten.

❑ Programmsysteme können auf mehrere Dateien aufgeteilt werden. Jede dieser *Programmdateien* wird getrennt übersetzt und die Objektdateien werden zum Schluß zusammengebunden.

❑ Alle Konstanten, Variablen und Funktionen einer Programmdatei, vor deren Definition das Schlüsselwort static steht, sind interne Objekte der Datei und vor dem Zugriff von außen, d.h. vor Funktionen aus anderen Programmteilen, geschützt. Objekte, die nicht als static gekennzeichnet werden, sind dagegen global benutzbar. Man kann diese Benutzbarkeit auch als impliziten Export auffassen. In einer benutzenden Datei müssen diese Ressourcen als extern gekennzeichnet werden. Externe Objekte in einer Programmdatei gelten quasi als Importe.

❑ Zu jedem C-Compiler gehört ein *Präprozessor*, der vor dem eigentlichen Übersetzungsvorgang *Textmakros* expandiert, die in einer speziellen Syntax (Präprozessorbefehle beginnen stets mit dem #-Zeichen) definiert werden. Makros tragen zur

---

1 Für eine detaillierte Sprachbeschreibung verweisen wir auf die zahlreiche Literatur zu C (z.B. Kernighan, B. und Ritchie, D.: *Programmieren in C*, 2. Ausgabe ANSI C; Carl Hanser, München 1990, oder Barclay, K.A.: *ANSI C: Problem Solving and Programming*, Prentice Hall, Englewood Cliffs 1990).

Strukturierung des Programms bei und helfen Coderedundanz zu kontrollieren. Die Hauptaufgabe des Präprozessors ist die Expansion von include-Makros. Durch die Präprozessor-Anweisung

```
#include "fremddatei"
```

wird die externe Datei fremddatei komplett an der Stelle der include-Anweisung in die Datei einkopiert. Durch Anweisungen der Form

```
#define Makroname Makrotext
```

können überall in einer Datei weitere Makros definiert werden, wobei von der Stelle der Definition an bis zum Dateiende jedes Vorkommen des Makronamens durch den Makrotext ersetzt wird.[1]

❑ In C gibt es keine Prozeduren, sondern ausschließlich Funktionen. Man kann allerdings den Rückgabewert bei einem Funktionsaufruf ignorieren und damit Funktionen wie Prozeduren benutzen. Zum guten Programmierstil gehört es, „Prozeduren" durch den Rückgabetyp void auszuzeichnen.

❑ In alten C-Dialekten ist es möglich, daß bei einem Prozeduraufruf die Zahl der aktuellen Parameter nicht mit der Zahl der formalen Parameter übereinstimmt, ohne daß dies den Übersetzungsvorgang unterbricht. Besonders externe Funktionen werden beim Kompilieren kaum überprüft.

Diese und andere „Typ-Flexibilitäten" von C sind potentielle Fehlerquellen und tragen zu den kaum wartbaren Programmen der C-Kultur bei. Bei der Definition der ANSI-Norm wurden daher einige Konstrukte zur Erhöhung der Typsicherheit ergänzt.

Die wichtigste Neuerung aus Software Engineering-Sicht ist die Einführung sogenannter *Funktionsprototypen*. Ein Funktionsprototyp ist nichts anderes als ein Funktionskopf, der in jeder Datei vor der ersten Benutzung der Funktion stehen sollte und dem Compiler ermöglicht, die korrekte Zuordnung von aktuellen zu formalen Parametern sowie die korrekte Verwendung des Funktionsergebnisses zu prüfen.

---

1 Makronamen werden allerdings nicht ersetzt, wenn sie in Anführungszeichen stehen oder als Teilstring auftauchen. Außerdem ist — besonders bei geschachtelten Makrodefinitionen — die Auswertungsreihenfolge zu beachten. Auf weitere Details verzichten wir an dieser Stelle und verweisen auf Aufgabe 3.5, in der wir weitere Funktionalitäten des Präprozessors erläutern. Da einige Eigenschaften des C-Präprozessors versionsbzw. herstellerabhängig sind, empfehlen wir grundsätzlich einen Blick in das jeweilige Compiler-Handbuch.

In der Praxis hat sich folgendes Vorgehen zur Strukturierung von C-Programmen durchgesetzt:

❏   Modulrümpfe werden in separaten Programmdateien implementiert. Alle verkapselten Typen, Funktionen und Daten werden dort als `static` definiert.

❏   Als Exportschnittstelle wird eine sogenannte *Header-Datei* angelegt (üblicherweise mit dem Suffix `.h`), in der alle exportierten Typen und Konstanten erstmals und exportierte Funktionen in Form von Funktionsprototypen erneut definiert werden.

❏   Wenn eine Header-Datei Ressourcen aus einer anderen Header-Datei benutzt, wird die benötigte Header-Datei am Anfang der benutzenden Header-Datei über eine `include`-Anweisung eingelesen und so die benötigten externen Ressourcen „importiert" (Schnittstellenimporte). Grundsätzlich wird die benötigte Header-Datei auch in zugehörige Programmdatei über eine `include`-Anweisung „importiert" (Rumpfimporte), so daß Schnittstellenimporte stets auch für den Rumpf gelten.[1]

Bei dieser Methode sind natürlich keine selektiven Importe möglich. Außerdem ist keinesfalls garantiert, daß nicht an den „Schnittstellen" vorbei Ressourcen benutzt werden. Ist der Funktionsprototyp einer Funktion bei einem Aufruf noch nicht bekannt, wird vom Compiler allenfalls eine Warnung ausgegeben (die vom Programmierer ignoriert oder gänzlich unterdrückt werden kann). Die vorgeschlagene Vorgehensweise dient daher mehr der Strukturierung der Software als der sicheren Programmierung. Die fehlende Unterstützung durch den Compiler muß durch erhöhte Programmierdisziplin wettgemacht werden.

In ANSI-C gibt es keine Möglichkeit, Typen verborgen zu definieren. Wir erinnern uns daran, daß auch in Modula-2 der opake Typexport auf Zeigertypen beschränkt ist. In C gehen wir analog vor und lassen ebenfalls nur den Export von Zeigertypen zu. Damit die Definition eines Datentyps in der Header-Datei nicht transparent ist, wenden wir einen Trick an und definieren den Typ dort als sogenannten `void`-Zeiger. Ein `void`-Zeiger ist zu allen anderen Zeigertypen kompatibel und ähnelt in gewisser Weise einer Variable vom Typ `ADDRESS` in Modula-2. Wir definieren also in der Header-Datei wie folgt:

```
typedef void *TDatentyp;
```

Auf diese Weise ist im „Definitionsmodul" nur der Name des Typs sichtbar. Die vollständige Definition des Datentyps geschieht in der Programmdatei. Damit der Datentyp durch das Einkopieren der Header-Datei (mit der `void`-Definition) dort nicht doppelt definiert wird, machen wir seine Definition durch geeignete Präprozessorbefehle unkenntlich (Abb. 3.1). Wir üben diese Technik in Aufgabe 3.1.

---

[1] Mehrfachdefinitionen von Typen und Variablen in der zugehörigen Programmdatei werden durch spezielle Makros abgefangen.

```
/* -- Header-Datei: NameDesADT-Moduls.h */

#ifndef _Modulname_H
  #define _Modulname_H

  #ifndef TDatentyp
    typedef void *TDatentyp ;
  #endif

  ...

#endif


/* -- Programmdatei: NameDesADT-Moduls.c */

typedef struct [
               unsigned ....;
             ] TDatenDS;

/* -- Makrodefinition: Umbenennen der Typdeklaration im Header */

#define TDatentyp TDatenDS*
#include "Modulname.h"        /* -- Einkopieren der Header-Datei */
#undef TDatentyp              /* -- Löschen der Makro-Definition */
typedef TDatenDS *TDatentyp;

...
```

Abb. 3.1 Verborgener Typexport in ANSI-C.

Die weiteren Aufgaben dieses Teils beschäftigen sich mit der Realisierung der übrigen Komponenten bzw. Konstrukte des modularen Entwurfs. ADO-Moduln lassen sich ähnlich wie in Modula-2, aber bezüglich der Create-Operation weniger elegant simulieren (Aufgabe 3.2). Die Simulation von Teilsystemen gemäß der zweiten Modula-2 Variante, d.h. die Implementation eines Teilsystems durch separate Export- und Importschnittstellenmoduln, wird in Aufgabe 3.3 für ANSI-C erarbeitet.

Bei der Simulation von Generizität können wir zunächst analog zu Modula-2 vorgehen:

❑   Einfache Funktionsmoduln können relativ direkt durch die Definition von Funktionszeigern implementiert werden.

❑   Uneingeschränkte Typgenerizität kann in ANSI-C in einem Baustein simuliert werden, der ungetypt ist und beliebige Objekte verwalten kann. Die Definition eines void-Zeigers ersetzt dabei den Typ ADDRESS in Modula-2 (Aufgabe 3.4).

Aufgabe 3.5 schließlich zeigt, wie Generizität nahezu semantiktreu realisiert werden kann, indem die Möglichkeiten des C-Präprozessors geschickt ausgenutzt werden.

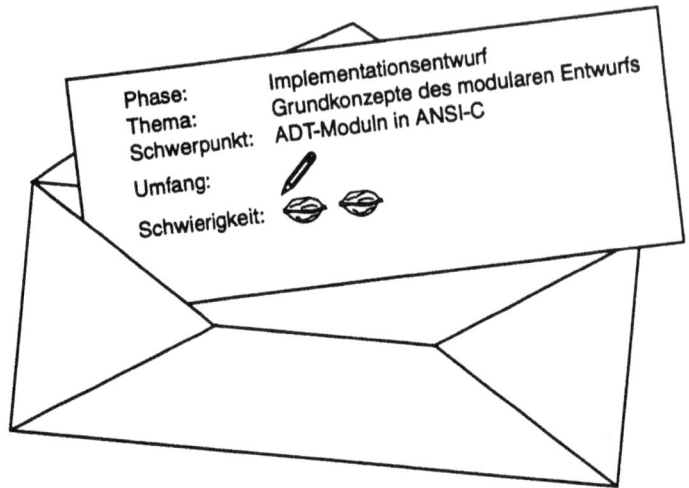

Phase: Implementationsentwurf
Thema: Grundkonzepte des modularen Entwurfs
Schwerpunkt: ADT-Moduln in ANSI-C
Umfang:
Schwierigkeit:

Aufgabe 3.1

Beleg

Die grundsätzliche Vorgehensweise bei der Simulation von ADT-Moduln in ANSI-C haben wir im vorherigen Abschnitt kurz skizziert. Nun soll der aus Band 1, Abb. 12.5, bekannte ADT-Modul **Beleg** in ANSI-C implementiert werden.

a) Geben Sie für den ADT-Modul **Beleg** die Header-Datei `Beleg.h` und die Programmdatei `Beleg.c` an. Implementieren Sie den Datentyp (opak!) und die folgenden Prozeduren[1] analog zu Modula-2 (Band 1, Abb 18.4):

```
TBeleg    Beleg_Create ();
void      Beleg_Dispose (TBeleg inoutBeleg);
TBeleg    Beleg_Duplicate (TBeleg inQuelle);
BOOLEAN   Beleg_IsEqual (TBeleg inBeleg1, TBeleg inBeleg2);
void      Beleg_Equalize (TBeleg inoutZiel, TBeleg inQuelle);
void      Beleg_SetzeStueckzahl (TBeleg inoutBeleg, unsigned int inStueckzahl);
unsigned int  Beleg_LiesStueckzahl (TBeleg inBeleg);
```

b) Ist ein mittels `void`-Zeiger „opak" definierter Datentyp wirklich verkapselt und nicht manipulierbar? Begründen Sie Ihre Antwort.

---

1 Da in ANSI-C exportierte Bezeichner eines Moduls nicht mit Hilfe der Punktnotation über den Modulnamen qualifiziert werden können, hat es sich zur Vermeidung von Namenskonflikten durchgesetzt, jeden Bezeichner mit dem Namen des zugehörigen Moduls zu beginnen.

Lösung zu Teilaufgabe a)

Die Abbildungen 3.1.L1 und 3.1.L2 zeigen die C-Implementation des ADT-Moduls **Beleg**.
Wie in Modula-2 wird dynamisch Speicher für ein Datenobjekt allokiert (in der Prozedur
`Beleg_Create`) und in der Prozedur `Beleg_Dispose` wieder an das Laufzeitsystem zu-
rückgegeben.

```
/* -- Header-Datei Beleg.h */
#ifndef _Beleg_H
  #define _Beleg_H

  #include "Boolean.h"

  #ifndef TBeleg
    typedef void *TBeleg;
  #endif

  TBeleg        Beleg_Create ();
  void          Beleg_Dispose (TBeleg inoutBeleg);
  TBeleg        Beleg_Duplicate (TBeleg inQuelle);
  BOOLEAN       Beleg_IsEqual (TBeleg inBeleg1, TBeleg inBeleg2);
  void          Beleg_Equalize (TBeleg inoutZiel, TBeleg inQuelle);
  void          Beleg_SetzeStueckzahl (TBeleg           inoutBeleg,
                                       unsigned int inStueckzahl);
  unsigned int  Beleg_LiesStueckzahl (TBeleg inBeleg);

#endif
/* -- Ende der Header-Datei Beleg.h */
```

Abb. 3.1.L1 Header-Datei `Beleg.h`.

```
/* -- Programmdatei Beleg.c */
  #include <stdlib.h>

  typedef struct{
                  unsigned int Stueckzahl;
                } TBelegDS;

  #define TBeleg TBelegDS*
  #include "Beleg.h"
  #undef TBeleg

  typedef TBelegDS *TBeleg;

  TBeleg Beleg_Create ()
  { /* -- interne Variablen */
     TBeleg  aktBeleg;
  /* -- BEGIN */
    aktBeleg = (TBeleg) malloc (sizeof (TBelegDS));
    aktBeleg->Stueckzahl = 0;
    return aktBeleg;
  } /* -- END Beleg_Create */
```

```
    void Beleg_Dispose (TBeleg inoutBeleg)
    { /* -- BEGIN */
      free (inoutBeleg);
      inoutBeleg - NULL;
    } /* -- END Beleg_Dispose */


    TBeleg Beleg_Duplicate (TBeleg inQuelle)
    { /* -- interne Variablen */
      TBeleg Duplikat;
    /* -- BEGIN */
      Duplikat - Beleg_Create ();
      Beleg_Equalize (Duplikat, inQuelle);
      return Duplikat;
    } /* -- END Beleg_Duplicate */


    BOOLEAN Beleg_IsEqual (TBeleg inBeleg1, TBeleg inBeleg2)
    { /* -- interne Variablen */
      BOOLEAN  Gleich;
    /* -- BEGIN */
      Gleich - (inBeleg1->Stueckzahl -- inBeleg2->Stueckzahl);
      return Gleich;
    } /* -- END Beleg_IsEqual */


    void Beleg_Equalize (TBeleg inoutZiel, TBeleg inQuelle)
    { /* -- BEGIN */
      inoutZiel->Stueckzahl - inQuelle->Stueckzahl;
    } /* -- END Beleg_Equalize */


    void Beleg_SetzeStueckzahl (TBeleg        inoutBeleg,
                                unsigned int inStueckzahl)
    { /* -- BEGIN */
      inoutBeleg->Stueckzahl - inStueckzahl;
    } /* -- END Beleg_SetzeStueckzahl */
    unsigned int Beleg_LiesStueckzahl (TBeleg  inBeleg)
    { /* -- BEGIN */
      return inBeleg->Stueckzahl;
    } /* -- END Beleg_LiesStueckzahl */


/* -- Ende der Programmdatei Beleg.c */
```

Abb. 3.1.L2 Programmdatei Beleg.c.

Lösung zu Teilaufgabe b)

Die vorgestellte Möglichkeit zur verborgenen Definition eines Datentyps in ANSI-C bietet natürlich keine wirkliche Sicherheit. Zwar wird die tatsächliche Typdefinition in der Programmdatei versteckt, da in C jedoch jeder Zeiger durch explizite Konvertierungen (sogenannte „Casts") in einen Zeiger eines beliebigen anderen Typs umgewandelt werden kann und das Voranstellen des Adreßoperators '&' die Speicheradresse einer Variablen liefert, kann der Programmierer auch ohne Kenntnis der tatsächlichen Definition und unter Umgehen der dafür vorgesehenen Operationen die ADT-Datenstruktur manipulieren. Derartige willkürliche Fehlbenutzungen können in C durch keinen noch so geschickten Exportmechanismus ausgeschlossen werden.

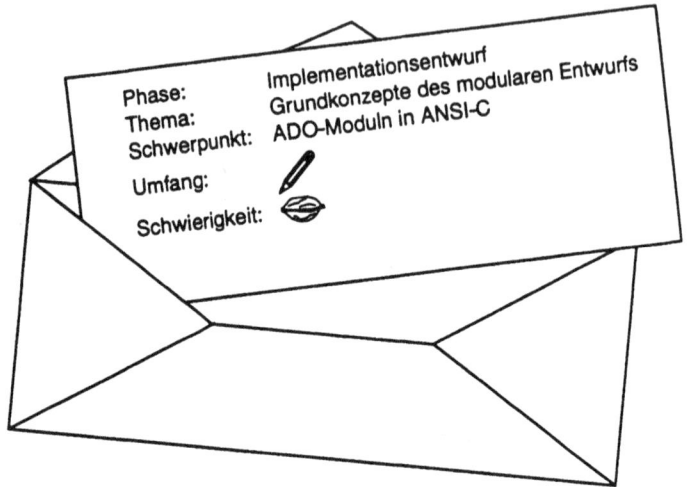

Aufgabe 3.2

Eingangsbelegstapel

Die zweite Basiskomponente des modularen Entwurfs ist der ADO-Modul. In dieser Aufgabe soll der ADO-Modul Eingangsbelegstapel analog zur Realisierung in Modula-2 (Band1, Abb. 18.6) nun in ANSI-C implementiert werden. Die Spezifikation des ADO-Moduls findet sich in Band 1, Abb. 12.19. Die Header-Datei Eingangsbelegstapel.h liegt ebenfalls bereits vor (Abb. 3.2.K1), so daß nur noch die Programmdatei Eingangsbelegstapel.c implementiert werden muß.

Vorarbeiten

```
/* -- Header-Datei Eingangsbelegstapel.h */

#ifndef _Eingangsbelegstapel_H
  #define _Eingangsbelegstapel_H

  #include "Boolean.h"
  #include "Belegstapel.h"
  void    Eingangsbelegstapel_Push (TBeleg inBeleg);
  void    Eingangsbelegstapel_Pop ();
  TBeleg  Eingangsbelegstapel_Top ();
  BOOLEAN Eingangsbelegstapel_IsEmpty ();
  BOOLEAN Eingangsbelegstapel_IsFull ();

#endif

/* -- Ende der Header-Datei Eingangsbelegstapel.h */
```

Abb. 3.2.K1 Header-Datei Eingangsbelegstapel.c.

Die Implementation der Programmdatei ist auf die Header-Datei Eingangsstapel.h in Abb. 3.2.K1 abzustimmen.

Gehen Sie davon aus, daß der ADT-Modul **Belegstapel** bereits implementiert vorliegt. Die von ihm exportierten Operationen Belegstapel_Push, Belegstapel_Pop, Belegstapel_Top, Belegstapel_IsEmpty, Belegstapel_IsFull, Belegstapel_Create und Belegstapel_Dispose werden durch die Anweisung #include "Belegstapel.h" von der Header-Datei importiert und können (ohne erneuten Import!) in der Programmdatei benutzt werden.

Beachten Sie, daß die Definition der lokalen Variablen des ADT-Typs TBelegstapel in der Programmdatei als static erfolgen sollte, damit sie in der Programmdatei verkapselt ist. Außerdem bietet C im Gegensatz zu Modula-2 nicht die Möglichkeit, die physische Erzeugung und Initialisierung des Datenobjekts vor der ersten Benutzung elegant über einen Modulrumpf vorzunehmen, um damit die Existenz-Vorbedingung für die übrigen Operationen sicherzustellen. Exportieren Sie die Operation Eingangsbelegstapel_Create dennoch nicht, sondern initialisieren Sie die lokale Variable (das Datenobjekt) zunächst als NULL-Zeiger. Überprüfen Sie dann innerhalb jeder Prozedur (Test auf NULL-Zeiger), ob das Datenobjekt schon erzeugt und initialisiert wurde, und legen Sie es gegebenenfalls an.

Lösung

Abb. 3.2.L1 zeigt die ANSI-C Programmdatei Eingangsbelegstapel.c des ADO-Moduls **Eingangsbelegstapel**. Bei der Definition des EingangsbelegstapelADO wird dieser als NULL-Zeiger initialisiert. Die Funktion Eingangsbelegstapel_Create faßt zunächst den Test auf Existenz und die eventuelle Erzeugung des Stapelobjekts zusammen. Sie wird zu Beginn jeder exportierten Operation des Eingangsbelegstapels aufgerufen, um die Existenz des Datenobjekts sicherzustellen, und ist als static gekennzeichnet, d.h. von außen nicht zugreifbar.

```
/* -- Programmdatei Eingangsbelegstapel.c */

    #include <stdlib.h>
    #include "Eingangsbelegstapel.h"
    static TBelegstapel  EingangsbelegstapelADO = NULL;

    /* ---------------------------*/
    /* -- modulinterne Prozeduren */
    /* ---------------------------*/

    static void  Eingangsbelegstapel_Create ()
    [ /* -- BEGIN */
      if (EingangsbelegstapelADO == NULL)
         EingangsbelegstapelADO = Belegstapel_Create ();
    ] /* -- END Eingangsbelegstapel_Create */
```

```
//* ------------------------*/
/* -- exportierte Prozeduren */
/* ------------------------*/

  void Eingangsbelegstapel_Push (TBeleg  inBeleg)
  { /* -- BEGIN */
    Eingangsbelegstapel_Create ();
    Belegstapel_Push (EingangsbelegstapelADO, inBeleg);
  } /* -- END Eingangsbelegstapel_Push */


  void Eingangsbelegstapel_Pop ()
  { /* -- BEGIN */
    Eingangsbelegstapel_Create ();
    Belegstapel_Pop (EingangsbelegstapelADO);
  } /* -- END Eingangsbelegstapel_Pop */


  TBeleg Eingangsbelegstapel_Top ()
  { /* -- BEGIN */
    Eingangsbelegstapel_Create ();
    return Belegstapel_Top (EingangsbelegstapelADO);
  } /* -- END Eingangsbelegstapel_Top */


  BOOLEAN Eingangsbelegstapel_IsEmpty ()
  { /* -- BEGIN */
    Eingangsbelegstapel_Create ();
    return Belegstapel_IsEmpty (EingangsbelegstapelADO);
  } /* -- END Eingangsbelegstapel_IsEmpty */


  BOOLEAN Eingangsbelegstapel_IsFull ()
  { /* -- BEGIN */
    Eingangsbelegstapel_Create ();
    return Belegstapel_IsFull (EingangsbelegstapelADO);
  } /* -- END Eingangsbelegstapel_IsFull */


/* -- Ende der Programmdatei Eingangsbelegstapel.c */
```

Abb. 3.2.L1 C-Programmdatei des ADO-Moduls Eingangsbelegstapel.

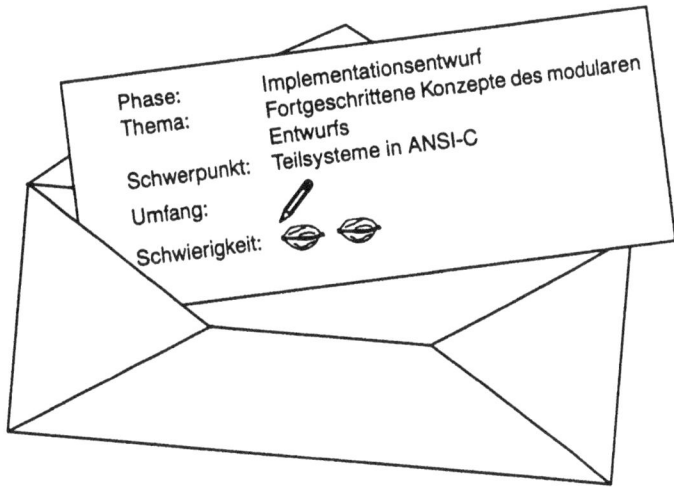

Phase: Implementationsentwurf
Thema: Fortgeschrittene Konzepte des modularen Entwurfs
Schwerpunkt: Teilsysteme in ANSI-C
Umfang: ✏
Schwierigkeit: 👄 👄

Aufgabe 3.3

Lager

In dieser Aufgabe geht es darum, Teilsysteme in ANSI-C zu simulieren. Eine Simulation mittels lokaler Moduln wie in Modula-2 ist nicht möglich, da ANSI-C kein entsprechendes syntaktisches Konstrukt besitzt. Wir untersuchen daher die zweite Variante der Simulation durch getrennte Export- und Importschnittstellenmoduln. (Auf lokale Prüfmoduln müssen wir hierbei natürlich ebenfalls verzichten.) In ANSI-C bedeutet dies, daß zunächst für alle inneren Moduln eines Teilsystems entsprechende Header- und Programmdateien erstellt werden. Die globalen Benutzungsbeziehungen des Teilsystems werden dann in je einer Import- bzw. Exportheader-Datei bekannt gegeben, deren zugehörige Programmdateien sorgen für das Durchreichen und Umbenennen der Teilsystemimporte bzw. -exporte.

Implementieren Sie auf diese Weise das Teilsystem Lager aus Band 1, Abb. 18.13. Orientieren Sie Ihr Vorgehen an den entsprechenden Ausführungen zu Modula-2 in Band 1, Abb. 18.15 und 18.16.

a) Geben Sie zu der bereits vorbereiteten Exportheader-Datei Lager.h in Abb. 3.3.L1 die Programmdatei Lager.c des Teilsystems Lager an. Es reicht, wenn Sie die Operationen Lager.CreateBeleg, Lager.DisposeBeleg, Lager.DuplicateBeleg und Lager.BestandAktualisieren implementieren.

b) Implementieren Sie nun die Importschnittstelle des Teilsystems Lager, d.h. die Dateien LagerIMPORTE.h und LagerIMPORTE.c, welche die Rumpfimporte des Teilsystems bündeln. Beachten Sie bei der Bezeichnerwahl der Prozeduren die Konvention, den Bezeichner zur Eindeutigkeit den Namen des Importschnittstellenmoduls voranzustellen, hier also Lager IMPORTE. Orientieren Sie sich an der Modula-2 Implementation in Band 1, Abb. 18.16, allerdings ohne die dortigen lokalen Prüfmoduln zu berücksichtigen.

c)   Erläutern Sie die Funktion der Makrodefinitionen #define _inTS_Lager und #define _in_keinem_TS in den Lösungen zu (a) und (b). Gehen Sie dabei auf die Sicherheit eines so implementierten Teilsystems vor unkontrollierten Zugriffen ein (von außen auf innere Moduln bzw. von inneren Moduln auf äußere Ressourcen an der Teilsystemimportschnittstelle vorbei) und vergleichen Sie diese Realisierung mit der korrespondierenden Lösung in Modula-2.

Vorarbeiten

Die Header-Datei der Exportschnittstelle des Teilsystems Lager zeigt Abb. 3.3.K1.

```
/* -- Header-Datei Lager.h */
#ifdef _in_keinem_TS

  #ifndef _Lager_H
    #define _Lager_H

    #include "Boolean.h"
    #include "Beleg.h"

    TBeleg        Lager_CreateBeleg ();
    void          Lager_DisposeBeleg (TBeleg inoutBeleg);
    TBeleg        Lager_DuplicateBeleg (TBeleg  inQuellBeleg);
    BOOLEAN       Lager_IsEqualBeleg (TBeleg inBeleg1, TBeleg inBeleg2);
    void          Lager_EqualizeBeleg(TBeleg inoutZielBeleg,
                                      TBeleg inQuellBeleg);
    void          Lager_SetzeStueckzahlInBeleg(TBeleg          inoutBeleg,
                                         unsigned int inStueckzahl);
    unsigned int  Lager_LiesStueckzahlAusBeleg (TBeleg inBeleg);
    BOOLEAN       Lager_EingangsbelegAnnehmen (TBeleg inBeleg);
    BOOLEAN       Lager_AbgangsbelegAnnehmen (TBeleg inBeleg);
    void          Lager_BestandAktualisieren ();

  #endif
#endif

/* -- Ende der Header-Datei Lager.h */
```

Abb. 3.3.K1 Header-Datei des Exportschnittstellenmoduls Lager.

Lösung zu Teilaufgabe a)

Abb. 3.3.L1 zeigt die Programmdatei Lager.c. Wir erkennen, daß die Header-Dateien aller inneren Moduln importiert (per #include-Anweisung) und die zu exportierenden Operationen durchgereicht und dabei umbenannt werden.

```
/* -- Programmdatei  Lager.c */

#define _in_keinem_TS

  #include "Lager.h"
  #include "Lagerverwaltung.h"
  #include "Wareneingang.h"
  #include "Warenabgang.h"


  TBeleg  Lager_CreateBeleg ()
  { /* -- BEGIN */
    return Beleg_Create ();
  } /* -- END Lager_CreateBeleg */


  void  Lager_DisposeBeleg (TBeleg  inoutBeleg)
  { /* -- BEGIN */
    Beleg_Dispose (inoutBeleg);
  } /* -- END Lager_DisposeBeleg */
    ...

  TBeleg  Lager_DuplicateBeleg (TBeleg  inQuellBeleg)
  { /* -- BEGIN */
    return Beleg_Duplicate (inQuellBeleg);
  } /* -- END Lager_DuplicateBeleg */
    ...

  void  Lager_BestandAktualisieren ()
  { /* -- BEGIN */
    Lagerverwaltung_BestandAktualisieren ();
  } /* -- END Lager_BestandAktualisieren */


/* -- Ende der Programmdatei Lager.c */
```

Abb. 3.3.L1 Programmdatei des Exportschnittstellenmoduls Lager.

Lösung zu Teilaufgabe b)

Abb. 3.3.L2 zeigt den Rumpfimportmodul LagerIMPORTE.

```
/* -- Header-Datei LagerIMPORTE.h */

#ifdef _inTS_Lager

   #ifndef _LagerIMPORTE_H
     #define _LagerIMPORTE_H
     void LagerIMPORTE_WareVerbuchen (unsigned int inAnzahl);
     void LagerIMPORTE_WareAbbuchen (unsigned int inAnzahl);
   #endif

#endif

/* -- Ende der Header-Datei LagerIMPORTE.h */


/* -- Programmdatei LagerIMPORTE.c */

#define _inTS_Lager

   #include "LagerIMPORTE.h"
   #include "Bestand.h"

   void LagerIMPORTE_WareVerbuchen (unsigned int inAnzahl)
   { /* -- BEGIN */
     Bestand_WareVerbuchen (inAnzahl);
   } /* -- END LagerIMPORTE_WareVerbuchen */

   void LagerIMPORTE_WareAbbuchen (unsigned int inAnzahl)
   { /* -- BEGIN */
     Bestand_WareAbbuchen (inAnzahl);
   } /* -- END LagerIMPORTE_WareAbbuchen */

/* -- Ende der Programmdatei LagerIMPORTE.c */
```

Abb. 3.3.L2 C-Implementation des Rumpfimportemoduls LagerIMPORTE.

Lösung zu Teilaufgabe c)

Durch Abfragen des Makros _inTS_Lager in den Header-Dateien der Moduln innerhalb des Teilsystems werden direkte Benutzungen der exportierten Ressourcen durch Moduln von außen verhindert (z.B. #ifdef _inTS_Lager). Analog werden unerlaubte Benutzungen von globalen Ressourcen durch innere Moduln — diesmal an der Importheader-Datei vorbei — durch die Definition des Makros _in_keinem_TS kontrolliert. Aus Sicht der Makro-Verwendung entspricht der Rumpfimportemodul einem inneren Modul des Teilsystems Lager (er darf nur lokal benutzt werden) und der Exportschnittstellenmodul einem Modul außerhalb des Teilsystems (er darf nur global benutzt werden).

Die Realisierung der entsprechenden Variante in Modula-2 verkapselt die Teilsystemkomponenten hingegen nicht, d.h. Benutzungen an den Schnittstellenmoduln vorbei werden vom Compiler nicht bemerkt.

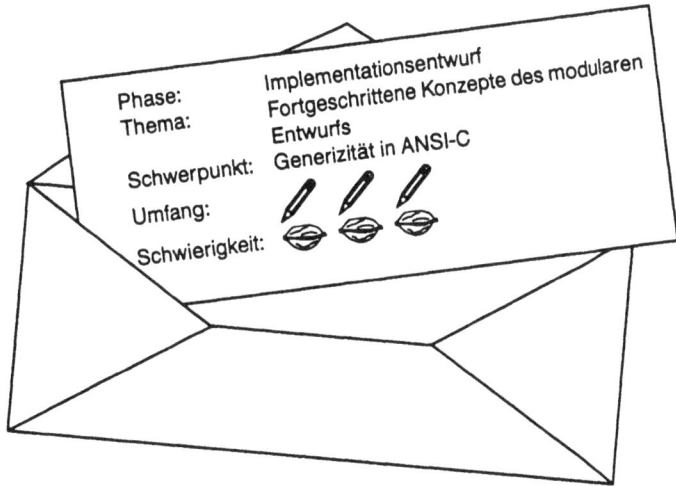

Phase: Implementationsentwurf
Thema: Fortgeschrittene Konzepte des modularen Entwurfs
Schwerpunkt: Generizität in ANSI-C
Umfang:
Schwierigkeit:

Aufgabe 3.4

Generische Liste: Umgehung des Typkonzepts

Uneingeschränkte Typgenerizität kann wie in Modula-2 auch in ANSI-C durch einen Baustein simuliert werden, der ungetypt ist und beliebige Objekte verwalten kann. Die Definition eines void-Zeigers ersetzt dabei den Datentyp ADDRESS in Modula-2. Diese Technik üben wir am Beispiel des GADT-Moduls Objektliste (Abb. 2.3.K2) und des abgeleiteten ADT-Moduls Belegliste, dessen Spezifikation aus Band 1, Abb. 13.10, bekannt ist.

Zum Einstieg haben wir die Header-Datei GENERIC.h bereits implementiert, welche die Funktionszeiger für die Basisoperationen von GADT-Moduln definiert und die void-Zeiger auf die (generischen) Objekte hinter einem Datentyp TObjektreferenz verbirgt (Abb. 3.4.K1). Nicht mehr entwickelt werden müssen weiterhin die Header-Datei Objektliste.h (Abb. 3.4.K2) und der lokale Datentyp TListenelement als Teil der Programmdatei Objektliste.c (Abb. 3.4.K2).

Da die Verwendung ungetypter Komponenten völlig analog zu Modula-2 erfolgt und wir uns bei den Lösungen daher auf das Wesentliche beschränken, empfehlen wir vor dem Lösen der Aufgabe, die entsprechenden Erläuterungen in Band 1, Abschnitt 18.7, zu studieren bzw. zu rekapitulieren. Die Teilaufgaben orientieren sich an der dortigen Vorgehensweise.

a) Vervollständigen Sie die Implementation der Programmdatei Objektliste.c durch Übertragen der Modula-2 Datentypen TGenProc, TListeDS und TObjektliste nach ANSI-C und implementieren Sie dann die Prozeduren Objektliste_Create, Objektliste_Dispose, Objektliste_Insert und Objektliste_Current (vgl. dazu Band 1, Abb. 18.23).

b)   Bevor wir die Objektliste mit dem aktuellen generischen Datentyp Beleg instantiieren
      können, müssen wir im ADT-Modul Beleg zwei zusätzliche Konvertierungsfunktio-
      nen erstellen. Realisieren Sie eine Funktion `Beleg_OBJEKTREFERENZ` vom Typ
      `TObjektreferenz`, mit deren Hilfe im Rumpf des abgeleiteten Moduls Zeiger auf
      Belegobjekte in `void`-Zeiger konvertiert werden können und eine Funktion
      `Beleg_BELEG` vom Typ `TBeleg`, die ungetypte Zeiger vom Typ `TObjektrefe-`
      `renz` in getypte Zeiger auf Belegobjekte umwandelt.

c)   Sättigen Sie den formalen generischen Parameter TObjekt durch TBeleg und instan-
      tiieren Sie so die Objektliste zu dem ADT-Modul Belegliste. Geben Sie exemplarisch
      folgende Teile der Programmdatei `Belegliste.c` an: die internen Hilfsfunktionen
      `DisposeBeleg` und `EqualizeBeleg` als Parameter der Funktion
      `Belegliste_Create` und die exportierten Funktionen `Belegliste_Create`,
      `Belegliste_Dispose`, `Belegliste_Insert` und `Belegliste_-`
      `Current` (jeweils unter Verwendung der Typkonvertierungsfunktionen aus Aufga-
      benteil b)).

Für eine Diskussion der Stärken und Schwächen dieser Simulationstechnik verweisen wir auf
die entsprechenden Ausführungen zu Modula-2 in Band 1.

Vorarbeiten

```
/* -- Header-Datei (* -- GADT *) GENERIC.h */

#ifndef _GENERIC_H
  #define _GENERIC_H

  #include "Boolean.h"

  #ifndef TGENERIC
    typedef void    *TObjektreferenz;
  #endif

  typedef TObjektreferenz (*TCreateObjekt) ();
  typedef void            (*TDisposeObjekt)(TObjektreferenz inoutObjekt);
  typedef TObjektreferenz (*TDuplicateObjekt)(TObjektreferenz inObjekt);
  typedef void            (*TEqualizeObjekt)(TObjektreferenz inoutObjekt,
                                             TObjektreferenz inObjekt);
  typedef BOOLEAN         (*TIsEqualObjekt) (TObjektreferenz inObjekt1,
                                             TObjektreferenz inObjekt2);
  ...
#endif

/* -- Ende der Header-Datei GENERIC.h */
```

Abb. 3.4.K1 Header-Datei `GENERIC.h`.

Wir beginnen die Realisierung der Objektliste mit dem bei dieser Art der Simulation generell benötigten Hilfsmodul GENERIC, der die Basisoperationen bündelt und Referenzen auf Objekte des generischen Datentyps verbirgt. Die wichtigsten Unterschiede zu der Modula-2 Implementation sind die Definition der generischen Operationen als Funktionszeiger und des Datentyps TObjektreferenz als void-Zeiger. Abb. 3.4.K1 zeigt die Header-Datei GENERIC.h und Abb. 3.4.K2 die darauf abgestimmte Header-Datei Objektliste.h.

```
/* -- Header-Datei (* -- GADT *) Objektliste.h */

#ifndef _Objektliste_H
  #define _Objektliste_H

  #include "Boolean.h"
  #include "GENERIC.h"

  #ifndef TObjektliste
    typedef void *TObjektliste;
  #endif

  TObjektliste     Objektliste_Create( TDisposeObjekt     inDisposeObjekt,
                                       TDuplicateObjekt   inDuplicateObjekt,
                                       TEqualizeObjekt    inEqualizeObjekt,
                                       TIsEqualObjekt     inIsEqualObjekt);

  void             Objektliste_Dispose (TObjektliste inoutOL);
  ...
  TObjektreferenz Objektliste_Current (TObjektliste inOL);
  void            Objektliste_Insert(TObjektliste       inoutOL,
                                     TObjektreferenz inObjekt);
  ...

#endif
/* -- Ende der Header-Datei Objektliste.h */
```

Abb. 3.4.K2 Header-Datei Objektliste.h.

Das Fehlen eines ANSI-C Konstrukts vergleichbar mit lokalen Moduln in Modula-2 zwingt uns dazu, den abstrakten Datentyp Listenelement direkt in der Programmdatei Objektliste.c zu implementieren. Um direkte Zugriffe auf Listenelemente sowie Benutzungen der Operationen auf diesem Datentyp auszuschließen, kennzeichnen wir die zugehörigen Funktionsdefinitionen als static. Abb. 2.8 zeigt diesen bereits fertigen Teil der Programmdatei Objektliste.c.

```
/* ------------------------------------------------ */
/* -- Programmdatei (* GADT *) Objektliste.c       */
/* ------------------------------------------------ */

   #include <stdlib.h>
   #include "GENERIC.h"

/* ------------------------------------------------ */
/* -- LOKALER ADT-Modul Listenelement              */
/* ------------------------------------------------ */

   typedef struct Element [
                           TObjektreferenz aktRef;
                           struct Element  *Nachfolger,
                                           *Vorgaenger;
                          ] TElementDS;

   typedef TElementDS *TElement;

   static TElement Listenelement_Create ()
       ...

...

/* -- Ende der Programmdatei Objektliste.c */
```

Abb. 3.4.K3 Lokaler ADT-Modul Listenelement in ANSI-C.

Lösung zu Teilaufgabe a)

Die Programmdatei Objektliste.c mit ihrem Datentyp TObjektliste, den Instanzen der Objektliste zur Definition ihrer Datenstrukturvariablen benutzen, entspricht in Aufbau und Semantik — abgesehen von einigen syntaktischen Besonderheiten von ANSI-C — dem Implementationsmodul in Modula-2. Abb. 3.4.L1 zeigt die Programmdatei mit den Definitionen aller Datentypen und der wichtigsten Operationen.

```
/* ------------------------------------------------ */
/* -- Programmdatei (* GADT *) Objektliste.c */
/* ------------------------------------------------ */

   #include <stdlib.h>
   #include "GENERIC.h"

/* ------------------------------------------ */
/* -- LOKALER ADT-Modul Listenelement */
/* ------------------------------------------ */

   typedef struct Element [
                           TObjektreferenz aktRef;
                           struct Element  *Nachfolger,
                                           *Vorgaenger;
                          ] TElementDS;
```

```
typedef TElementDS *TElement;

static TElement Listenelement_Create ()
...
/* -------------------------------------------- */
/* -- GADT-Modul Objektliste                    */
/* -------------------------------------------- */

typedef struct{
                TDisposeObjekt    DisposeObjekt;
                TDuplicateObjekt  DuplicateObjekt;
                TEqualizeObjekt   EqualizeObjekt;
                TIsEqualObjekt    IsEqualObjekt;
            } TGenProc;

typedef struct{
                TElement        Kopf,
                                Ende,
                                Aktuell;
                unsigned int  Objektanzahl;
                TGenProc        Operationen;
            } TListeDS;

#define TObjektliste TListeDS*
#include "Objektliste.h"
#undef TObjektliste

typedef TListeDS  *TObjektliste;


TObjektliste Objektliste_Create (TDisposeObjekt    inDisposeObjekt,
                                 TDuplicateObjekt  inDuplicateObjekt,
                                 TEqualizeObjekt   inEqualizeObjekt,
                                 TIsEqualObjekt    inIsEqualObjekt)
  TObjektliste aktOL;
/* -- BEGIN */
  aktOL = (TObjektliste) malloc (sizeof (TListeDS));
  aktOL->Kopf = Listenelement_Create ();
  aktOL->Ende = Listenelement_Create ();
  Listenelement_Connect (aktOL->Kopf, aktOL->Ende);
  aktOL->Aktuell = aktOL->Ende;
  aktOL->Objektanzahl = 0;
  aktOL->Operationen.DisposeObjekt = inDisposeObjekt;
  aktOL->Operationen.DuplicateObjekt = inDuplicateObjekt;
  aktOL->Operationen.EqualizeObjekt = inEqualizeObjekt;
  aktOL->Operationen.IsEqualObjekt = inIsEqualObjekt;
  return aktOL;
} /* -- END Objektliste_Create */


void Objektliste_Delete (TObjektliste inoutOL)
  TElement          Schnittstelle,
                    LoeschObjekt;
  TObjektreferenz   aktObjekt;
```

```
/* -- BEGIN */
  LoeschObjekt = inoutOL->Aktuell;
  Schnittstelle = Listenelement_Back (inoutOL->Aktuell);
  inoutOL->Aktuell = Listenelement_Next (inoutOL->Aktuell);
  Listenelement_Disconnect (Schnittstelle, LoeschObjekt);
  Listenelement_Disconnect (LoeschObjekt, inoutOL->Aktuell);
  Listenelement_Connect (Schnittstelle, inoutOL->Aktuell);
  aktObjekt = Listenelement_LiesReferenz (LoeschObjekt);
  inoutOL->Operationen.DisposeObjekt (aktObjekt);
  Listenelement_Dispose (LoeschObjekt);
  inoutOL->Objektanzahl --;
} /* -- END Objektliste_Delete */


TObjektreferenz Objektliste_Current (TObjektliste  inOL)
  TObjektreferenz  aktRef,
                   aktObjekt;
/* -- BEGIN */
  aktRef = Listenelement_LiesReferenz (inOL->Aktuell);
  aktObjekt = inOL->Operationen.DuplicateObjekt (aktRef);
  return aktObjekt;
} /* -- END Objektliste_Current */


void Objektliste_Insert (TObjektliste      inoutOL,
                         TObjektreferenz  inObjekt)
  TElement         NeuesElement,
                   EinfuegeStelle;
  TObjektreferenz  NeuesObjekt;
/* -- BEGIN */
  NeuesObjekt = inoutOL->Operationen.DuplicateObjekt (inObjekt);
  NeuesElement = Listenelement_Create ();
  Listenelement_SetzeReferenz (NeuesElement, NeuesObjekt);
  if (Objektliste_IsEmpty (inoutOL)) {
    EinfuegeStelle = inoutOL->Kopf;
    inoutOL->Aktuell = inoutOL->Ende;
  } /* END if */
  else
    EinfuegeStelle = Listenelement_Back (inoutOL->Aktuell);
  Listenelement_Disconnect (EinfuegeStelle, inoutOL->Aktuell);
  Listenelement_Connect (EinfuegeStelle, NeuesElement);
  Listenelement_Connect (NeuesElement, inoutOL->Aktuell);
  inoutOL->Aktuell = NeuesElement;
  inoutOL->Objektanzahl ++;
} /* -- END Objektliste_Insert */
... /* -- weitere Listenoperationen */


/* -- Ende der Programmdatei Objektliste.c */
```

Abb. 3.4.L1 **Programmdatei** Objektliste.c in Auszügen.

Lösung zur Teilaufgabe b)

Die zwei Typkonvertierungsfunktionen `Beleg_OBJEKTREFFERENZ` und `Beleg_BELEG` werden analog zu Modula-2 in der Programmdatei `Beleg.c` implementiert (Abb. 3.4.L2) und von `Beleg.h` exportiert.

```
TObjektreferenz Beleg_OBJEKTREFERENZ (TBeleg inBeleg)
{ /* -- interne Variablen */
  TObjektreferenz  aktRef;
/* -- BEGIN */
  aktRef = inBeleg;
  return aktRef;
} /* -- END Beleg_OBJEKTREFERENZ */


TBeleg Beleg_BELEG (TObjektreferenz inRef)
{ /* -- interne Variablen */
  TBeleg aktBeleg;
/* -- BEGIN */
  aktBeleg = inRef;
  return aktBeleg;
} /* -- END Beleg_BELEG */
```

Abb. 3.4.L2 Funktionen in `Beleg.c` zum Typisieren bzw. Enttypisieren von Referenzen.

Lösung zur Teilaufgabe c)

Durch Aufruf der `Create`-Funktion der Objektliste in der `Create`-Funktion der Belegliste, wobei die zuvor „enttypisierten" Basisoperationen des aktuellen generischen Datentyps (hier: `TBeleg`) übergeben werden, wird ein Objekt des abgeleiteten ADT-Moduls **Belegliste** erzeugt. Mit jedem Beleglistenobjekt wird also gleichzeitig ein Objekt der Objektliste erzeugt. Abb. 3.4.L3 zeigt diese Instantiierung einer in ANSI-C typfrei implementierten generischen Komponente am Beispiel der Programmdatei `Belegliste.c`.

```
/* -------------------------------------------------------------- */
/* -- Programmdatei Belegliste.c                                  */
/* -------------------------------------------------------------- */

  #include "Belegliste.h"
  #include "Objektliste.h"

/* -------------------------------------------------------------- */
/* -- Interne Typkonvertierungen von TBeleg und TObjektreferenz   */
/* -------------------------------------------------------------- */

  static void DisposeBeleg (TObjektreferenz inoutBelegref)
    TBeleg    aktBeleg;
```

```
     /* -- BEGIN */
       aktBeleg - Beleg_BELEG (inoutBelegref);
       Beleg_Dispose (aktBeleg);
       inoutBelegref - Beleg_OBJEKTREFERENZ (aktBeleg);
     } /* -- END DisposeBeleg */


     static void EqualizeBeleg (TObjektreferenz inoutZiel,
                                TObjektreferenz inQuelle)
       TBeleg  ZielBeleg,
               QuellBeleg;
     /* -- BEGIN */
       ZielBeleg - Beleg_BELEG (inoutZiel);
       QuellBeleg - Beleg_BELEG (inQuelle);
       Beleg_Equalize (ZielBeleg, QuellBeleg);
     }/* -- END EqualizeBeleg */
   ...

   /* -- exportierte Prozeduren */
     TBelegliste Belegliste_Create ()
       TBelegliste outBL;
     /* -- BEGIN */
       outBL - Objektliste_Create  (DisposeBeleg, DuplicateBeleg,
                                    EqualizeBeleg, IsEqualBeleg);
       return outBL;
     }/* -- END Belegliste_Create */


     void  Belegliste_Dispose (TBelegliste  inoutBL)
     /* -- BEGIN */
       Objektliste_Dispose (inoutBL);
     /* -- END Belegliste_Dispose */

       ...

     void Belegliste_Insert (TBelegliste inoutBL, TBeleg inBeleg)
       TObjektreferenz aktBelegref;
     /* -- BEGIN */
       aktBelegref - Beleg_OBJEKTREFERENZ (inBeleg);
       Objektliste_Insert (inoutBL, aktBelegref);
     /* -- END Belegliste_Insert */


     TBeleg Belegliste_Current (TBelegliste inBL)
       TObjektreferenz aktBelegref;
       TBeleg          aktBeleg;
     /* -- BEGIN */
       aktBelegref - Objektliste_Current (inBL);
       aktBeleg - Beleg_BELEG (aktBelegref);
       return aktBeleg;
     } /* -- END Belegliste_Current */
   /* -- Ende der Programmdatei Belegliste.c */
```

Abb. 3.4.L3 Programmdatei Belegliste.c: Instantiierung der Objektliste.

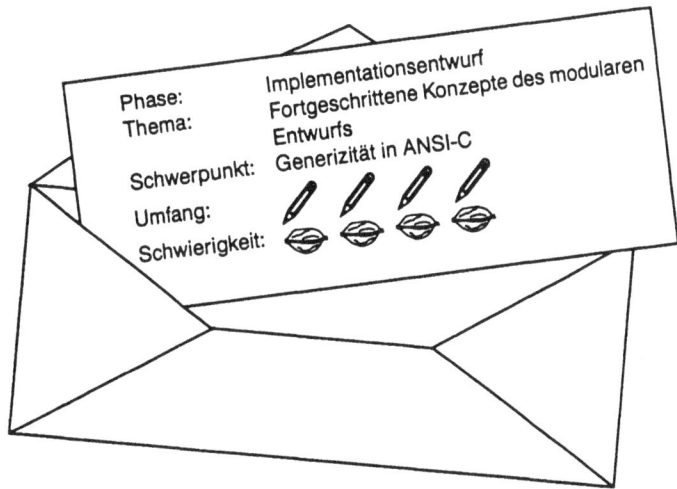

Phase: Implementationsentwurf
Thema: Fortgeschrittene Konzepte des modularen Entwurfs
Schwerpunkt: Generizität in ANSI-C
Umfang: ✎ ✎ ✎ ✎
Schwierigkeit: ◔ ◔ ◔ ◔

Aufgabe 3.5

Generische Liste: Einsatz des C-Präprozessors

Die einfachste Möglichkeit zur Simulation von Generizität ist die Verwendung von Textschablonen. Dazu werden generische Komponenten erstellt, die bei jeder Instantiierung kopiert, umbenannt und bei denen in der Kopie die formalen generischen Parameter textuell durch aktuelle Parameter ersetzt werden. Hilfsmittel hierbei sind z.B. die bekannten „Suchen-und-Ersetzen"-Funktionalitäten von Texteditoren.

Natürlich ist diese manuelle Lösung nicht im Sinne einer schnellen und sicheren Verwendung generischer Komponenten. Dabei ist das Hauptproblem nicht einmal der relativ aufwendige Ersetzungsvorgang, sondern die schlechte Wartbarkeit der Beziehungen zwischen Textschablonen und Instanzen. Änderungen einer generischen Komponente werden nicht automatisch an ihre Instanzen propagiert, ja die Instanzen sind der generischen Komponente nicht einmal bekannt. Die Wahrung der Konsistenz erfordert daher Disziplin, eine vollständige Dokumentation sowie ein ausgeklügeltes Konfigurationsmanagement.

Ungeachtet dessen nehmen wir diese Technik als Ausgangspunkt und überlegen, welche Verbesserungen wünschenswert sind und wie uns die C-Entwicklungsumgebung dabei entgegenkommt. Im Teil Vorarbeiten dieser Aufgabe präsentieren wir eine zweite, elegante Simulationsmöglichkeit der Generizität in ANSI-C, welche die Funktionalität des C-Präprozessors ausnutzt. Nach dem Durcharbeiten des Abschnitts sollen Sie diese Technik am Beispiel des GADT-Moduls Objektliste (Abb. 2.3.K2) und des abgeleiteten ADT-Moduls Belegliste nachvollziehen, dessen Spezifikation Sie in Band 1, Abb. 13.10 nachlesen können.

a)   Führen Sie den ersten Instantiierungsschritt für die Header-Datei Objektliste.h
       durch und geben sie die vom C-Präprozessor generierte Zwischendatei tempfile.i
       an.

b)   Führen Sie den zweiten Instantiierungsschritt durch, in dem der Präprozessor für die
       Zwischendatei tempfile.i bzw. die umbenannte Datei tempfile.H erneut auf-
       gerufen wird.

c)   Erstellen Sie aus der Programmdatei Objektliste.c in Abb. 3.4.L1 eine Text-
       schablone für die Instantiierung mittels Präprozessor (analog zur Header-Datei Ob-
       jektliste.h in Abb. 3.5.K2). Sie können sich auf den Definitionsteil und die
       modulinternen Prozeduren beschränken, die exportierten Prozeduren brauchen also
       nicht angegeben werden.

Nach dem Bearbeiten der Aufgaben sollte Ihnen klar sein, daß sich ein einzelner Instantiie-
rungsvorgang nach dem vorgestellten Verfahren im Prinzip nicht von einer Lösung unterscheidet, bei der Header- und Programmdatei jeweils in einen Texteditor geladen und die
Platzhalter mit Hilfe der „Suchen-und-Ersetzen"-Operation substituiert werden. Die automatische Ersetzung erleichtert jedoch zum einen unmittelbar die Arbeit und hilft Fehler zu ver-
meiden. Zum anderen ist sie eine Voraussetzung für die Verwendung der *make-utility*,
welche den Entwickler vollständig von der Wartung der Instantiierungsbeziehungen entla-
stet. Insgesamt erscheint uns das Verfahren daher trotz der schlechter lesbaren und etwas auf-
wendiger zu erstellenden Textschablonen als durchaus praxisrelevant.

Vorarbeiten

Bevor wir überlegen, wie das textuelle Ersetzen von formalen generischen Parametern durch
aktuelle Parameter automatisiert werden kann, betrachten wir den manuellen Ersetzungspro-
zeß, um einen Eindruck von den notwendigen Arbeiten zu bekommen. Abb. 3.5.K1 zeigt
dazu die Header-Datei der Objektliste als „generische Textschablone". Alle in ‚$‘ einge-
schlossenen Zeichenketten sind Platzhalter und müssen bei der Instantiierung textuell durch
aktuelle Namen ersetzt werden. Beim Instantiieren einer Belegliste müssen z.B. die Platzhalter $OBJEKT$ durch Beleg und $OBJEKTLISTE$ durch Belegliste substituiert werden.

Wir erkennen, daß neben dem „formalen generischen Parameter $OBJEKT$" in jedem Fall
auch der Name des instantiierten Moduls einzusetzen ist, da nur so Namenskonflikte beim
Übersetzen mehrerer Instanzen einer generischen Komponente ausgeschlossen werden können.

```
* -- Header-Datei (* -- GADT *) $Objektliste$.h */

#ifndef _$Objektliste$_H
 #define _$Objektliste$_H

 #include "Boolean.h"
 #include <$Objekt$.h>

 #ifndef T$Objektliste$
   typedef void  *T$Objektliste$;
 #endif

 T$Objektliste$       $Objektliste$_Create ();
 void                 $Objektliste$_Dispose(T$Objektliste$ inoutListe);
 T$Objekt$            $Objektliste$_Current(T$Objektliste$ inListe);

 void                 $Objektliste$_Update (T$Objektliste$  inoutListe,
                                            T$Objekt$        inObjekt);

 ...

 BOOLEAN              $Objektliste$_OffEnd (T$Objektliste$ inListe);
#endif

/* -- Ende der Header-Datei $Objektliste$.h */
```

Abb. 3.5.K1 Objektliste als Textschablone.

Offensichtlich ist das Ersetzen von Zeichenketten eine rein schematische Arbeit, die im Grunde sehr einfach automatisierbar sein sollte. Benötigt wird ein bzgl. „Suchen-und-Ersetzen" parametrisierbarer Editor (-prozeß), in den eine Kopie der Textschablone unter Angabe der zu ersetzenden Zeichenketten „eingespeist" wird und der die substituierte Version zurückgibt. Genau diese Funktionalität besitzt der C-Präprozessor, der alle „Aufrufe" eines Makros in einer Datei textuell durch die Makrodefinition ersetzt, denn Makros können nicht nur in der Datei selbst (mittels #define-Anweisung), sondern auch extern definiert werden, indem Makroname und Definition als *Kommandozeilenparameter* an den Präprozessor übergeben werden.[1] Die Idee ist nun, generische Komponenten als Textschablonen zu realisieren, deren „Platzhalter" als Makronamen zu interpretieren und die Instantiierung durch externe Makrodefinitionen zu simulieren. Bevor der eigentliche Übersetzungsvorgang beginnt, nimmt der Präprozessor dann die Ersetzung der formalen durch aktuelle Parameter vor.

Ferner wird ein Werkzeug benötigt, das alle Instanziierungsbeziehungen überwacht und bei Änderungen der generischen Komponente die betroffenen Instanzen aktualisiert. Wir werden hierzu die *make-utility* einsetzen (ursprünglich für *Unix* entwickelt, existieren heute ähnliche Programme auch für andere Betriebssysteme), die bei Änderungen generischer Komponenten automatisch das Generieren und Übersetzen neuer abgeleiteter Moduln anstößt.

---

[1] Ein Makro gilt als definiert von der Stelle seiner Definition bis zu einer korrespondierenden #undef-Anweisung oder bis zum Ende der Datei. Extern definierte Makros entsprechen internen Makros am Anfang der Datei.

Wir arbeiten diesen Ansatz nun unter Berücksichtigung spezifischer Nebenbedingungen der C-Makrosprache sowie des C-Präprozessors technisch aus und betrachten dazu noch einmal die Textschablone der Objektliste in Abb. 3.5.K1. Es fällt auf, daß die Platzhalter für die generischen Parameter stets Teilstrings darstellen. Der C-Präprozessor erkennt (und ersetzt) jedoch nur Makroaufrufe, die nicht innerhalb von Anführungszeichen stehen und nicht Teil einer (längeren) Zeichenkette sind. Wir begegnen diesem Problem mit einem technischen Kniff, der ein zweistufiges Vorgehen erfordert:

1.   Die Textschablone modifizieren wir dahingehend, daß alle Platzhalter separat stehen und durch den Konkatenierungsoperator ## der C-Makrosprache mit anderen Wortteilen verknüpft sind. Der C-Präprozessor kann die Platzhalter jetzt durch die aktuellen Namen ersetzen.

2.   Der C-Präprozessor wird erneut verwendet, um die Ausdrücke auszuwerten und zusammengehörige Wortteile zu konkatenieren.

Die besonderen Auswertungsregeln des C-Präprozessors erfordern bei diesem zweistufigen Vorgehen geschachtelte Makrodefinitionen und die Verwendung von Funktionsmakros. Wir demonstrieren diese technischen Details am Beispiel der Objektliste und der Belegliste, d.h. einer mit Komponenten vom Typ TBeleg instantiierten Objektliste.

Da bei Header- und Programmdateien absolut gleich vorgegangen wird, beschränken wir uns bei der detaillierten Erläuterung auf die kürzeren Header-Dateien. In Abb. 3.5.K2 zeigen wir zunächst die an die speziellen Belange des C-Präprozessors angepaßte Textschablone Objektliste.h. Da sich die beiden Versionen in den Abb. 3.5.K1 und 3.5.K2, jedenfalls auf den ersten Blick, beträchtlich unterscheiden, hier einige Erläuterungen:

❑   Geschachtelte Makros (z.B. OP und Op, LTYP und Listentyp oder OTYP und Objekttyp) sind notwendig, um in den inneren Definitionen, die den ersten Präprozessorlauf unversehrt überstehen, Ersetzungen durchführen zu können.

❑   Mit Hilfe des Funktionsmakros Op werden die Funktionsnamen der generischen Liste (z.B. Create oder Insert) gemäß der Konventionen in eindeutige Namen der Instanz umbenannt, d.h. der Name der Instanz wird als Präfix vorangestellt (z.B. Belegliste_Create oder Belegliste_Insert).

❑   Die Funktionsmakros Listentyp und Objekttyp generieren aus den als Kommandozeilenparameter übergebenen Namen der Inhaltsobjekte, hier: Beleg, und der Instanz, hier: Belegliste, durch Voranstellen des Buchstaben T die entsprechenden Typbezeichner. Sie werden in der Schablone an allen Stellen verwendet, an denen später diese Typbezeichner stehen sollen.

❑   Der Funktionsmakro Suffix schließlich erzeugt aus dem Namen der Instanz und dem Suffix _H das in Header-Dateien übliche Makroflag (z.B. _BelegListe_H), mit dem Mehrfachimporte verhindert werden.

```
/* -- Header-Datei der Objektliste */

    #define OP      #define Op(a) Objektliste##_##a
    #define LTYP    #define Listentyp T##Objektliste
    #define OTYP    #define Objekttyp T##Objekt
    #define SUFFIX  #define Suffix(b) _##b##_H
    OP
    LTYP
    OTYP
    SUFFIX

    #define IMPORT         #define Import #include "Boolean.h"
    #define IMPORTGENPARAM #define ImportGenParam #include <##Objekt##.h>
    IMPORT
    IMPORTGENPARAM
    Import
    ImportGenParam

    #define FI         #define fi #endif
    #define IFNDEFFLAG #define ifndefFlag #ifndef Suffix(Objektliste)
    #define DEFFLAG    #define defFlag #define Suffix(Objektliste)
    FI
    IFNDEFFLAG
    DEFFLAG
    ifndefFlag
    defFlag

    #define IFNDEFLTYP #define ifndefListentyp #ifndef Listentyp
    IFNDEFLTYP
    ifndefListentyp
      typedef void  *Listentyp;
    fi

    Listentyp   Op(Create)  ();
    void        Op(Dispose)  (Listentyp   inoutListe);
    Objekttyp   Op(Current)  (Listentyp   inListe);
    void        Op(Update)   (Listentyp   inoutListe,
                              Objekttyp   inObjekt);
    void        Op(Insert)   (Listentyp   inoutListe,
                              Objekttyp   inObjekt);
    ...
    BOOLEAN     Op(IsFull)   (Listentyp   inListe);
    BOOLEAN     Op(OffStart) (Listentyp   inListe);
    BOOLEAN     Op(OffEnd)   (Listentyp   inListe);

    fi
/* -- Ende der Header-Datei der Objektliste */
```

Abb. 3.5.K2 Header-Datei Objektliste.h (vor einem Präprozessorlauf)

Wir starten nun die Instantiierung, indem wir den C-Compiler mit der Option -P aufrufen, welche den Übersetzungsvorgang nach einem Präprozessorlauf abbricht, und mit -D die gewünschten Makrodefinitionen als Kommandozeilenparameter übergeben:

```
cc    -P
      -DObjektliste=Belegliste
      -DObjekt=Beleg
      -o tempfile.i
      Objektliste.h
```

Alle Vorkommen der Zeichenketten Objektliste bzw. Objekt in der Ausgangsdatei
werden vom Präprozessor durch Belegliste bzw. Beleg ersetzt. Das Ergebnis des ersten
Präprozessorlaufs steht in der Zwischendatei tempfile.i.[1]

Aus technischen Gründen benennen wir die Zwischendatei in tempfile.h um und rufen
den Präprozessor dann für diese Datei zum zweiten Mal auf. Diesmal müssen natürlich keine
Makrodefinitionen mehr übergeben werden:

```
mv    tempfile.i tempfile.h
cc    -P
      -o Belegliste.i
      tempfile.h
```

Abschließend benennen wir die Ergebnisdatei erneut um und erhalten die angestrebte Header-Datei Belegliste.h der instantiierten Objektliste:

```
mv    Belegliste.i Belegliste.h
```

Analog leiten wir aus der Programmdatei Objektliste.c eine Programmdatei Beleg-
liste.c ab und können Header- und Programmdatei dann ganz normal (d.h. mit der im
Rahmen von C möglichen Typprüfung) übersetzen.

Zum Abschluß werden die Arbeitsschritte und Abhängigkeiten in einem *makefile* formuliert,
so daß bei Änderungen die *make-utility* automatisch die Wiederholung der betroffenen In-
stantiierungs- bzw. Übersetzungsschritte anstößt. Aktualität und Konsistenz der abgeleiteten
Moduln sind dadurch jederzeit gesichert.

---

1 Wir beziehen uns hier auf den SPARC C-Compiler von SUN, bei dem z.B. die Endung
.i der Ergebnisdatei obligatorisch ist. Für andere C-Compiler muß dies nicht gelten,
ggf. sind (syntaktische) Anpassungen der hier vorgestellten Technik notwendig. Auftretende Probleme bei der Übertragung sollten jedoch unter Zuhilfenahme des Handbuchs
schnell gelöst werden können.

Lösung zu Teilaufgabe a)

Das Ergebnis des ersten Präprozessorlaufs in der Zwischendatei tempfile.i zeigt Abb.
3.5.L1. Wir erkennen, daß die Platzhalter Objektliste und Objekt überall durch die aktuellen Namen ersetzt und die geschachtelten Makros einmal expandiert wurden.

```
#define Op(a)         Belegliste##_##a
#define Listentyp     T##Belegliste
#define Objekttyp     T##Beleg
#define Suffix(b)     _##b##_H

#define Import        #include "Boolean.h"
#define ImportGenParam #include <##Beleg##.h>
Import
ImportGenParam

#define fi             #endif
#define ifndefFlag     #ifndef Suffix(Belegliste)
#define defFlag        #define Suffix(Belegliste)
ifndefFlag
defFlag

#define ifndefListentyp #ifndef Listentyp
ifndefListentyp
    typedef void    *Listentyp;
fi

Listentyp      Op(Create)();
void           Op(Dispose) (Listentyp    inoutListe);
Objekttyp      Op(Current) (Listentyp    inListe);
void           Op(Update)  (Listentyp    inoutListe,
                            Objekttyp    inObjekt);
void           Op(Insert)  (Listentyp    inoutListe,
                            Objekttyp    inObjekt);
...
BOOLEAN        Op(IsFull)  (Listentyp    inListe);
BOOLEAN        Op(OffStart)(Listentyp    inListe);
BOOLEAN        Op(OffEnd)  (Listentyp    inListe);

fi
```

Abb. 3.5.L1 Zwischendatei tempfile.i: Resultat des ersten Präprozessorlaufs.

Lösung zu Teilaufgabe b)

Der zweite Expansionsschritt liefert als Ergebnis die Datei in Abb. 3.5.L2. Alle Makros sind
nun vollständig expandiert und die entstandene Header-Datei Belegliste.h kann vom C-
Compiler normal übersetzt werden.

```
#include "Boolean.h"
#include <Beleg.h>

#ifndef _Belegliste_H
#define _Belegliste_H

#ifndef TBelegliste
  typedef void  *TBelegliste;
#endif

TBelegliste Belegliste_Create ();
void        Belegliste_Dispose(TBelegliste inoutListe);
TBeleg      Belegliste_Current(TBelegliste inListe);
void        Belegliste_Update (TBelegliste  inoutListe,
                               TBeleg       inObjekt);
void        Belegliste_Insert (TBelegliste  inoutListe,
                               TBeleg       inObjekt);
...
BOOLEAN     Belegliste_IsFull (TBelegliste inListe);
BOOLEAN     Belegliste_OffStart (TBelegliste inListe);
BOOLEAN     Belegliste_OffEnd (TBelegliste inListe);

#endif
```

Abb. 3.5.L2 Header-Datei Belegliste.h: Resultat des zweiten Präprozessorlaufs

Lösung zu Teilaufgabe c)

Abb. 3.5.L3 zeigt die Textschablone Objektliste.c. Der Aufbau der Makros entspricht denen der zugehörigen Header-Datei.

```
/* -- Programmdatei der Objektliste */
  #define OP #define Op(a) Objektliste##_##a
  #define LTYP #define Listentyp T##Objektliste
  #define OTYP #define Objekttyp T##Objekt
  #define SUFFIX #define Suffix(b) _##b##_H
  #define HEADER #define Header(c) <##c##.h>
  OP
  LTYP
  OTYP
  SUFFIX
  HEADER

  #define IMPORT #define Import #include <stdlib.h>
  #define IMPORTGENPARAM #define ImportGenParam #include <##Objekt##.h>
  IMPORT
  IMPORTGENPARAM
  Import
  ImportGenParam
```

```
        typedef struct Element[
                              Objekttyp        aktRef;
                              struct Element   *Nachfolger,
                                               *Vorgaenger;
                         ] TElementDS;

    typedef TElementDS *TElement;

    typedef struct[
                   TElement       Kopf,
                                  Ende,
                                  Aktuell;
                   unsigned int   Objektanzahl;
                 ] TListeDS;


    #define DEFLISTEDS #define defListeDS #define Listentyp TListeDS*
    #define INCLUDEHEADER #define includeHeader #include Header(Objektliste)
    #define UNDEFLTYP #define undefListentyp #undef Listentyp
    DEFLISTEDS
    INCLUDEHEADER
    UNDEFLTYP
    defListeDS
    includeHeader
    undefListentyp

    typedef TListeDS *Listentyp;


/* -- modulinterne Prozeduren */

    static TElement  Listenelement_Create ()
    { /* -- interne Variablen */
      TElement       aktElement;
      /* -- BEGIN */
      aktElement = (TElement) malloc (sizeof (TElementDS));
      aktElement->Nachfolger = NULL;
      aktElement->Vorgaenger = NULL;
      return aktElement;
    } /* -- END Listenelement_Create */

    static void Listenelement_Dispose (TElement inoutElement)
    { /* -- BEGIN */
      free (inoutElement);
      inoutElement = NULL;
    } /* -- END Listenelement_Dispose */
```

```
static Objekttyp Listenelement_LiesReferenz (TElement inElement)
{ /* -- interne Variablen */
  Objekttyp aktRef;
/* -- BEGIN */
  aktRef - inElement->aktRef;
  return aktRef;
} /* -- END Listenelement_LiesReferenz */

static void Listenelement_SetzeReferenz (TElement   inElement,
                                         Objekttyp inObjekt)
{ /* -- BEGIN */
  inElement->aktRef - inObjekt;
} /* -- END Listenelement_SetzeReferenz */


  ...

/* -- exportierte Prozeduren */


Listentyp Op(Create) ()
{ /* -- interne Variablen */
  Listentyp aktListe;
/* -- BEGIN */
  aktListe - (Listentyp) malloc (sizeof (TListeDS));
  aktListe->Kopf - Listenelement_Create ();
  aktListe->Ende - Listenelement_Create ();
  Listenelement_Connect (aktListe->Kopf, aktListe->Ende);
  aktListe->Aktuell - aktListe->Ende;
  aktListe->Objektanzahl - 0;
  return aktListe;
} /* -- END Create */

void Op(Dispose) (Listentyp inoutListe)
{ /* -- BEGIN */
  Objektliste_GoStart (inoutListe);
  while (! Objektliste_IsEmpty (inoutListe))
    Objektliste_Delete (inoutListe);
  Listenelement_Dispose (inoutListe->Kopf);
  Listenelement_Dispose (inoutListe->Ende);
  free(inoutListe);
  inoutListe - NULL;
} /* -- END Dispose */

Objekttyp Op(Current) (Listentyp inListe)
{ /* -- interne Variablen */
  Objekttyp aktRef,
            aktObjekt;
/* -- BEGIN */
  aktRef - Listenelement_LiesReferenz (inListe->Aktuell);
  aktObjekt - ##Objekt##_DuplicateObjekt (aktRef);
  return aktObjekt;
} /* -- END Current */
```

```
void Op(Update) (Listentyp  inoutListe,
                 Objekttyp  inObjekt)
{ /* -- interne Variablen */
  Objekttyp aktObjekt;
/* -- BEGIN */
  aktObjekt - Listenelement_LiesReferenz (inoutListe->Aktuell);
  ##Objekt##_Equalize (aktObjekt, inObjekt);
} /* -- END Update */

void Op(Insert) (Listentyp  inoutListe,
                 Objekttyp  inObjekt)
{ /* -- interne Variablen */
  TElement   NeuesElement,
             EinfuegeStelle;
  Objekttyp NeuesObjekt;
/* -- BEGIN */
  NeuesObjekt - ##Objekt##_DuplicateObjekt (inObjekt);
  NeuesElement - Create ();
  Listenelement_SetzeReferenz (NeuesElement, NeuesObjekt);
  if (Objektliste_IsEmpty (inoutListe)) {
    EinfuegeStelle - inoutListe->Kopf;
    inoutListe->Aktuell - inoutListe->Ende;
  } /* END if */
  else
    EinfuegeStelle - Listenelement_Back (inoutListe->Aktuell);
  Listenelement_Disconnect (EinfuegeStelle, inoutListe->Aktuell);
  Listenelement_Connect (EinfuegeStelle, NeuesElement);
  Listenelement_Connect (NeuesElement, inoutListe->Aktuell);
  inoutListe->Aktuell - NeuesElement;
  inoutListe->Objektanzahl ++;
} /* -- END Insert */

  ...

BOOLEAN Op(IsFull) (Listentyp inListe)
{ /* -- BEGIN */
  return  FALSE;
} /* -- END IsFull */

BOOLEAN Op(OffStart) (Listentyp inListe)
{ /* -- BEGIN */
  return  inListe->Kopf -- inListe->Aktuell;
} /* -- END OffStart */

BOOLEAN Op(OffEnd) (Listentyp inListe)
{ /* -- BEGIN */
  return  inListe->Ende -- inListe->Aktuell;
} /* -- END OffEnd */


/* -- Ende der Programmdatei der Objektliste */
```

Abb. 3.5.L3 Programmdatei Objektliste.c (vor einem Präprozessorlauf)

Kapitel 4

Implementation

Hinweis: Ähnlich wie beim Entwurf ergeben sich auch bei der Implementation Probleme mit der Existenz bzw. Existenzüberprüfung abstrakter Datenobjekte, da eine zufriedenstellende Überprüfung dieser Eigenschaft in Modula-2 nicht einfach möglich ist. Denkbar wäre eine zusätzliche ADT-Operation Exists, welche die notwendige, aber keinesfalls hinreichende Bedingung Objektreferenz # NIL überprüft. Wir verfolgen diese Strategie nicht weiter, sondern binden — wie schon in den Vorbedingungen der Spezifikation — die Existenz der Objekte an ihre Übergabe als in, inout bzw. out-Parameter.

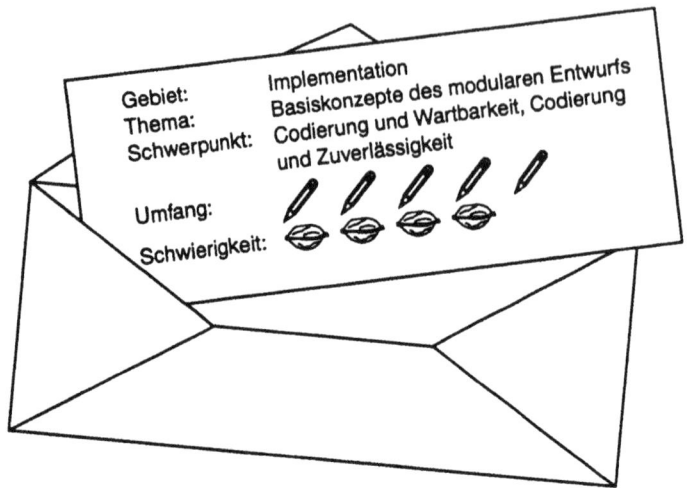

Gebiet: Implementation

Thema: Basiskonzepte des modularen Entwurfs

Schwerpunkt: Codierung und Wartbarkeit, Codierung und Zuverlässigkeit

Umfang: ✎ ✎ ✎ ✎ ✎

Schwierigkeit: 👄 👄 👄 👄

Aufgabe 4.1

Dreieck

Implementieren Sie die in Abb. 2.2.K1, 4.1.K1 und 4.1.K2 spezifizierten ADT-Moduln Punkt, Gerade und Dreieck in Modula-2. Achten Sie dabei auf Rundungsfehler (vgl. Abb. 4.1.K3), die Überprüfung der Vor- und Nachbedingungen der einzelnen Operationen sowie auf Korrektheit und Programmierstil. Wählen Sie folgende Implementationsreihenfolge:

a) Übertragen Sie die Modulspezifikation des abstrakten Datentyps Punkt in die Modula-2 Definitions- und Implementationsmoduln Punkt.

b) Erstellen Sie aus der Modulspezifikation des abstrakten Datentyps Gerade einen Modula-2 Definitions- und Implementationsmodul Gerade. Berücksichtigen Sie dazu die Ergebnisse aus Teilaufgabe a).

c) Leiten Sie unter Berücksichtigung der Teilaufgaben a) und b) aus der Modulspezifikation Dreieck einen Modula-2 Definitions- und Implementationsmodul Dreieck ab.

d) Stellen Sie den Komponentengraphen der implementierten Moduln und aller verwendeten Hilfsmoduln graphisch dar.

Vorarbeiten

Die Modulspezifikation des ADT-Modul Punkt finden Sie in Abb. 2.2.K1 auf Seite 85. Abb. 4.1.K1 und 4.1.K2 zeigen die Modulspezifikationen der ADT-Moduln Gerade und Dreieck.

MODULSPEZIFIKATION ADT Gerade;

SCHNITTSTELLENSPEZIFIKATION

IMPORTE
  AUS Punkt **IMPORTIERE** TPunkt;

EXPORTE
  DATENTYPEN
    TGerade, TPunkt;
  OPERATIONEN
    Create·(**IN** Pkt1, Pkt2 : TPunkt) : TGerade,
    Dispose (**INOUT** Linie : TGerade),
    Duplicate (**IN** Linie : TGerade) : TGerade,
    IsEqual (**IN** Linie1, Linie2 : TGerade) : BOOLEAN,
    Equalize (**INOUT** ZielLinie : TGerade; **IN** QuellLinie : TGerade),
    PunktAufGerade (**IN** Linie : TGerade; **IN** Pkt : TPunkt) : BOOLEAN,
    Parallel (**IN** Linie1, Linie2 : TGerade) : BOOLEAN,
    Schnittpunkt (**IN** Linie1, Linie2 : TGerade) : TPunkt,
    AbstandZumPunkt (**IN** Linie : TGerade; **IN** Pkt : TPunkt) : REAL;

SEMANTIK
Create: Vorbed.:   ¬ Punkt.IsEqual (Pkt1, Pkt2)
                   Erzeugt und initialisiert ein neues ADO Linie, so daß Pkt1 und Pkt2
                   auf diesem ADO liegen.
                   Nachbed.: PunktAufGerade (Linie, Pkt1) ∧ PunktAufGerade (Linie, Pkt2);
Die ADT-Basisoperationen Dispose, Duplicate, IsEqual und Equalize besitzen die
übliche Semantik.
PunktAufGerade:
                   Vorbed.:   keine
                   Prüft, ob der übergebene Punkt ein Punkt der Geraden ist. Bezeichne
                   result den booleschen Rückgabeparameter, dann gilt:
                   Nachbed.: (*result* ⇔ Pkt ∈ Linie);
Parallel: Vorbed.:   keine
                   Prüft, ob die übergebenen Geraden parallel zueinander sind. Bezeichne
                   result den booleschen Rückgabeparameter, dann gilt:
                   Nachbed.: (*result* ⇔ Linie1 ∥ Linie2);
Schnittpunkt:
                   Vorbed.:   ¬ Parallel (Linie1, Linie2)
                   Berechnet den Schnittpunkt Pkt der beiden Geraden
                   Nachbed.: PunktAufGerade (Linie1, Pkt) ∧ PunktAufGerade (Linie2, Pkt);
AbstandZumPunkt:
                   Vorbed.:   keine
                   Berechnet den euklidischen Abstand zwischen Punkt und Gerade.
                   Bezeichne *distance* den reellen Rückgabeparameter, dann gilt:
                   Nachbed.: (*distance* ≥ 0.0)
                         ∧ ((*distance* = 0.0) ⇔ PunktAufGerade (Linie, Pkt));

RUMPFSPEZIFIKATION

  IMPORTE
    IMPORTIERE Punkt;

  TGerade **=** **RECORD**
            m, c   : REAL;
            ParallelZurYAchse : BOOLEAN
            END;
            (*   – Geradengleichung : $((y := mx + c) \wedge (\neg \text{ParallelZurYAchse}))$
            – $\vee ((x = c) \wedge \text{ParallelZurYAchse}$ *)
  ...

SPEZIFIKATIONSENDE MODUL Gerade.

Abb. 4.1.K1 Spezifikation des ADT-Moduls Gerade.

MODULSPEZIFIKATION ADT Dreieck;

  SCHNITTSTELLENSPEZIFIKATION

    IMPORTE
      AUS Gerade **IMPORTIERE** TGerade, TPunkt;

    EXPORTE
      DATENTYPEN
        TPunkt, TGerade, TDreieck;
      OPERATIONEN
        Create (**IN** Pkt1, Pkt2, Pkt3 : TPunkt) : TDreieck,
        Dispose (**INOUT** DR : TDreieck),
        Duplicate (**IN** DR : TDreieck) : TDreieck,
        IsEqual (**IN** DR1, DR2 : TDreieck) : BOOLEAN,
        Equalize (**INOUT** ZielDR: TDreieck; **IN** QuellDR : TDreieck),
        Eckpunkte (**IN** DR : TDreieck; **OUT** Pkt1, Pkt2, Pkt3 : TPunkt),
        Umfang (**IN** DR : TDreieck) : REAL,
        Fläche (**IN** DR : TDreieck) : REAL,
        Schwerpunkt (**IN** DR : TDreieck) : TPunkt,
        AbstandZurGeraden (**IN** DR : TDreieck; **IN** Linie : TGerade) : REAL;

  SEMANTIK
    Create: Vorbed.:   Pkt1, Pkt2 und Pkt3 sind linear unabhängig
                     Erzeugt und initialisiert ein neues ADO DR mit den Eckpunkten
                     Pkt1, Pkt2, Pk3
                     Nachbed.: ADO DR existiert;
    Die ADT-Basisoperationen Dispose, Duplicate, IsEqual und Equalize besitzen die
    übliche Semantik.

Eckpunkte:

        Vorbed.:   keine

        Liefert die drei Eckpunkte des Dreiecks

        Nachbed.: Pkt1, Pkt2 und Pkt3 sind linear unabhängig;

Umfang: Vorbed.:   keine

        Berechnet den Umfang des Dreiecks.

        Bezeichne *perimeter* den reellen Rückgabeparameter, dann gilt:

        Nachbed.: *perimeter* > 0.0;

Fläche: Vorbed.:   keine

        Berechnet die Fläche des Dreiecks

        Bezeichne *area* den reellen Rückgabeparameter, dann gilt:

        Nachbed.: *area* > 0.0;

Schwerpunkt:

        Vorbed.:   keine

        Berechnet den Schwerpunkt Pkt des Dreiecks

        Nachbed.: keine;

AbstandZurGeraden:

        Vorbed.:   Linie $\cap$ DR = $\varnothing$

        Berechnet den minimalen Abstand zwischen dem ADO Linie und dem ADO DR

        Nachbed.: keine;

(•••)

RUMPFSPEZIFIKATION

IMPORTE

    IMPORTIERE Punkt;

    IMPORTIERE Gerade;

```
TDreieck  =  RECORD
                    Eckpunkte :  RECORD
                                      A, B, C        : TPunkt
                                 END;
                    Geraden   :  RECORD
                                      AB, BC, CA  : TGerade
                                 END
             END;
```

Die folgenden Prozeßspezifikationen zeigen mögliche Lösungsansätze für die Implementation und die nebenstehenden Skizzen geben zusätzliche Hinweise bzw. Erläuterungen.

Prozeßspezifikation Umfang

Parameter   : DR   : TDreieck;   (° – IN °)

lokale Variablen : UmfangDR : REAL;

    UmfangDR := $|\bar{a}| + |\bar{b}| + |\bar{c}|$;

    RETURN UmfangDR

END Umfang;

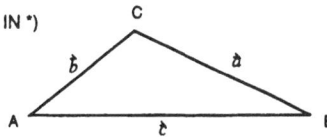

Prozeßspezifikation Fläche
Parameter   : DR   : TDreieck;   (* – IN *)
lokale Variablen : FlächeDR : REAL;

FlächeDR := $|c| \times |h_c| \times \frac{1}{2}$;

RETURN FlächeDR
END Fläche;

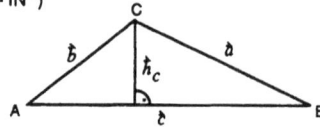

Prozeßspezifikation Schwerpunkt
Parameter   : DR   : TDreieck;   (* – IN *)
lokale Variablen : Schwerpkt : TPunkt;
    Schwerpkt := Schnittpunkt der drei Seitenhalbierenden;
    RETURN Schwerpkt
END Schwerpunkt;

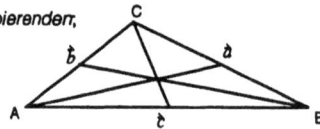

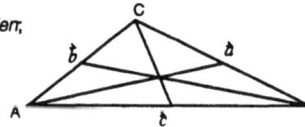

Prozeßspezifikation Schwerpunkt
Parameter   : DR   : TDreieck;   (* – IN *)
lokale Variablen : Schwerpkt : TPunkt;
    Schwerpkt := Schnittpunkt der drei Seitenhalbierenden;
    RETURN Schwerpkt
END Schwerpunkt;

Prozeßspezifikation AbstandZurGeraden
Parameter: DR   : TDreieck;   (* – IN *)
            Linie : TGerade;   (* – IN *)
WITH DR.Eckpunkte DO
  RETURN
    MIN {Gerade.AbstandZumPunkt (Linie, A),
         Gerade.AbstandZumPunkt (Linie, B),
         Gerade.AbstandZumPunkt (Linie, C)}
END AbstandZurGeraden;

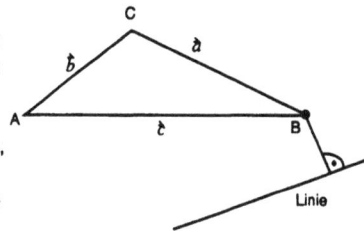

SPEZIFIKATIONSENDE MODUL Dreieck.

Abb. 4.1.K2 Spezifikation des ADT-Moduls Dreieck.

Beim Rechnen mit REAL-Zahlen treten maschinenbedingte Rundungsfehler auf, die sich z.B. bei dem Test, ob ein Punkt auf einer Gerade liegt oder zwei Punkte identische Koordinaten besitzen, berücksichtigt werden müssen. Wir geben zu diesem Zweck in Abb. 4.1.K3 den (Definitions-) Modul `Arithmetik` vor, dessen Operationen Berechnungen unter Berücksichtigung einer *Rechengenauigkeitskonstante* durchführen.

Weiter weisen wir auf die Möglichkeit hin, mit Hilfe des Moduls `QualityAssurance` (Band 1, Abschnitt 21.1) Vor- bzw. Nachbedingung von Operationen zur Laufzeit zu überprüfen.

```
DEFINITION MODULE (* -- FM *) Arithmetik;

  EXPORT QUALIFIED Similar, Smaller, Min, Max, Sqrt;

  PROCEDURE Similar (inZahl1, inZahl2 : REAL) : BOOLEAN;
  (* -- Vorbed.: keine
     -- Vergleich zweier Werte bzgl. einer konstanten Rechengenauigkeit
     -- CEpsilon. Bezeichne outGleich den booleschen Rueckgabeparameter.
     -- Nachbed.: outGleich <=> ABS (inZahl1 - inZahl2) <= CEpsilon  *)

  PROCEDURE Smaller (inKleineZahl, inGrosseZahl : REAL) : BOOLEAN;
  (* -- Vorbed.: keine
     -- "<"-Vergleich zweier Werte bzgl. einer konstanten Rechengenauigkeit
     -- CEpsilon. Bezeichne outKleiner den booleschen Rueckgabeparameter.
     -- Nachbed.: outKleiner <=> (inKleineZahl < inGrosseZahl)
     --            AND NOT Similar (inKleineZahl, inGrosseZahl)  *)

  PROCEDURE Min (inFeld : ARRAY OF REAL) : REAL;
  (* -- Vorbed.: keine
     -- Berechnet das Minimum der Feldelemente von inFeld
     -- Nachbed.: (Minimum = inFeld [j] fuer ein  0 <= j <= HIGH (inFeld))
     -- AND (Fuer alle 0 <= i <= HIGH (inFeld) gilt: Minimum <= inFeld [i] *)

  PROCEDURE Max (inFeld : ARRAY OF REAL) : REAL;
  (* -- Vorbed.: keine
     -- Berechnet das Maximum der Feldelemente von inFeld
     -- Nachbed.: (Maximum = inFeld [j] fuer ein  0 <= j <= HIGH (inFeld))
     --     AND (Fuer alle 0.0 <= i <= HIGH (inFeld) gilt: Maximum >= inFeld [i]
  *)

  PROCEDURE Sqrt (inZahl : REAL) : REAL;
  (* -- Vorbed.: inZahl >= 0.0
     -- Bezeichne root den reellen Rueckgabeparameter, dann gilt:
     -- Nachbed.: (Similar (inZahl, root * root)) and (root >= 0.0) *)

END Arithmetik.
```

Abb. 4.1.K3 Funktionsmodul Arithmetik.

Lösung zu Teilaufgabe a)

Abb. 4.1.L1 zeigt den Definitionsmodul Punkt. Im Implementationsmodul sind neben den ADT-Basisoperationen und einfachen Schreib- bzw. Leseoperationen auch die algorithmisch komplexere Operation Abstand zu realisieren. Hierbei stützen wir uns bei Berechnungen auf dem Modul Arithmetik ab. Die Prozeduren des Modul QualityAssurance importieren wir, um Vor- bzw. Nachbedingungen der realisierten Operationen kontrollieren zu können.

```
DEFINITION MODULE (* -- ADT *) Punkt;

  EXPORT QUALIFIED  TPunkt, Create, Dispose, Duplicate, IsEqual, Equalize,
                    LiesX, LiesY, SchreibX, SchreibY, Abstand;

  TYPE  TPunkt;

  PROCEDURE Create () : TPunkt;
  (*  -- Vorbed.: keine
      -- Generiert und initialisiert ein neues ADO outPkt
      -- Nachbed.: LiesX (outPkt) = LiesY (outPkt) = 0.0 *)

  PROCEDURE Dispose (VAR inoutPkt : TPunkt);
  (*  -- Vorbed.: keine
      -- Entfernt das ADO inoutPkt aus dem System
      -- Nachbed.: ADO inoutPkt existiert nicht mehr *)

  PROCEDURE Duplicate (inQuellPkt : TPunkt) : TPunkt;
  (*  -- Vorbed.: keine
      -- Erzeugt das RueckgabeADO outDuplikat und gleicht die
      -- Koordinatenwerte an die des inQuellPkt an.
      -- Nachbed.:IsEqual (outDuplikat, inQuellPkt)
      --          AND NOT (outDuplikat = inQuellPkt) *)

  PROCEDURE IsEqual (inPkt1, inPkt2 : TPunkt) : BOOLEAN;
  (*-- Vorbed.: keine
     -- Ueberprueft die beiden Objekte auf Wertegleichheit
     -- Nachbed.: keine *)

  PROCEDURE Equalize (inoutZielPkt, inQuellPkt : TPunkt);
  (*  -- Vorbed.: keine
      -- Gleicht die Koordinaten von inoutZielPkt an die von inQuellPkt an
      -- Nachbed.: IsEqual (inoutZielPkt_neu, inQuellPkt) *)

  PROCEDURE LiesX (inPkt : TPunkt) : REAL;
  (*  -- Vorbed.: keine
      -- Liefert die X-Koordinate von inPkt
      -- Nachbed.: keine *)

  PROCEDURE LiesY (inPkt : TPunkt) : REAL;
  (*  -- Vorbed.: keine
      -- Liefert die Y-Koordinate von inPkt
      -- Nachbed.: keine *)

  PROCEDURE SchreibX (inoutPkt : TPunkt; inXKoord : REAL);
  (*  -- Vorbed.: keine
      -- Ueberschreibt die X-Koordinate von inoutPkt
      -- Nachbed.: Arithmetik.Similar (LiesX (inoutPkt_neu), inXKoord) *)

  PROCEDURE SchreibY (inoutPkt : TPunkt; inYKoord : REAL);
  (*  -- Vorbed.: keine
      -- Ueberschreibt die Y-Koordinate von inoutPkt
      -- Nachbed.: Arithmetik.Similar (LiesY (inoutPkt), inYKoord) *)
```

```
      PROCEDURE Abstand (inPkt1, inPkt2 : TPunkt) : REAL;
      (* -- Vorbed.: keine
         -- Berechnet den euklidischen Abstand der Punkte inPkt1 und inPkt2.
         -- Bezeichne distance den reelen Rueckgabeparameter.
         -- Nachbed.:  Arithmetik.Similar (distance, 0.0)
         --                 <=> IsEqual (inPkt1, inPkt2) *)


   END Punkt.



   IMPLEMENTATION MODULE (* -- ADT *) Punkt;


      FROM Storage IMPORT ALLOCATE, DEALLOCATE;

      FROM SYSTEM IMPORT TSIZE;

      FROM QualityAssurance IMPORT Assert, Assume, JoinProc, LeaveProc;

      IMPORT Arithmetik;


      TYPE  TPunktDS  =    RECORD
                             XKoordinate,
                             YKoordinate : REAL
                           END;

           TPunkt   =    POINTER TO TPunktDS;


      PROCEDURE Create () : TPunkt;
      (* -- Erzeugt und initialisiert ein neues ADO Pkt *)
      VAR aktPkt : TPunkt;

      BEGIN
        JoinProc ("Punkt.Create");
        Assert (TRUE);
        ALLOCATE (aktPkt, TSIZE (TPunktDS));
        WITH aktPkt^ DO
           XKoordinate := 0.0;
           YKoordinate := 0.0
        END; (* WITH *)
        Assume (Arithmetik.Similar(aktPkt^.XKoordinate, 0.0)
                 AND Arithmetik.Similar(aktPkt^.YKoordinate, 0.0));
        LeaveProc ();
        RETURN aktPkt
      END Create;
```

```
    PROCEDURE Dispose (VAR inoutPkt : TPunkt);
    (*  -- Entfernt das ADO inoutPkt aus dem System *)
    BEGIN
      JoinProc ("Punkt.Dispose");
      Assert (TRUE);
      DEALLOCATE (inoutPkt, TSIZE (TPunktDS));
      inoutPkt := NIL;
      Assume (inoutPkt = NIL);
      LeaveProc ()
    END Dispose;

    PROCEDURE Duplicate (inQuellPkt : TPunkt) : TPunkt;
    (*  -- Erzeugt das Rueckgabe-ADO Duplikat und gleicht die
        -- Koordinatenwerte an die des inQuellPkt an. *)
    VAR Duplikat : TPunkt;
    BEGIN
      JoinProc ("Punkt.Duplicate");
      Assert (TRUE);
      Duplikat := Create ();
      Equalize (Duplikat, inQuellPkt);
      Assume (IsEqual (inQuellPkt, Duplikat) AND (inQuellPkt # Duplikat));
      LeaveProc ();
      RETURN Duplikat
    END Duplicate;

    PROCEDURE IsEqual (inPkt1, inPkt2 : TPunkt) : BOOLEAN;
    (*  -- Ueberprueft die beiden Punkte auf Wertegleichheit *)
    VAR equal : BOOLEAN;
    BEGIN
      JoinProc ("Punkt.IsEqual");
      Assert (TRUE);
      equal := Arithmetik.Similar (inPkt1^.XKoordinate, inPkt2^.XKoordinate)
          AND Arithmetik.Similar (inPkt1^.YKoordinate, inPkt2^.YKoordinate);
      Assume (TRUE);
      LeaveProc ();
      RETURN equal
    END IsEqual;

    PROCEDURE Equalize (inoutZielPkt, inQuellPkt : TPunkt);
    (*  -- Gleicht die Koordinaten von ZielPkt an die von QuellPkt an *)
    BEGIN
      JoinProc ("Punkt.Equalize");
      Assert (TRUE);
      WITH inoutZielPkt^ DO
          XKoordinate := inQuellPkt^.XKoordinate;
          YKoordinate := inQuellPkt^.YKoordinate
      END; (* WITH *)
      Assume (IsEqual (inQuellPkt, inoutZielPkt));
      LeaveProc ()
    END Equalize;
```

```
PROCEDURE LiesX (inPkt : TPunkt) : REAL;
(* -- Liefert die X-Koordinate von inPkt *)
VAR X : REAL;
BEGIN
  JoinProc ("Punkt.LiesX");
  Assert (TRUE);
  X:= inPkt^.XKoordinate;
  Assume (TRUE);
  LeaveProc ()
  RETURN X
END LiesX;

PROCEDURE LiesY (inPkt : TPunkt) : REAL;
VAR Y : REAL;
BEGIN
  JoinProc ("Punkt.LiesY");
  Assert (TRUE);
  Y:= inPkt^.YKoordinate;
  Assume (TRUE);
  LeaveProc ()
  RETURN Y
END LiesY;

PROCEDURE SchreibX (inoutPkt : TPunkt; inXKoord : REAL);
(* --Ueberschreibt die X-Koordinate von inoutPkt *)
BEGIN
  JoinProc ("Punkt.SchreibX");
  Assert (TRUE);
  inoutPkt^.XKoordinate := inXKoord;
  Assume (Arithmetik.Similar (inXKoord, LiesX (inoutPkt)));
  LeaveProc ()
END SchreibX;

PROCEDURE SchreibY (inoutPkt : TPunkt; inYKoord : REAL);
(* -- Ueberschreibt die Y-Koordinate des ADOs inoutPkt *)
BEGIN
  JoinProc ("Punkt.SchreibY");
  Assert (TRUE);
  inoutPkt^.YKoordinate := inYKoord;
  Assume (Arithmetik.Similar (inXKoord, LiesX (inoutPkt)));
  LeaveProc ()
END SchreibY;

PROCEDURE Abstand (inPkt1, inPkt2 : TPunkt) : REAL;
(* -- Berechnet den euklidischen Abstand der Punkte Pkt1 und Pkt2. *)
VAR XAbschnitt,
    YAbschnitt,          (* -- Achsenabschnitte *)
    distance    : REAL;
BEGIN
  JoinProc ("Punkt.Abstand");
  Assert (TRUE);
  XAbschnitt := LiesX (inPkt1) - LiesX (inPkt2);
```

```
    YAbschnitt := LiesY (inPkt1) - LiesY (inPkt2);
    distance := Arithmetik.Sqrt (XAbschnitt * XAbschnitt
                             + YAbschnitt * YAbschnitt);
    Assume  (Arithmetik.Similar (distance, 0.0)
             = IsEqual (inPkt1, inPkt2));
    LeaveProc ();
    RETURN distance
  END Abstand;

END Punkt.
```

Abb. 4.1.L1 Implementation des ADT-Moduls Punkt.

Beachten Sie, daß wir sowohl die ADT-Basisoperationen als auch die trivialen Prozeduren LiesX und LiesY bzw. SchreibX mit SchreibY mit einer Überprüfung der Vor- und Nachbedingungen implementiert haben. Es fällt dabei auf, daß die Verwendung des Moduls QualityAssurance in derart einfachen Fällen den Programmtext unnötig aufbläht und bei Berücksichtigung der Lesbarkeit des Quelltextes und der Effizienz der Prozedur eher kontraproduktiv erscheint, so daß auf die Verwendung bei trivialen Schreib-/ Leseoperationen sehr einfacher ADT-Moduln generell verzichtet werden sollte.

Lösung zu Teilaufgabe b)

Wie schon in Teilaufgabe (a) ergänzen wir wieder den Implementationsmodul Gerade durch seinen Definitionsmodul (Abb. 4.1.L2). Im Implementationsmodul sind neben den ADT-Basisoperationen Vergleichsoperationen und algorithmisch komplexere Operationen zu realisieren, einfache Schreib/Leseoperationen werden nicht angeboten. Der Import der Moduln Arithmetik und QualityAssurance erfolgt aus den selben Gründen wie in Teilaufgabe (a).

Eine Überprüfung der Vor- bzw. Nachbedingung mit Hilfe des Moduls QualityAssurance ist — anders als in Teilaufgabe (a) — bei einigen Prozeduren des Implementationsmoduls Gerade jedoch nur durch Implementation zusätzlicher Hilfsprozeduren möglich. Betrachten wir die Prozeduren Parallel und PunktAufGerade, so müssen wir feststellen, daß Hilfsprozeduren zur Kontrolle der Nachbedingung Alternativimplementierungen der Prozedur Parallel bzw. PunktAufGerade gleichkommen würden. Wir empfehlen, in solchen Fällen die Überprüfung der Nachbedingungen mit dem Testplan abzustimmen: Sieht dieser ohnehin einen Back To Back-Test der Prozedur vor, so können die Originalprozedur und ihre Variante im Rahmen der Nachbedingungsprüfung elegant gegeneinander getestet werden. Erscheint umgekehrt das Prüfen der Nachbedingung als wichtig, so sollte diese Prüfung als Back To Back-Test in den Testplan aufgenommen werden.

```
DEFINITION MODULE (* -- ADT *) Gerade;

   IMPORT Punkt;

   EXPORT QUALIFIED   TPunkt, TGerade, Create, Dispose, Duplicate, IsEqual,
                      Equalize, PunktAufGerade, Parallel, Schnittpunkt,
                      AbstandZumPunkt;

   TYPE  TGerade;
         TPunkt = Punkt.TPunkt;

   PROCEDURE Create (inPkt1, inPkt2 : TPunkt) : TGerade;
   (*-- Vorbed.: NOT Punkt.IsEqual (inPkt1, inPkt2)
      -- Erzeugt und initialisiert ein neues ADO outGerade
      -- Nachbed.:  PunktAufGerade (outGerade, inPkt1)
      --            AND PunktAufGerade (outGerade, inPkt2) *)

   PROCEDURE Dispose (VAR inoutGerade : TGerade);
   (*  -- Vorbed.: keine
       -- Entfernt das ADO inoutGerade aus dem System
       -- Nachbed.: ADO inoutGerade existiert nicht mehr *)

   PROCEDURE Duplicate (inQuellGerade : TGerade) : TGerade;
   (*  -- Vorbed.: keine
       -- Erzeugt das RueckgabeADO outDuplikat und gleicht die
       -- Attribute an die von inQuellGerade an.
       -- Nachbed.:  IsEqual (outDuplikat, inQuellGerade)
       --            AND NOT (outDuplikat = inQuellGerade) *)

   PROCEDURE IsEqual (inGerade1, inGerade2 : TGerade) : BOOLEAN;
   (*  -- Vorbed.: keine
       -- Ueberprueft die beiden Geraden auf Wertegleichheit
       -- Nachbed.: keine *)

   PROCEDURE Equalize (inoutZielGerade, inQuellGerade : TGerade);
   (*  -- Vorbed.: keine
       -- Gleicht die Koordinatenwerte von inoutZielGerade an die von
       -- inQuellGerade an
       -- Nachbed.: IsEqual (inQuellGerade , inoutZielGerade_neu) *)

   PROCEDURE PunktAufGerade (inGerade : TGerade; inPkt : TPunkt) : BOOLEAN;
   (*  -- Vorbed.: keine
       -- Prueft, ob inPkt ein Punkt von inGerade ist. Bezeichne result den
       -- booleschen Rueckgabeparameter, dann gilt:
       -- Nachbed.: result <=> inPkt IN inGerade *)

   PROCEDURE Parallel (inGerade1, inGerade2 : TGerade) : BOOLEAN;
   (*  -- Vorbed.: keine
       -- Prueft, ob inGerade1 parallel zu inGerade2 ist.
       -- Bezeichne result den booleschen Rueckgabeparameter, dann gilt:
       -- Nachbed.: result <=> inGerade1 || inGerade2 *)
```

```
PROCEDURE Schnittpunkt (inGerade1, inGerade2 : TGerade) : TPunkt;
(*  -- Vorbed.: NOT Parallel (inGerade1, inGerade2)
    -- Berechnet den Schnittpunkt outPkt der beiden GeradenADOs
    -- inGerade1, inGerade2
    -- Nachbed.:  PunktAufGerade (inGerade1, outPkt)
    --            AND PunktAufGerade (inGerade2, outPkt) *)

PROCEDURE AbstandZumPunkt (inGerade : TGerade; inPkt : TPunkt) : REAL;
(*  -- Vorbed.: keine
    -- Berechnet den euklidischen Abstand zwischen inPkt und inGerade.
    -- Bezeichne distance den reellen Rueckgabeparameter, dann gilt:
    -- Nachbed.:  Arithmetik.Similar (distance, 0.0)
    --            <=> PunktAufGerade (inGerade, inPkt) *)

END Gerade.
```

```
IMPLEMENTATION MODULE (* -- ADT *) Gerade;

  FROM Storage IMPORT ALLOCATE, DEALLOCATE;
  FROM SYSTEM IMPORT TSIZE;
  FROM QualityAssurance IMPORT Assert, Assume, JoinProc, LeaveProc;

  IMPORT Arithmetik;
  IMPORT Punkt;

  TYPE TGeradeDS   =   RECORD
                         CASE ParallelZurYAchse : BOOLEAN OF
                            TRUE  : ConstX;
                          | FALSE : m,
                                    c   : REAL;
                         ELSE
                         END (* CASE *)
                       END;

       TGerade     =   POINTER TO TGeradeDS;

  PROCEDURE Create (inPkt1, inPkt2 : TPunkt) : TGerade;
  (*  -- Erzeugt und initialisiert ein neues ADO Gerade *)
  VAR   aktGerade         : TGerade;
        XAchsenabschnitt,
        YAchsenabschnitt  : REAL;
  BEGIN
    JoinProc ("Gerade.Create");
    Assert (NOT Punkt.IsEqual (inPkt1, inPkt2));
    ALLOCATE (aktGerade, TSIZE (TGeradeDS));
    WITH aktGerade^ DO
      IF Arithmetik.Similar (Punkt.LiesX (inPkt1),
                             Punkt.LiesX (inPkt2)) THEN
        ParallelZurYAchse := TRUE;
        ConstX := Punkt.LiesX (inPkt1)
      ELSE
        ParallelZurYAchse := FALSE;
```

```
            XAchsenabschnitt := Punkt.LiesX (inPkt1) - Punkt.LiesX (inPkt2);
            YAchsenabschnitt := Punkt.LiesY (inPkt1) - Punkt.LiesY (inPkt2);
            m := YAchsenabschnitt / XAchsenabschnitt;
            c := Punkt.LiesY (inPkt1) - (m * Punkt.LiesX (inPkt1))
        END (* IF *)
      END; (* WITH *)
      Assume  (PunktAufGerade (aktGerade, inPkt1)
              AND PunktAufGerade (aktGerade, inPkt2));
      LeaveProc ();
      RETURN aktGerade
    END Create;

    PROCEDURE Dispose (VAR inoutGerade : TGerade);
    (* -- Entfernt das GeradenADO aus dem System *)
    BEGIN
      JoinProc ("Gerade.Dispose");
      Assert (TRUE);
      DEALLOCATE (inoutGerade, TSIZE (TGeradeDS));
      inoutGerade := NIL;
      Assume (inoutGerade = NIL);
      LeaveProc ()
    END Dispose;

    PROCEDURE Duplicate (inQuellGerade : TGerade) : TGerade;
    (* -- Erzeugt das RueckgabeADO Duplikat und gleicht die
       -- Attribute an die von inQuellGerade an. *)
    VAR Duplikat : TGerade;
    BEGIN
      JoinProc ("Gerade.Duplicate");
      Assert (TRUE);
      ALLOCATE (Duplikat, TSIZE (TGeradeDS));
      Duplikat^ := inQuellGerade^;
      Assume (IsEqual (inQuellGerade, Duplikat)
                  AND (inQuellGerade # Duplikat));
      LeaveProc ();
      RETURN Duplikat
    END Duplicate;

    PROCEDURE IsEqual (inGerade1, inGerade2 : TGerade) : BOOLEAN;
    (* -- Ueberprueft die beiden Geraden auf Wertegleichheit *)
    VAR gleich : BOOLEAN;
    BEGIN
      JoinProc ("Gerade.IsEqual");
      Assert (TRUE);
      IF inGerade1^.ParallelZurYAchse = inGerade2^.ParallelZurYAchse THEN
        IF inGerade1^.ParallelZurYAchse THEN
          gleich := Arithmetik.Similar (inGerade1^.ConstX, inGerade2^.ConstX)
        ELSE
          gleich := Arithmetik.Similar (inGerade1^.m, inGerade2^.m)
                    AND Arithmetik.Similar (inGerade1^.c, inGerade2^.c)
        END; (* IF *)
      ELSE
```

```
        gleich := FALSE
    END; (* IF *)
    Assume (TRUE);
    LeaveProc ();
    RETURN gleich
END IsEqual;

PROCEDURE Equalize (inoutZielGerade, inQuellGerade : TGerade);
(*  -- Gleicht die Koordinatenwerte von inoutZielGerade an die von
    -- inQuellGerade an *)
BEGIN
  JoinProc ("Gerade.Equalize");
  Assert (TRUE);
  inoutZielGerade^ := inQuellGerade^;
  Assume (IsEqual (inQuellGerade, inoutZielGerade));
  LeaveProc ()
END Equalize;

PROCEDURE PunktAufGerade (inGerade : TGerade; inPkt : TPunkt) : BOOLEAN;
(*  -- Prueft, ob der uebergebene Punkt ein Punkt der Geraden ist. *)
VAR onLine: BOOLEAN;
BEGIN
  JoinProc ("Gerade.PunktAufGerade");
  Assert (TRUE);
  WITH inGerade^ DO
    IF ParallelZurYAchse THEN
      onLine := Arithmetik.Similar (Punkt.LiesX (inPkt), ConstX)
    ELSE
      onLine := Arithmetik.Similar (Punkt.LiesY (inPkt),
                                    m * Punkt.LiesX (inPkt) + c
    END (* IF*)
  END; (* WITH *)
  Assume (TRUE); (* -- aufDerGerade <-> Pkt IN Gerade *)
  LeaveProc ();
  RETURN onLine
END PunktAufGerade;

PROCEDURE Parallel (inGerade1, inGerade2 : TGerade) : BOOLEAN;
(*  -- Prueft, ob inGerade1 parallel inGerade1 ist. *)
VAR result : BOOLEAN;
BEGIN
  JoinProc ("Gerade.Parallel");
  Assert (TRUE);
  IF inGerade1^.ParallelZurYAchse OR inGerade2^.ParallelZurYAchse THEN
    result := inGerade1^.ParallelZurYAchse
                  AND inGerade2^.ParallelZurYAchse
  ELSE
    result := Arithmetik.Similar (inGerade1^.m, inGerade2^.m)
  END; (* IF *)
  Assume (TRUE); (* -- result <-> Gerade1 || Gerade2 *)
  LeaveProc ();
  RETURN result
END Parallel;
```

```
PROCEDURE Schnittpunkt (inGerade1, inGerade2 : TGerade) : TPunkt;
(* -- Berechnet den Schnittpunkt Pkt der beiden Geraden  *)
VAR XKoord,
    YKoord    : REAL;
    SchnittPkt : TPunkt;
BEGIN
  JoinProc ("Gerade.Schnittpunkt");
  Assert (NOT Parallel (inGerade1, inGerade2));
  IF inGerade1^.ParallelZurYAchse THEN
    (* -- mit Vorbed. gilt: inGerade2 not|| YAchse *)
    XKoord := inGerade1^.ConstX;
    WITH inGerade2^ DO
      YKoord := m * XKoord + c
    END (* WITH *)
  ELSIF inGerade2^.ParallelZurYAchse THEN
    (* -- mit Vorbed. gilt: inGerade1 not|| YAchse *)
    XKoord := inGerade2^.ConstX;
    WITH inGerade1^ DO
      YKoord := m * XKoord + c
    END (* WITH *)
  ELSE (* -- mit Vorbed. gilt:  inGerade1^.m - inGerade2^.m # 0 *)
    XKoord := ( inGerade2^.c - inGerade1^.c)
                 / (inGerade1^.m - inGerade2^.m);
    WITH inGerade1^ DO
      YKoord := m * XKoord + c
    END (* WITH *)
  END; (* IF *)
  SchnittPkt := Punkt.Create ();
  Punkt.SchreibX (SchnittPkt, XKoord);
  Punkt.SchreibY (SchnittPkt, YKoord);
  Assume (PunktAufGerade (inGerade1, SchnittPkt)
             AND PunktAufGerade (inGerade2, SchnittPkt));
  LeaveProc ();
  RETURN SchnittPkt
END Schnittpunkt;

PROCEDURE AbstandZumPunkt (inGerade : TGerade; inPkt : TPunkt) : REAL;
(* -- Berechnet den euklidischen Abstand zwischen inPkt und inGerade *)
VAR LotPkt : TPunkt;
    distance : REAL;
BEGIN
  JoinProc ("Gerade.AbstandZumPunkt");
  Assert (TRUE);
  LotPkt := BerechneLotPkt (inGerade, inPkt);
  distance := Punkt.Abstand (LotPkt, inPkt);
  Punkt.Dispose (LotPkt);
  Assume (Arithmetik.Similar (distance, 0.0)
             = PunktAufGerade (inGerade, inPkt));
  LeaveProc ();
  RETURN distance
END AbstandZumPunkt;
```

```
(*  -------------------------------------------------------------------
    -- interne Hilfsprozedur
    -------------------------------------------------------------------*)

PROCEDURE BerechneLotPkt (inGerade : TGerade; inPkt : TPunkt) : TPunkt;
(*  -- Berechnung des Lotfusspunktes von inPkt auf inGerade. Dazu wird
    -- die Geradengleichung fuer die Senkrechte g1 durch inPkt
    -- berechnet:
    --      g1: y = mLot * x + cLot,
    -- mit cLot = inPkt.YKoord - mLot * inPkt.XKoord
    -- Der Lotfusspunkt ist der Schnittpunkt von g1 und inGerade. *)
VAR Senkrechte  : TGerade;
    LotPkt      : TPunkt;
BEGIN
  JoinProc ("Gerade.BerechneLotPkt");
  Assert (TRUE);
  ALLOCATE (Senkrechte, TSIZE (TGeradeDS));
  WITH Senkrechte^ DO
    IF inGerade^.ParallelZurYAchse THEN
      (* -- Senkrechte ist parallel zur X-Achse *)
      ParallelZurYAchse := FALSE;
      m := 0.0;
      c := Punkt.LiesY (inPkt)
    ELSIF Arithmetik.Similar(inGerade^.m, 0.0) THEN
      (*  -- inGerade ist parallel zur X-Achse
          -- -> Senkrechte ist parallel zur Y-Achse *)
      ParallelZurYAchse := TRUE;
      ConstX := Punkt.LiesX (inPkt)
    ELSE
      (*  -- jetzt gilt bei Orthogonalitaet zweier Geraden:
          -- 1.0 + inGerade^.m * Senkrechte^.m = 0.0 *)
      ParallelZurYAchse := FALSE;
      m := - 1.0 / inGerade^.m;
      c := Punkt.LiesY (inPkt) - m * Punkt.LiesX (inPkt)
    END (* IF *)
  END; (* WITH *)
  LotPkt := Schnittpunkt (inGerade, Senkrechte);
  Dispose (Senkrechte);
  Assume (PunktAufGerade (inGerade, LotPkt));
  LeaveProc ();
  RETURN LotPkt
END BerechneLotPkt;
END Gerade.
```

Abb. 4.1.L2 Implementation des ADT-Moduls Gerade.

Lösung zu Teilaufgabe c)

Auch beim Implementieren des ADT-Moduls Dreieck hilft uns der Modul QualityAssurance aufgrund seiner eingeschränkten Möglichkeiten nur begrenzt bei der Überprüfung
der Vor- und Nachbedingungen. Zur vollständigen Kontrolle der Vor- und Nachbedingungen
müßten hier sogar weitere Prozeduren ergänzt werden. Wir zeigen dies am Beispiel der Operation Kollinear (Abb. 4.1.L3).

```
DEFINITION MODULE   (* -- ADT *) Dreieck;

  IMPORT Punkt, Gerade;

  EXPORT QUALIFIED  TDreieck, TGerade, TPunkt,
                    Create, Dispose, Duplicate, IsEqual, Equalize,
                    Eckpunkte, Umfang, Flaeche, Schwerpunkt,
                    AbstandZurGeraden;

  TYPE  TDreieck;
        TPunkt    - Punkt.TPunkt;
        TGerade   - Gerade.TGerade;

  PROCEDURE Create (inPkt1, inPkt2, inPkt3 : TPunkt) : TDreieck;
  (* -- Vorbed.: Pkt1, Pkt2 und Pkt3 sind linearunabhangig
     -- Erzeugt und initialisiert ein neues ADO Dreieck
     -- Nachbed.: ADO Dreieck existiert *)

  PROCEDURE Dispose (VAR inoutDR : TDreieck);
  (* -- Vorbed.: keine
     -- Entfernt das ADO Dreieck aus dem System
     -- Nachbed.: ADO Dreieck existiert nicht mehr *)

  PROCEDURE Duplicate (inQuellDR : TDreieck) : TDreieck;
  (* -- Vorbed.: keine
     -- Erzeugt das RueckgabeADO DuplikatDR und gleicht die
     -- Attribute an die von inQuellDR an.
     -- Nachbed.:  IsEqual (DuplikatDR, inQuellDR)
     --            AND NOT (DuplikatDR - inQuellDR) *)

  PROCEDURE IsEqual (inDR1, inDR2 : TDreieck) : BOOLEAN;
  (* -- Vorbed.: keine
     -- Ueberprueft die beiden Dreiecke auf Zustands- und Wertegleichheit
     -- Nachbed.: keine *)

  PROCEDURE Equalize (inoutZielDR, inQuellDR : TDreieck);
  (* -- Vorbed.: keine
     -- Gleicht die Attribute von ZielDreieck an die von QuellDreieck an,
     -- wobei die Identitaet der ADOs nicht veraendert wird
     -- Nachbed.: IsEqual (inoutZielDR , inQuellDR) *)

  PROCEDURE Umfang (inDR : TDreieck) : REAL;
  (* -- Vorbed.: keine
     -- Berechnet den Umfang von inDR
     -- Nachbed.: Arithmetik.Smaller (0.0, Umfang) *)
```

```
PROCEDURE Eckpunkte (inDR : TDreieck;
                     VAR outPkt1, outPkt2, outPkt3 : TPunkt);
(*  -- Vorbed.: keine
    -- Liefert die drei Eckpunkte des Dreiecks
    -- Nachbed.: outPkt1, outPkt2 und outPkt3 sind linearunabhaengig; *)

PROCEDURE Flaeche (inDR : TDreieck) : REAL;
(*  -- Vorbed.: keine
    -- Berechnet die Flaeche von inDR
    -- Nachbed.: Arithmetik.Smaller (0.0, Flaeche); *)

PROCEDURE Schwerpunkt (inDR : TDreieck) : TPunkt;
(*  -- Vorbed.: keine
    -- Berechnet den Schwerpunkt von inDR
    -- Nachbed.: keine; *)

PROCEDURE AbstandZurGeraden (inDR    : TDreieck;
                            inGerade : TGerade) : REAL;
(*  -- Vorbed.: inGerade ausserhalb inDR
    -- Berechnet den minimalen Abstand zwischen inGerade und inDR
    -- Nachbed.: keine; *)

END Dreieck.


IMPLEMENTATION MODULE (* -- ADT *) Dreieck;

FROM Storage IMPORT ALLOCATE, DEALLOCATE;

FROM SYSTEM IMPORT TSIZE;

FROM QualityAssurance IMPORT Assert, Assume, JoinProc, LeaveProc;

IMPORT Punkt, Gerade, Arithmetik;

TYPE  TDreieckDS  =  RECORD
                        Eckpunkt : RECORD
                                     A, B, C : TPunkt
                                   END;
                        Seite    : RECORD
                                     AB, BC, CA : TGerade
                                   END
                     END;

      TDreieck  =  POINTER TO TDreieckDS;

PROCEDURE Create (inPktA, inPktB, inPktC : TPunkt) : TDreieck;
(*  -- Erzeugt und initialisiert ein neues ADO Dreieck *)
VAR aktDreieck : TDreieck;
BEGIN
  JoinProc ("Dreieck.Create");
  Assert (NOT Kollinear(inPktA, inPktB, inPktC));
  ALLOCATE (aktDreieck, TSIZE (TDreieckDS));
```

```
      WITH aktDreieck^ DO
        Eckpunkt.A := Punkt.Duplicate (inPktA);
        Eckpunkt.B := Punkt.Duplicate (inPktB);
        Eckpunkt.C := Punkt.Duplicate (inPktC);
        Seite.AB := Gerade.Create (Eckpunkt.A, Eckpunkt.B);
        Seite.BC := Gerade.Create (Eckpunkt.B, Eckpunkt.C);
        Seite.CA := Gerade.Create (Eckpunkt.C, Eckpunkt.A);
      END; (* WITH *)
      Assume (aktDreieck # NIL);
      LeaveProc ();
      RETURN aktDreieck
    END Create;

    PROCEDURE Dispose (VAR inoutDR : TDreieck);
    (* -- Entfernt das ADO Dreieck aus dem System *)
    BEGIN
      JoinProc ("Dreieck.Dispose");
      Assert (TRUE);
      WITH inoutDR^ DO
        Punkt.Dispose (Eckpunkt.A);
        Punkt.Dispose (Eckpunkt.B);
        Punkt.Dispose (Eckpunkt.C);
        Gerade.Dispose (Seite.AB);
        Gerade.Dispose (Seite.BC);
        Gerade.Dispose (Seite.CA)
      END; (* WITH *)
      DEALLOCATE (inoutDR, TSIZE (TDreieckDS));
      inoutDR := NIL;
      Assume (inoutDR = NIL);
      LeaveProc ()
    END Dispose;

    PROCEDURE Duplicate (inQuellDR : TDreieck) : TDreieck;
    (* -- Erzeugt das RueckgabeADO DuplikatDR und gleicht die
       -- Attribute an die von inQuellDR an. *)
    VAR DuplikatDR : TDreieck;
    BEGIN
      JoinProc ("Dreieck.Duplicate");
      Assert (TRUE);
      WITH inQuellDR^.Eckpunkt DO
        DuplikatDR := Create (A, B, C)
      END; (* WITH *)
      Assume (IsEqual (inQuellDR, DuplikatDR) AND (inQuellDR # DuplikatDR));
      LeaveProc ();
      RETURN DuplikatDR
    END Duplicate;
```

```
    PROCEDURE IsEqual (inDR1, inDR2 : TDreieck) : BOOLEAN;
    (*  -- Ueberprueft die beiden Dreiecke auf Werte- und
        -- Zustandsgleichheit *)
    VAR gleich : BOOLEAN;
    BEGIN
      gleich := Punkt.IsEqual (inDR1^.Eckpunkt.A, inDR2^.Eckpunkt.A)
                AND Punkt.IsEqual (inDR1^.Eckpunkt.B, inDR2^.Eckpunkt.B)
                AND Punkt.IsEqual (inDR1^.Eckpunkt.C, inDR2^.Eckpunkt.C);
      RETURN gleich
    END IsEqual;

    PROCEDURE Equalize (inoutZielDR, inQuellDR : TDreieck);
    (*  -- Gleicht die Attribute von inoutZielDR an die von inQuellDR an *)
    BEGIN
      JoinProc ("Dreieck.Equalize");
      Assert (TRUE);
      WITH inoutZielDR^ DO
        Punkt.Equalize (Eckpunkt.A, inQuellDR^.Eckpunkt.A);
        Punkt.Equalize (Eckpunkt.B, inQuellDR^.Eckpunkt.B);
        Punkt.Equalize (Eckpunkt.C, inQuellDR^.Eckpunkt.C);
        Gerade.Equalize (Seite.AB, inQuellDR^.Seite.AB);
        Gerade.Equalize (Seite.BC, inQuellDR^.Seite.BC);
        Gerade.Equalize (Seite.CA, inQuellDR^.Seite.CA)
      END; (* WITH *)
      Assume (IsEqual (inoutZielDR, inQuellDR));
      LeaveProc ()
    END Equalize;

    PROCEDURE Eckpunkte (inDR : TDreieck;
                         VAR outPktA, outPktB, outPktC : TPunkt);
    (* -- Liefert die drei Eckpunkte des Dreiecks *)
    BEGIN
      JoinProc ("Dreieck.Eckpunkte");
      Assert (TRUE);
      WITH inDR^ DO
        outPktA := Punkt.Duplicate (Eckpunkt.A);
        outPktB := Punkt.Duplicate (Eckpunkt.B);
        outPktC := Punkt.Duplicate (Eckpunkt.C)
      END; (* WITH *)
      Assume (NOT Kollinear(outPktA, outPktB, outPktC));
      LeaveProc ()
    END Eckpunkte;

    PROCEDURE Umfang (inDR : TDreieck) : REAL;
    (*  -- Berechnet den Umfang des Dreiecks *)
    VAR Gesamtlaenge : REAL;
    BEGIN
      JoinProc ("Dreieck.Umfang");
      Assert (TRUE);
      WITH inDR^.Eckpunkt DO
        (* -- Gesamtlaenge - Summe der Seitenlaengen AB, BC und CA *)
```

```
            Gesamtlaenge := Punkt.Abstand (A, B)
                           + Punkt.Abstand (B, C)
                           + Punkt.Abstand (C, A)
        END; (* WITH *)
        Assume (Arithmetik.Smaller (0.0, Gesamtlaenge));
        LeaveProc ();
        RETURN Gesamtlaenge
    END Umfang;

    PROCEDURE Flaeche (inDR : TDreieck) : REAL;
    (* -- Berechnet die Flaeche des Dreiecks *)
    VAR area : REAL;
    BEGIN
        JoinProc ("Dreieck.Flaeche");
        Assert (TRUE);
        WITH inDR^ DO
          (* -- Dreiecksflaeche - 1/2 Grundseite * Hoehe *)
          area := 0.5
                    * Punkt.Abstand (Eckpunkt.A, Eckpunkt.B)
                    * Gerade.AbstandZumPunkt (Seite.AB, Eckpunkt.C);
        END; (* WITH *)
        Assume (Arithmetik.Smaller (0.0, area));
        LeaveProc ();
        RETURN area
    END Flaeche;

    PROCEDURE Schwerpunkt (inDR : TDreieck) : TPunkt;
    (* -- Berechnet den Schwerpunkt des Dreiecks *)
    VAR  XKoord,
         YKoord       : REAL;
         SchwerPkt    : TPunkt;
    BEGIN
        JoinProc ("Dreieck.Schwerpunkt");
        Assert (TRUE);
        (* -- Der Schwerpkt teilt die Seitenhalbierenden im Verhaeltnis 1:2;
           -- Mit Hilfe der Vektorrechnung gilt:
           -- SchnittPkt= A + 2/3 ((B-A) + (C-B)/2) = (A + B + C)/3 *)
        WITH inDR^.Eckpunkt DO
          XKoord := (Punkt.LiesX (A) + Punkt.LiesX (B) + Punkt.LiesX (C))
                    / 3.0;
          YKoord := (Punkt.LiesY (A) + Punkt.LiesY (B) + Punkt.LiesY (C))
                    / 3.0
        END; (* WITH *)
        SchwerPkt := Punkt.Create ();
        Punkt.SchreibX (SchwerPkt, XKoord);
        Punkt.SchreibY (SchwerPkt, YKoord);
        Assume (TRUE); (* -- SchwerPkt - (A + B + C)/3 *)
        LeaveProc ();
        RETURN SchwerPkt
    END Schwerpunkt;
```

```
PROCEDURE AbstandZurGeraden    (inDR    : TDreieck;
                                inGerade : TGerade) : REAL;
(* -- Berechnet den minimalen Abstand von inGerade zum Dreieck inDR *)
VAR Abstaende : ARRAY [0..2] OF REAL;
    distance  : REAL;
BEGIN
  JoinProc ("Dreieck.AbstandZurGeraden");
  (* -- "inGerade ausserhalb inDR" wird nicht ueberprueft *)
  Assert (TRUE);
  WITH inDR^.Eckpunkt DO
    Abstaende [0] := Gerade.AbstandZumPunkt (inGerade, A);
    Abstaende [1] := Gerade.AbstandZumPunkt (inGerade, B);
    Abstaende [2] := Gerade.AbstandZumPunkt (inGerade, C)
  END; (* WITH *)
  distance := Arithmetik.Min (Abstaende);
  Assume (TRUE);
  LeaveProc ();
  RETURN distance
END AbstandZurGeraden;

(* -------------------------------------------------------------------
   -- interne Hilfsprozedur
   -----------------------------------------------------------------*)
PROCEDURE Kollinear (inPkt1, inPkt2, inPkt3 : TPunkt) : BOOLEAN;
(* -- Test, ob inPkt1, inPkt2 und inPkt2 linearabhaengig sind *)
VAR linearabhaengig : BOOLEAN;
    HilfsGerade     : TGerade;
BEGIN
  JoinProc ("Dreieck.Kollinear");
  Assert (TRUE);
  IF Punkt.IsEqual (inPkt1, inPkt2) THEN
    linearabhaengig := TRUE
  ELSE
    HilfsGerade := Gerade.Create (inPkt1, inPkt2);
    linearabhaengig := Gerade.PunktAufGerade (HilfsGerade, inPkt3);
    Gerade.Dispose (HilfsGerade)
  END; (* IF *)
  Assume (TRUE);
  LeaveProc ();
  RETURN linearabhaengig
END Kollinear;

END Dreieck.
```

Abb. 4.1.L3 Implementation des ADT-Moduls Dreieck.

Lösung zu Teilaufgabe d)

Abb. 4.1.L4 stellt die Benutzungs- bzw. Importbeziehungen der ADT-Moduln Punkt, Gerade und Dreieck gemäß der Importe ihrer Modula-2 Definitions- und Implementationsmoduln dar. Die Bibliotheksmoduln Arithmetik und QualityAssurance sowie die zugehörigen Benutzungsbeziehungen sind zur Unterscheidung gestrichelt gezeichnet.

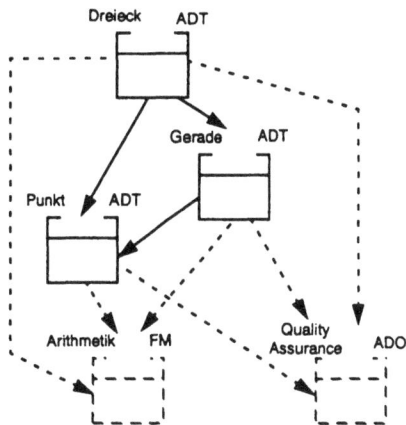

Abb. 4.1.L4 Komponentengraph.

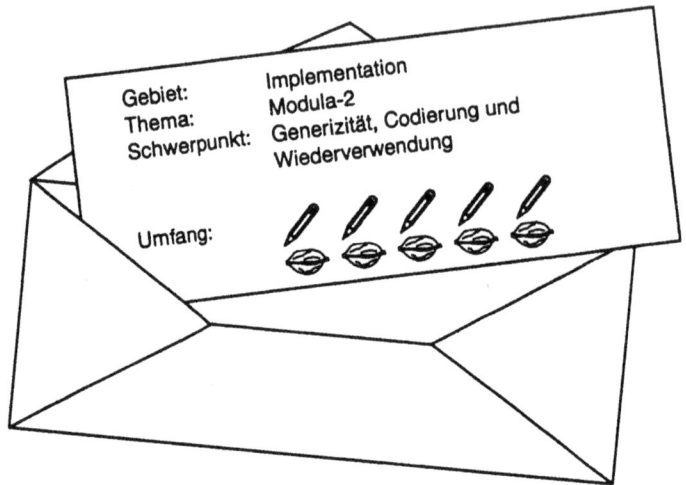

Gebiet: Implementation
Thema: Modula-2
Schwerpunkt: Generizität, Codierung und Wiederverwendung

Umfang:

Aufgabe 4.2

Suchoperation

Die generische Objektliste aus Abb. 2.3.K2 exportiert bislang nur die Suchoperation Search, die feststellt, ob die Liste ein gemäß der Basisoperation IsEqual gleiches Objekt enthält. Im Mittelpunkt dieser Aufgabe steht die Erweiterung der Basisfunktionalität der Objektliste um die generische Suchoperation SearchNext (Abb. 4.2.K1).

Das Suchkriterium der Operation SearchNext wird mit Hilfe der formalen Parameter inCriterium und inCompareObj definiert. Die Operation SearchNext bestimmt — ausgehend von der aktuellen Listenposition — das nächste Objekt, das mit dem übergegebenen Objekt inCompareObj bzgl. der Vergleichsoperation inCriterium übereinstimmt.

a)   Ergänzen Sie den Modula-2 Implementationsmodul Objektliste und implementieren Sie die Prozedur SearchNext.

b)   Verwenden Sie den in Aufgabe 4.1 implementierten ADT-Modul Punkt. Leiten Sie aus dem in (a) erweiterten Definitionsmodul Objektliste den Implementationsmodul Punktliste ab. Beschränken Sie sich hierbei auf die Codefragmente, welche die Prozedur SearchNext betreffen.

c)   Der ADT-Modul Ebene sei ein Behälter für zwei-dimensionale Punkte. Neben den Operationen der Punktliste aus (b) bietet der Modul weitere geometrische Operationen an wie die Operation NoOfCollinearPoints (Abb. 4.2.K2), welche die Anzahl der zu einem Referenzpunkt kollinearer (auf der Geraden durch Referenzpunkt und Ursprung liegender) Punkte der Ebene ermittelt.

Verwenden Sie Ihre Ergebnisse aus Aufgabe 4.1 und Teilaufgabe (b) und leiten Sie den Implementationsmodul Ebene aus den Moduln Punkt und Punktliste ab. Implementieren Sie ferner die vom ADT-Modul Ebene exportierte Prozedur NoOf-CollinearPoints unter Verwendung der Prozedur SearchNext und geben Sie ggf. weitere zur Realisierung dieser Prozedur implementierte Hilfsprozeduren an.

Vorarbeiten

Häufig sind Listen sequentiell nach einem oder allen Objekt(en) zu durchsuchen, die bezogen auf ein vorgegebenes Referenzobjekt bestimmte Eigenschaften wie identische Attributwerte besitzen. Die bisherige Exportschnittstelle der generischen Objektliste bietet zu diesem Zweck die Prozeduren StepNext und Current an, mit denen die Objekte nacheinander ausgelesen und bzgl. des Suchkriteriums mit dem Referenzobjekt verglichen werden können. Offensichtlich besitzt diese Form der „externen Suche" zwei gravierende Nachteile: Zum einen entstehen durch die wiederholte Codierung von sequentiellen Listendurchläufen Redundanzen im Quellcode. Zum anderen ist die Suche weder elegant noch effizient, da neben vielen Prozeduraufrufen auch nicht direkt auf den Listenobjekten operieren werden kann, sondern zunächst Kopien der Listenobjekte erzeugt werden müssen. Es ist daher sinnvoll eine Operation anzubieten, die in Abhängigkeit von einem Referenzobjekt und einem Suchkriterium die Liste intern nach dem nächsten Objekt durchsucht, das die gewünschte Eigenschaft besitzt. Die entsprechende Operation sollte dabei so flexibel sein, daß das Suchkriterium nicht fest in ihr verdrahtet ist, sondern stattdessen als boolesche Funktionsprozedur übergeben wird. Abb. 4.2.K1 zeigt den Ausschnitt des (erweiterten) Modula-2 Definitionsmoduls Objektliste, aus dem die Signatur und Semantik der Operation SearchNext hervorgeht.

```
DEFINITION MODULE Objektliste;

   IMPORT GENERIC;

   EXPORT QUALIFIED    TObjektliste, Create, Dispose, OffStart, OffEnd,
                       IsEmpty, IsFull, Current, Insert, Append, Delete,
                       Search, GoStart, GoEnd, StepNext, StepBack,
                       SearchNext;

   TYPE  TObjektliste;
         TObjektreferenz = GENERIC.TObjektreferenz;

   PROCEDURE Create  (inDisposeObjekt   : GENERIC.TDisposeObjekt;
                      inDuplicateObjekt : GENERIC.TDuplicateObjekt;
                      inEqualizeObjekt  : GENERIC.TEqualizeObjekt;
                      inIsEqualObjekt   : GENERIC.TIsEqualObjekt
                      ) : TObjektliste;
      ...
```

```
PROCEDURE SearchNext  (inoutOL      : TObjektliste;
                       inCompareObj : TObjektreferenz;
                       inCriterium  : GENERIC.TIsEqualObjekt
                      ) : BOOLEAN;
(*-- Vorbed.: inCompareObj und der abstrakte Datentyp des ersten Einga-
    --        beparametern von inCriterium stimmen ueberein. Der Daten-
    --        typ der von inoutOL verwalteten Objekte und des zweiten
    --        Eingabeparametern von inCriterium stimmen ueberein.
    -- Sucht ausgehend von pos+1 nach dem ersten Objekt, zu dem die
    -- boolesche Operation inCriterium zusammen mit inCompareObj TRUE
    -- liefert. Wird ein solches Objekt gefunden, ist dort die aktuelle
    -- Position; sonst OffEnd;
    -- Die generische Operation inCriterium beschreibt eine Vergleichs-
    -- operation, die folgendermaßen aufgebaut sein muß:
    --   PROCEDURE inCriterium (inCompareObj : TObjektreferenz,
    --                          inObject     : TObjektreferenz) : BOOLEAN;
    -- wobei inCompareObj mit dem gleichnamigen Eingabeparameter von
    -- SearchNext identisch sein muß.
    -- Bezeichne found den booleschen Rueckgabeparameter; dann gilt:
    -- Nachbed.: (found -> (pos_neu < pos_alt) AND NOT OffEnd (inoutOL))
    --            AND (NOT found -> OffEnd (inoutOL)) *)
  ...
END Objektliste.
```

Abb. 4.2.K1 Auszug aus dem erweiterten Definitionsmodul Objektliste.

Bei der Instantiierung der erweiterten Objektliste stellt die Operation SearchNext eine Besonderheit dar, da sie nur indirekt (über das generische Suchkriterium) von dem aktuellen generischen Parameter abhängt. Daher brauchen die beiden generischen Parameter inCompareObj und inCriterium bei der Prozedurdefinition nicht mit einem Datentypen bzw. einer Vergleichsoperation belegt zu werden. Der instantiierte Modul ist bezogen auf die Operation SearchNext weiterhin generisch und die Operation kann erst benutzt werden, wenn der benutzende Modul sie geeignet instantiiert. Zu diesem Zweck muß er zusätzliche Vergleichsprozeduren definieren, mit denen die Prozedur SearchNext dann aufgerufen wird.

```
PROCEDURE NoOfCollinearPoints (inoutEbene : TEbene;
                               inComparePkt : TPunkt) : CARDINAL;
  (*-- Vorbed: keine
    -- Bestimmt die Anzahl der Punkte innerhalb von inoutEbene, die zu
    -- inComparePkt kollinear sind. Bezeichne anz den CARDINAL-Rueckgabe-
    -- parameter, und line die Gerade durch die Punkte inComparePkt und
    -- (0,0), dann gilt:
    -- Nachbed.: anz - |[p IN inoutEbene |
    --               Gerade.PunktAufGerade (line, p)]|*)
```

Abb. 4.2.K2 Signatur und Semantik der Prozedur NoOfCollinearPoints.

Hinweis zur Implementation: Bei der Instantiierung der erweiterten Objektliste wird die Operation `SearchNext` der Objektliste schlicht durchgereicht. Die gewünschten Vergleichsoperationen werden im die instantiierte Objektliste benutzenden Modul als (Hilfs-) Prozeduren implementiert, wobei nur ungetypte Objektreferenzen als Parameter dieser Prozeduren zulässig sind und im Prozedurrumpf notwendige Typkonvertierungen und -prüfungen vorgenommen werden müssen. Bei jedem Aufruf der Operation `SearchNext` schließlich werden das Referenzobjekt und die gewählte Vergleichoperation an `Search-Next` übergeben, zuvor allerdings die getypte Objektreferenz des Referenzobjekts durch einen ungetypten ADDRESS-Zeiger ersetzt. Durch dieses Vorgehen ist für Benutzer der „instantiierten" Suchprozedur die Typsicherheit sichergestellt.

Lösung zu Teilaufgabe a)

Die Realisierung der Prozedur `SearchNext` im Implementationsmodul `Objektliste` stellt im wesentlichen eine Kombination der Prozeduren `StepNext` und `Search` dar, wobei bei der Suche statt der Vergleichsoperation `IsEqual` die als Parameter übergebene Prozedur `inCriterium` benutzt wird.

```
PROCEDURE SearchNext   (inoutOL     : TObjektliste;
                        inCompareObj : TObjektreferenz;
                        inCriterium  : TIsEqualObjekt) : BOOLEAN;
(*-- Sucht ausgehend von pos+1 nach dem ersten Objekt, zu dem die
  -- boolesche Operation inCriterium zusammen mit inCompareObj TRUE
  -- liefert. Wird ein solches Objekt gefunden, ist dort die aktuelle
  -- Position; sonst OffEnd; *)
VAR   found    : BOOLEAN;
      aktObjekt : TObjektreferenz;
BEGIN
   (*-- Vorbed:  inCompareObj und der abstrakte Datentyp des ersten
       --         Eingabeparameters von inCriterium stimmen ueberein.
       --         Der abstrakte Datentyp der von inoutOL verwalteten
       --         Objekte und des zweiten Eingabeparameters von
       --         inCriterium stimmen ueberein. *)
   IF NOT OffEnd (inoutOL) THEN
      (* -- Ausgangsposition verlassen, falls moeglich *)
      StepNext (inoutOL)
   END;(* IF *)
   found := FALSE;
   WHILE NOT (OffEnd (inoutOL) OR found) DO
      aktObjekt := Listenelement.LiesReferenz (inoutOL.^Aktuell);
      IF inCriterium (inCompareObj, aktObjekt) THEN
         (* -- aktObjekt hat die gesuchte Eigenschaft *)
         found := TRUE
```

```
ELSE
    StepNext (inoutOL)
END (* IF *)
END; (* WHILE *)
RETURN found
(*-- Nachbed.: (found -> pos_neu < pos_alt AND NOT OffEnd (inoutOL))
    --              AND (NOT found -> OffEnd (inoutOL)) *)
END SearchNext;
```

Abb. 4.2.L1 Implementation der Prozedur SearchNext.

Lösung zu Teilaufgabe b)

Bei der Instantiierung der (erweiterten) generischen Objektliste als Punktliste werden — wie oben dargelegt — den beiden Prozedurparametern inCompareObj und inCriterium der Operation SearchNext noch kein Datentyp und keine Vergleichsoperation zugewiesen. Im Prinzip wird die Prozedur SearchNext nur durchgereicht. Allerdings wird durch Typisierung von inCriterium die Signatur der Vergleichsoperation festgelegt (vgl Abb. 4.2.L2).

```
IMPLEMENTATION MODULE (* Behaelter-ADT *) Punktliste;

IMPORT Objektliste;
IMPORT Punkt;
IMPORT GENERIC;


TYPE  TPunktliste - Objektliste.TObjektliste;
      TObjektreferenz - Objektliste.TObjektreferenz;


PROCEDURE Create () : TPunktliste;
VAR outPL : TPunktliste;
BEGIN
  outPL := Objektliste.Create (DisposePunkt,
                               DuplicatePunkt,
                               EqualizePunkt,
                               IsEqualPunkt);
  RETURN outPL
END Create;
 ...
```

```
┌─────────────────────────────────────────────────────────────────────────┐
│                                                                           │
│       PROCEDURE SearchNext(inoutPL      : TPunktliste;                    │
│                            inCompareObj : TObjektreferenz;                │
│                            inCriterium  : GENERIC.TIsEqualObjekt) : BOOLEAN; │
│       BEGIN                                                               │
│         RETURN Objektliste.SearchNext (inoutPL,                           │
│                                        inCompareObj,                      │
│                                        inCriterium);                      │
│       END SearchNext;                                                     │
│       ...                                                                 │
│     END Punktliste.                                                       │
└─────────────────────────────────────────────────────────────────────────┘
```

Abb. 4.2.L2 Auszug aus der Instantiierung der Objektliste: Prozedur SearchNext.

Lösung zu Teilaufgabe c)

Der ADT-Modul Ebene verwaltet eine Menge zwei-dimensionaler Punkte und stützt sich zu diesem Zweck auf der Punktliste ab. Die Operation NoOfCollinearPoints soll zu einem gegebenen Punkt die Anzahl der kollinearen Punkte in der Ebene liefern. Da der Modul und speziell seine Operation NoOfCollinearPoints auf verschiedene Arten realisiert werden können, geben wir zwei naheliegende Alternativen an. Wir beginnen mit einer Lösung, die abgesehen von Hilfsmoduln nur die Moduln Punktliste, Punkt und GENERIC verwendet.

Erste Alternative

Die Realisierung von NoOfCollinearPoints stützt sich im wesentlichen auf der Prozedur SearchNext des Moduls Punktliste und der internen Hilfsprozedur Kollinear ab. Die Punktliste wird mit Hilfe der Prozedur SearchNext komplett nach kollinearen Punkten durchsucht, wobei im Prozedurrumpf von NoOfCollinearPoints der Vergleichspunkt inComparePkt und die Hilfsprozedur Kollinear an SearchNext übergeben werden (Abb. 4.2.L3).

```
┌─────────────────────────────────────────────────────────────────────────┐
│                                                                           │
│     IMPLEMENTATION MODULE (* Behaelter-ADT *) Ebene;                      │
│                                                                           │
│        IMPORT Punktliste;                                                 │
│        IMPORT Punkt;                                                      │
│        IMPORT GENERIC;                                                    │
│                                                                           │
│        TYPE  TEbene = Punktliste.TPunktliste;                             │
│              TObjektreferenz = GENERIC.TObjektreferenz;                   │
│        ...                                                                │
└─────────────────────────────────────────────────────────────────────────┘
```

```
PROCEDURE NoOfCollinearPoints (inoutEbene     : TEbene;
                               inComparePkt  : TPunkt) : CARDINAL;
VAR  Anz            : CARDINAL;
     inCompareObj   : TObjektreferenz;
BEGIN
  (* -- Vorbed: keine *)
  Punktliste.GoStart (inoutEbene);
  (* -- Start an pos - 0 *)
  Punktliste.StepBack (inoutEbene);
  Anz := 0;
  inCompareObj := Punkt.OBJEKTREFERENZ (inComparePkt)
  WHILE Punktliste.SearchNext (inoutEbene, inCompareObj, Kollinear) DO
    INC (Anz)
  END; (* WHILE *)
  RETURN Anz
  (*  -- Nachbed: Anz - |{p IN inoutEbene | line := InComparePkt, (0,0):
  --                             Gerade.PunktAufGerade (line, p)}| *)
END NoOfCollinearPoints;
. . .
```

Abb. 4.2.L3 Prozedur NoOfCollinearPoints (erste Alternative).

Die Hilfsprozedur Kollinear muß als Eingabeparameter zwei ADDRESS-Objektreferenzen und einen booleschen Rückgabeparameter besitzen, damit ihre Signatur dem Prozedurtyp TIsEqualObjekt genügt (Abb. 4.2.L4). In ihrem Rumpf wandelt die Prozedur Kollinear mit Hilfe der aus dem ADT-Modul Punkt importierten Typkonvertierungsprozedur PUNKT die beiden ungetypten ADDRESS-Objektreferenzen in getypte Objektreferenzen auf PunktADOs um. Erst danach können bei der Berechnung, ob der betrachtete Punkt und der Vergleichspunkt auf einer Geraden durch den Ursprung liegen, Operationen des ADT-Moduls Punkt eingesetzt werden.

```
(* ------------------------------------------------------------------
   -- interne Hilfsprozeduren
   ------------------------------------------------------------------*)
PROCEDURE Kollinear (inRef1, inRef2 : TObjektreferenz) : BOOLEAN;
(* -- Bestimmt, ob die Punkte inRef1, inRef2 auf einer Geraden
   -- durch den Nullpunkt liegen.
   -- inRef1, inRef2 muessen "ungetypte" Objektreferenzen sein, da
   -- diese Prozedur als generischer Prozedurparameter der Operation
   -- Punktliste.SearchNext eingesetzt werden soll. *)
VAR x1, x2,
    y1, y2      : REAL;
    online      : BOOLEAN;
    ComparePkt,
    aktPkt      : TPunkt;
```

```
BEGIN
    (* -- Vorbed.: inRef1, inRef2 referenzieren PunktADOs *)
    ComparePkt := Punkt.PUNKT (inRef1);
    aktPkt := Punkt.PUNKT (inRef2);
    x1 := Punkt.LiesY (ComparePkt);
    y1 := Punkt.LiesY (ComparePkt);
    x2 := Punkt.LiesX (aktPkt);
    y2 := Punkt.LiesY (aktPkt);
    IF Arithmetik.Similar (x1, 0.0) AND Arithmetik.Similar (x2, 0.0) THEN
        (* -- beide Punkte liegen auf der Y-Achse *)
        online = TRUE
    ELSIF Arithmetik.Similar (x1, 0.0)
            OR Arithmetik.Similar (x2, 0.0) THEN
        (* -- es liegt nur ein Punkt auf der Y-Achse *)
        online = FALSE
    ELSE
        (* -- kein Punkt auf der Y-Achse *)
        online := Arithmetik.Similar (x1 * y2, x2 * y1)
    END;
    RETURN online
    (*-- Nachbed.: online <=> die von inRef1, inRef2 referenzierten
        --                    PunktADOs liegen auf einer Geraden durch
        --                    den Punkt (0,0) *)
END Kollinear;

    ...

END Ebene.
```

Abb. 4.2.L4 Hilfsprozedur Kollinear.

Zweite Alternative

Alternative 2 folgt der Grundidee der ersten Alternative, verwendet aber den ADT-Modul
Gerade, der verschiedene nützliche Operationen zur Bearbeitung von Geraden exportiert.
Wieder stützt sich NoOfCollinearPoints auf der Prozedur SearchNext des ADT-
Moduls Punktliste ab, verwendet nun aber die Hilfsprozedur OnLine als Vergleichs-
operation. Zu beachten ist hierbei, daß diesmal kein PunktADO als Referenzobjekt an die
Operation SearchNext übergeben wird, sondern ein GeradenADO (Abb. 4.2.L5).

```
IMPLEMENTATION MODULE (* Behaelter-ADT *) Ebene;

  IMPORT Punktliste;
  IMPORT Punkt;
  IMPORT GENERIC;

  TYPE  TEbene - Punktliste.TPunktliste;
        TObjektreferenz - GENERIC.TObjektreferenz;
  ...

  PROCEDURE NoOfCollinearPoints (inoutEbene    : TEbene;
                                 inComparePkt  : TPunkt) : CARDINAL;
  VAR   Anz       : CARDINAL;
        aktGerade : Gerade.TGerade;
        Ursprung  : TPunkt;
  BEGIN
    (* -- Vorbed: keine *)
    Ursprung := Punkt.Create ();
    aktGerade := Gerade.Create (Ursprung, inComparePkt);
    Punktliste.GoStart (inoutEbene);
    (* -- Start an pos - 0 *)
    Punktliste.StepBack (inoutEbene);
    Anz := 0;
    WHILE Punktliste.SearchNext (inoutEbene, aktGerade, OnLine) DO
      INC (Anz)
    END; (* WHILE *)
    Gerade.Dispose (aktGerade);
    Punkt.Dispose (Ursprung);
    RETURN Anz
    (* -- Nachbed: Anz - |{p IN inoutEbene | line := InComparePkt, (0,0)
       --                              Gerade.PunktAufGerade (line, p)}| *)
  END NoOfCollinearPoints;

  ...
```

Abb. 4.2.L5 Prozedur NoOfCollinearPoints (zweite Alternative).

Die Hilfsprozedur OnLine entspricht bis auf zwei Typkonvertierungen der von Gerade importierten Prozedur PunktAufGerade. Sie wandelt zunächst mit Hilfe der Typum-wandlungsprozeduren PUNKT bzw. GERADE der ADT-Moduln Punkt bzw. Gerade die ADDRESS-Objektreferenzen in einen getypten PunktADO bzw. GeradenADO um. Anschlie-ßend kann die Operation PunktAufGerade des ADT-Moduls Gerade eingesetzt werden, um festzustellen, ob der betrachtete Punkt auf dem GeradenADO (dem Referenzobjekt) liegt. Die Konvertierungen (und damit die Hilfsprozedur) sind also nur notwendig, weil die Signa-tur von PunktAufGerade nicht direkt dem Prozedurtyp TIsEqualObjekt entspricht (Abb. 4.2.L6).

```
(*  ----------------------------------------------------------------
    -- interne Hilfsprozeduren
    ----------------------------------------------------------------*)

PROCEDURE OnLine      (inGerade, inPkt : TObjektreferenz) : BOOLEAN;
(* -- Bestimmt, ob inPkt auf der Geraden inGerade liegt.
   -- inGerade, inPkt muessen "ungetypte" Objektreferenzen sein, da
   -- diese Prozedur als generischer Prozedurparameter der Operation
   -- Punktliste.SearchNext eingesetzt werden soll. *)
VAR IsOn        : BOOLEAN;
    CompareLine : Gerade.TGerade;
    ComparePkt  : TPunkt;
BEGIN
   (*  -- Vorbed.: inGerade referenziert ein GeradenADO und
       --          inPkt referenziert ein PunktADO *)
   ComparePkt  := Punkt.PUNKT (inPkt);
   CompareLine := Gerade.GERADE (inGerade);
   IsOn := Gerade.PunktAufGerade (CompareLine, ComparePkt)
   RETURN IsOn
   (*-- Nachbed.: IsOn <=> inPkt IN inGerade *)
END OnLine;
...
END Ebene.
```

Abb. 4.2.L6 Hilfsprozedur OnLine.

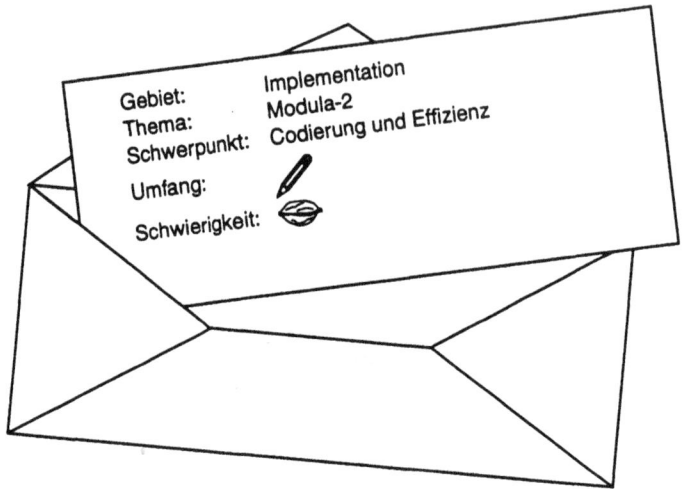

Gebiet: Implementation
Thema: Modula-2
Schwerpunkt: Codierung und Effizienz

Umfang:

Schwierigkeit:

Aufgabe 4.3

Teiler

Die Modula-2 Prozedur BestimmeTeiler (Abb. 4.3.K1) liefert alle ganzzahligen Teiler einer vorgegebenen Zahl. Verbessern Sie die Laufzeiteffizienz der Prozedur durch elementare Techniken der effizienten Programmierung. Motivieren Sie kurz Ihr Vorgehen und versuchen Sie, den Erfolg Ihrer Verbesserungen zu quantifizieren.

Vorarbeiten

Abb. 4.3.K1 zeigt die Ausgangsimplementation der Prozedur BestimmeTeiler.

```
PROCEDURE BestimmeTeiler (inZahl : CARDINAL);
VAR aktTeiler : CARDINAL;
BEGIN
  aktTeiler := 2;
  WHILE aktTeiler <= inZahl - 1 DO
    IF (inZahl MOD aktTeiler) = 0 THEN
      WriteCard (aktTeiler, 3);
      WriteString (" ist Teiler von ");
      WriteCard (inZahl, 3);
      WriteLn
    END; (* IF *)
    INC (aktTeiler)
  END; (* WHILE *)
END BestimmeTeiler;
```

Abb. 4.3.K1 Prozedur BestimmeTeiler (Ausgangsversion).

Beispiel: Bei Aufruf von `BestimmeTeiler (12)` liefert die Prozedur die Ausgabe

```
2 ist Teiler von 12
3 ist Teiler von 12
4 ist Teiler von 12
6 ist Teiler von 12
```

❑

Lösung

Zunächst bestimmen wir die Laufzeit der Ausgangsprozedur, um später die Erfolge unserer Maßnahmen belegen zu können. Damit wir einen aussagekräftigen Wert erhalten, rufen wir die Prozedur `BestimmeTeiler` nacheinander mit den Zahlen von 2 bis 10000 auf und bestimmen die Gesamtlaufzeit. Ausgabeoperationen kommentieren wir dabei aus. Als Ergebnis zeigt sich, daß die Prozedur `BestimmeTeiler` in der jetzigen Version zur Bestimmung aller Teiler der Zahlen von 2 bis 10000 insgesamt 113.8 CPU-Einheiten benötigt (Abb. 4.3.L1).

```
PROCEDURE BestimmeTeiler (inZahl : CARDINAL);
(*  -- Version 1 *)
VAR aktTeiler : CARDINAL;
BEGIN
  aktTeiler := 2;
  WHILE aktTeiler <= inZahl - 1 DO
    IF (inZahl MOD aktTeiler) = 0 THEN
      (* -- WriteCard (aktTeiler, 3);
         -- WriteString (" ist Teiler von ");
         -- WriteCard (inZahl, 3);
         -- WriteLn *)
    END; (* IF *)
    INC (aktTeiler)
  END (* WHILE *)
END BestimmeTeiler;
```

Abb. 4.3.L1 Prozedur `BestimmeTeiler` (Version 1).

Zur Verbesserung der Laufzeit der Prozedur `BestimmeTeiler` betrachten wir ihre Struktur näher und suchen nach kritischen Bereichen. Die Prozedur `BestimmeTeiler` besteht im wesentlichen aus einer `WHILE`-Schleife und elementaren Anweisungen. Die `WHILE`-Schleife bildet also den einzigen Ansatzpunkt, mit einfachen Maßnahmen die Laufzeit zu reduzieren.

Wir verringern die Anzahl der Schleifendurchläufe durch eine intelligentere Abbruchbedingung: Offensichtlich kann keine Zahl x, die größer als `inZahl DIV 2` ist, Teiler von `in-`

Zahl sein, da wegen x > (inZahl DIV 2) auch 2x > inZahl gilt. Allein dadurch, daß wir x nur bis inZahl DIV 2 hochzählen, verbessern wir die Laufzeit von 113.8 CPU-Einheiten um fast 50% auf 57.1 CPU-Einheiten. Abb. 4.3.L2 zeigt die geänderte Prozedur.

```
PROCEDURE BestimmeTeiler (inZahl : CARDINAL);
(* -- Version 2 *)
VAR Grenze,
    aktTeiler : CARDINAL;
BEGIN
  aktTeiler := 2;
  Grenze := inZahl DIV 2;
  (* -- Nach der Haelfte von inZahl existiert kein Teiler mehr *)
  WHILE aktTeiler <= Grenze DO
    IF (inZahl MOD aktTeiler) = 0 THEN
      (* -- WriteCard (aktTeiler, 3);
         -- WriteString (" ist Teiler von ");
         -- WriteCard (inZahl, 3);
         -- WriteLn *)
    END; (* IF *)
    INC (aktTeiler)
  END (* WHILE *)
END BestimmeTeiler;
```

Abb. 4.3.L2 Prozedur BestimmeTeiler (Version 2).

Die 2. Version der Prozedur besitzt weiteres Verbesserungspotential:

1. Für jeden Teiler x von inZahl kennen wir bereits einen zweiten Teiler, nämlich y := inZahl DIV x.

2. O.B.d.A. können wir x <= y voraussetzen.

3. Es genügt, wenn wir für x alle Zahlen zwischen 2 und der Quadratwurzel von inZahl betrachten.

    Zum Beweis dieser Aussage nehmen wir an, daß für einen Teiler x von inZahl das Quadrat größer als inZahl sei, d.h. es gilt $x^2 >$ inZahl. Für den zweiten Teiler y folgt dann nach (2) x <= y. Nach Multiplikation mit x folgt jedoch $x^2 <= x*y$ und weiter mit Teil (1) der Widerspruch $x*y =$ inZahl $< x^2 <= x*y$.

    Demnach ist unsere Annahme falsch und für $x*y =$ inZahl mit x := min {x, y} gilt $x^2 <=$ inZahl.

Wir nutzen diese Eigenschaft aus, berechnen im Schleifenrumpf den Teiler y mit Hilfe von x und zählen im Gegenzug nur noch bis zur Quadratwurzel von inZahl (Abb. 4.3.L3). Zur Bestimmung aller Teiler der Zahlen von 2 bis 10000 benötigt die Prozedur BestimmeTeiler in der Version 3 nur noch 4.2 CPU-Einheiten.

```
PROCEDURE BestimmeTeiler (inZahl : CARDINAL);
(* -- Version 3 *)
VAR Grenze,
    aktTeiler1,
    aktTeiler2 : CARDINAL;
BEGIN
  aktTeiler1 := 2;
  Grenze := TRUNC(Sqrt(FLOAT(inZahl)));
  (* -- Wenn zu jedem Teiler auch inZahl DIV Teiler ausgegeben wird,
     -- kann die Schleife nach der Wurzel abgebrochen werden *)
  WHILE aktTeiler1 <= Grenze DO
    IF (inZahl MOD aktTeiler1) = 0 THEN
      (* -- WriteCard (aktTeiler1, 3);
         -- WriteString (" ist Teiler von ");
         -- WriteCard (inZahl, 3);
         -- WriteLn *)
      aktTeiler2 := inZahl DIV aktTeiler1;
      (* -- WriteCard (aktTeiler2, 3);
         -- WriteString (" ist Teiler von ");
         -- WriteCard (inZahl, 3);
         -- WriteLn *)
    END; (* IF *)
    INC (aktTeiler1)
  END (* WHILE *)
END BestimmeTeiler;
```

Abb. 4.3.L3 Prozedur BestimmeTeiler (Version 3).

Zusammenfassend halten wir fest, daß die erzielten Laufzeitverbesserungen einzig auf die Reduzierung der Schleifendurchläufe zurückzuführen sind. Eine gute Abschätzung der Verbesserung erhalten wir durch einen Vergleich der Schleifendurchläufe der drei Versionen. In Version 1 wird die Schleife für inZahl = 10000 noch 9998-mal durchlaufen, in Version 2 bereits nur noch 4999-mal und Version 3 benötigt nur noch 99 Durchläufe.

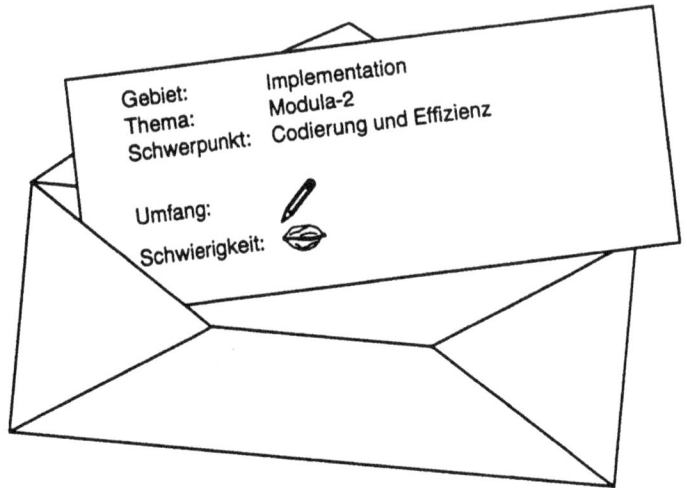

Gebiet: Implementation
Thema: Modula-2
Schwerpunkt: Codierung und Effizienz

Umfang:
Schwierigkeit:

Aufgabe 4.4

Potenzreihe

Die Modula-2 Prozedur `Potenzreihe` (Abb. 4.4.K1) bestimmt zu $| inX | \leq 1$ und `inNae`-`herung` ≥ 1 eine Näherung der Funktion e^{-x} mit Hilfe ihrer Reihendarstellung:

$$\sum_{n=0}^{inNaeherung} (-1)^n \cdot \frac{inX^n}{n!}$$

Verbessern Sie die Laufzeiteffizienz durch elementare Techniken der effizienten Programmierung. Motivieren Sie kurz Ihr Vorgehen und versuchen Sie, den Erfolg Ihrer Verbesserungen zu quantifizieren.

Vorarbeiten

Abb. 4.4.K1 zeigt die Ausgangsimplementation der Prozedur `Potenzreihe`.

Beispiel: Wir betrachten die Ergebnisse einiger Aufrufe von `Potenzreihe`:

$$\begin{aligned}
&\texttt{Potenzreihe (0.25, 10)} \text{ liefert } 0.7788008\\
&\texttt{Potenzreihe (0.50, 20)} \text{ liefert } 0.6065307\\
&\texttt{Potenzreihe (0.75, 40)} \text{ liefert } 0.4723665\\
&\texttt{Potenzreihe (1.00, 80)} \text{ liefert } 0.3678794\\
&\texttt{Potenzreihe (-1.00, 10)} \text{ liefert } 2.718282
\end{aligned}$$

```
PROCEDURE Potenzreihe (inX : REAL; inNaeherung : CARDINAL) : REAL;
VAR aktIndex,
    index            : CARDINAL;
    Summe,
    aktVorzeichen,
    aktNenner,
    aktZaehler       : REAL;
BEGIN
  Summe := 1.0;
  aktIndex := 1;
  WHILE aktIndex <= inNaeherung DO
    aktVorzeichen := 1.0;
    aktZaehler := 1.0;
    aktNenner := 1.0;
    FOR index := 1 TO aktIndex DO
      aktVorzeichen := aktVorzeichen * (- 1.0);
      aktNenner := aktNenner * FLOAT (index);
      aktZaehler := aktZaehler * inX
    END; (* FOR *)
    Summe := Summe + aktVorzeichen * aktZaehler / aktNenner;
    INC (aktIndex)
  END; (* WHILE *)
  RETURN Summe
END Potenzreihe;
```

Abb. 4.4.K1 Prozedur Potenzreihe (Ausgangsversion).

Lösung

Offensichtlich sind die WHILE- und FOR-Schleife die kritischen Bereiche der Prozedur, die das größte Potential zur Nachoptimierung bieten (Abb. 4.4.K1). Hier wiederum erzielen Verbesserungen der am häufigsten durchlaufenen Anweisungen den größten Effekt. Wir gehen deshalb von innen nach außen vor und untersuchen zunächst die FOR-Schleife.

Innerhalb der FOR-Schleife werden nur einfache Berechnungen durchgeführt, die wir nicht mehr verbessern können. Wir versuchen deshalb, in der FOR-Schleife konstante Terme zu bestimmen, die wir vor die Schleife ziehen können. Dazu formen wir die einzelnen Summanden der Reihendarstellung (für n > 0) wie folgt um:

$$(-1)^n \cdot \frac{inX^n}{n!} = \left[(-1) \cdot \frac{inX}{n}\right] \cdot \left[(-1)^{n-1} \cdot \frac{inX^{n-1}}{(n-1)!}\right]$$

Initialisieren wir den ersten Summand s_0 mit dem Wert 1, so läßt sich für n > 0 der n-te Summand induktiv aus dem (n-1)-ten Summanden ermitteln:

$$S_n = \left[(-1) \cdot \frac{inX}{n}\right] \cdot S_{n-1}$$

Mit Hilfe dieser Berechnungsvorschrift wird die FOR-Schleife überflüssig und kann ganz aus der Prozedur Potenzreihe entfernt werden (Abb. 4.4.L1). Diese Umformung reduziert die Anzahl der Berechnung von aktVorzeichen, aktNenner sowie aktZaehler erheblich: Für inNaeherung = 50 werden ihre Werte statt 1275- nur noch 50-mal berechnet.

```
PROCEDURE Potenzreihe (inX : REAL; inNaeherung : CARDINAL) : REAL;
VAR aktIndex      : CARDINAL;
    Summe,
    aktVorzeichen,
    aktNenner,
    aktZaehler    : REAL;
BEGIN
  Summe := 1.0;
  aktIndex := 1;
  aktZaehler := 1.0;
  aktNenner := 1.0;
  aktVorzeichen := 1.0;
  WHILE aktIndex <= inNaeherung DO
    aktVorzeichen := aktVorzeichen * (- 1.0);
    aktNenner := aktNenner * FLOAT(aktIndex);
    aktZaehler := aktZaehler * inX;
    Summe := Summe + aktVorzeichen * aktZaehler / aktNenner;
    INC (aktIndex)
  END; (* WHILE *)
  RETURN Summe
END Potenzreihe;
```

Abb. 4.4.L1 Prozedur Potenzreihe (optimierte Version).

Um einen Eindruck über die erzielte Laufzeitverbesserung zur erhalten, führen wir die Prozedur Potenzreihe 10000-mal mit inX = 0.1 und inNaeherung = 50 aus. Die Laufzeit der Prozedur reduziert sich von 90.0 CPU-Einheiten bei der Ausgangsversion auf 6.0 CPU-Einheiten bei der optimierten Version.

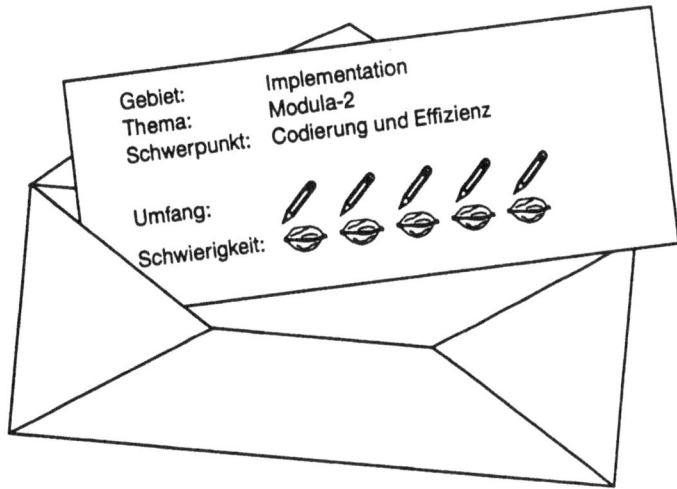

Aufgabe 4.5

Pythagoreische Tripel

Die Modula-2 Prozedur PythagoreischeTripel (Abb. 4.5.K1) bestimmt für den Parameter inUmfang alle Wertekombinationen von Dreiecksseitenlängen a, b und c, welche die folgenden drei Bedingungen erfüllen:

i) $a, b, c > 0$ ganzzahlig;

ii) $a^2 + b^2 = c^2$;

iii) $a + b + c \leq$ inUmfang.

Verbessern Sie die Laufzeiteffizienz der Prozedur durch elementare Techniken der effizienten Programmierung. Motivieren Sie kurz Ihr Vorgehen und versuchen Sie, den Erfolg Ihrer Verbesserungen zu quantifizieren.

Vorarbeiten

Abb. 4.5.K1 zeigt die Ausgangsimplementation der Prozedur PythagoreischeTripel.

Beispiel: Der Aufruf PythagoreischeTripel (30) liefert die Ausgabe

```
Die pythagoreischen Tripel bis 30

A - 3      B - 4      C - 5
A - 4      B - 3      C - 5
A - 5      B - 12     C - 13
A - 6      B - 8      C - 10
A - 8      B - 6      C - 10
A - 12     B - 5      C - 13
```

```
PROCEDURE PythagoreischeTripel (inUmfang : CARDINAL);
VAR aktA,
    aktB,
    aktC : CARDINAL;
BEGIN
  WriteString ("Die Pytogoreischen Zahlen bis ");
  WriteCard (inUmfang, 3);
  WriteLn;
  aktA := 1;
  WHILE aktA <- inUmfang DO
    aktB := 1;
    WHILE aktB <- inUmfang DO
      aktC := 1;
      WHILE aktC <- inUmfang DO
        IF   (aktA * aktA + aktB * aktB - aktC * aktC)
             AND (aktA + aktB + aktC <- inUmfang) THEN
        WriteString (" A - ");
        WriteCard (aktA, 3);
        WriteString (" B - ");
        WriteCard (aktB, 3);
        WriteString (" C - ");
        WriteCard (aktC, 3);
        WriteLn;
        END; (* IF *)
        INC (aktC)
      END; (* WHILE aktC*)
      INC (aktB)
    END; (* WHILE aktB*)
    INC (aktA)
  END (* WHILE aktA*)
END PythagoreischeTripel;
```

Abb. 4.5.K1 Prozedur PythagoreischeTripel (Ausgangsversion).

Lösung

Wie üblich wenden wir uns den kritischen Bereichen der Prozedur Pythagoreische-Tripel zu, um diese durch einfache, gezielte Maßnahmen zu verbessern. Ausgabeanweisungen der Prozedur kommentieren wir aus, um die Laufzeitmessungen nicht zu verfälschen (Abb. 4.5.L1).

Die Prozedur PythagoreischeTripel besitzt drei ineinandergeschachtelte WHILE-Schleifen, die sich für eine nachträgliche Optimierung anbieten. Die Abbruchbedingungen der WHILE-Schleifen vergleichen jeweils die Länge einer Dreieckseite mit dem Umfang des Dreiecks. Da die Länge einer Dreieckseite jedoch stets kleiner als die Hälfte des Dreiecks-

```
PROCEDURE PythagoreischeTripel (inUmfang : CARDINAL);
(* -- Version 1 *)
VAR aktA,
    aktB,
    aktC : CARDINAL;
BEGIN
  (* -- WriteString ("Die pythagoreischen Tripel bis: ");
     -- WriteCard (inUmfang, 3);
     -- WriteLn; *)
  aktA := 1;
  WHILE aktA <= inUmfang DO
    aktB := 1;
    WHILE aktB <= inUmfang DO
      aktC := 1;
      WHILE aktC <= inUmfang DO
        IF (aktA * aktA + aktB * aktB = aktC * aktC)
                        AND (aktA + aktB + aktC <= inUmfang) THEN
          (* -- WriteString (" A = ");
             -- WriteCard (aktA, 3);
             -- WriteString (" B = ");
             -- WriteCard (aktB, 3);
             -- WriteString (" C = ");
             -- WriteCard (aktC, 3);
             -- WriteLn; *)
        END; (* IF *)
        INC (aktC)
      END; (* WHILE aktC*)
      INC (aktB)
    END; (* WHILE aktB*)
    INC (aktA)
  END (* WHILE aktA*)
END PythagoreischeTripel;
```

Abb. 4.5.L1 Prozedur PythagoreischeTripel (Version 1).

umfangs ist, können wir jede der WHILE-Schleifen bereits verlassen, sobald die betrachtete Seitelänge größer als der halbe Umfang ist. Diese Verschärfung der Abbruchbedingung in allen drei WHILE-Schleifen reduziert die Anzahl der Schleifendurchläufe erheblich (z.B. für inUmfang = 1000 wird die Anzahl der Schleifendurchläufe der innersten WHILE-Schleife um 1/8 von 1.000.000.000 auf 125.000.000 vermindert).

Die Gesamtsumme der betrachteten Dreiecksseitenlängen darf niemals größer als inUmfang werden. Wir verschärfen die Abbruchbedingung der inneren WHILE-Schleife durch eine entsprechende Abfrage und können dadurch die darauffolgende IF-Abfrage vereinfachen. Die Laufzeit des Rumpfes der inneren WHILE-Schleife bleibt durch diese Verschiebung zwar unverändert, jedoch verringert sich abermals die Anzahl der Schleifendurchläufe.

Nachdem wir die Anzahl der Schleifendurchläufe nicht weiter verringern können, wenden wir uns in einem zweiten Optimierungsschritt den Initialisierungen der Laufvariablen aktA, aktB und aktC zu. Wir suchen Eigenschaften von Katheten und Hypotenuse und versuchen damit die Anzahl der Schleifendurchläufe weiter zu reduzieren: O.B.d.A. können wir nämlich stets aktA <= aktB voraussetzen, da bei den pythagoreischen Tripeln die Reihenfolge der Dreieckskatheten aktA und aktB keine Rolle spielt. Wir initialisieren daher aktB zu Beginn der ersten WHILE-Schleife mit dem Wert von aktA. Dieser Schritt erfordert außerdem eine Erweiterung der Ausgaberoutine, damit weiterhin alle pythagoreischen Tripel — also auch insbesondere auch für aktA > aktB — ausgegeben werden.

Da die Hypotenuse aktC eines rechtwinkligen Dreiecks immer die längste Dreiecksseite ist, also aktC >= max {aktA, aktB}, und aktB >= aktA gilt, initialisieren wir zu Beginn der zweiten WHILE-Schleife aktC mit dem Wert von aktB. Das Ergebnis unseres ersten Optimierungsschritts zeigt Abb. 4.5.L2.

```
PROCEDURE PythagoreischeTripel (inUmfang : CARDINAL);
(* -- Version 2 *)
VAR    aktA,
       aktB,
       aktC,
       HalberUmfang : CARDINAL;
BEGIN
    (* -- WriteString ("Die Pytogoreischen Zahlen bis: ");
       -- WriteCard (inUmfang, 3);
       -- WriteLn; *)
    aktA := 1;
    HalberUmfang := inUmfang DIV 2;
    WHILE aktA <= HalberUmfang DO
      aktB := aktA;
      WHILE aktB <= HalberUmfang DO
        aktC := aktB;
        WHILE (aktC <= HalberUmfang) AND (aktA+aktB+aktC <= inUmfang) DO
          IF aktA * aktA + aktB * aktB = aktC * aktC THEN
          (* -- WriteString (" A = ");
             -- ...
             -- WriteLn; *)
          END; (* IF *)
          INC (aktC)
        END; (* WHILE aktC*)
        INC (aktB)
      END; (* WHILE aktB*)
      INC (aktA)
    END (* WHILE aktA*)
END PythagoreischeTripel;
```

Abb. 4.5.L2 Prozedur PythagoreischeTripel (Version 2).

Eine weitere deutliche Verbesserung erzielen wir in der innersten WHILE-Schleife. Diese Schleife prüft für alle natürlichen Zahlen aktC zwischen aktB und HalberUmfang, ob sie der Gleichung $aktA^2 + aktB^2 = aktC^2$ genügen. Die Werte von aktA und aktB sind aber in der innersten WHILE-Schleife konstant. Berechnen wir also die Wurzel aus $aktA^2 + aktB^2$ und prüfen, ob die Wurzel eine natürliche Zahl ist, so können wir direkt angeben, ob aktA, aktB und aktC pythagoreische Zahlen sind, und die innerste WHILE-Schleife ganz streichen.

Abschließend bestimmen wir noch alle konstanten Terme der verbliebenen Schleifen und berechnen diese auf Kosten des Speicherplatzes außerhalb. Die optimierte Version der Prozedur PythagoreischeTripel zeigt Abb. 4.5.L3.

Um einen Anhaltspunkt über die bisher erzielten Verbesserungen zu bekommen, berechnen wir alle pythagoreischen Tripel für inUmfang = 1000. Während Version 1 noch 780.2 CPU-Einheiten benötigt, reduziert sich dieser Wert bei Version 2 auf 150.5 und Version 3 auf 2.3 CPU-Einheiten.

```
PROCEDURE PythagoreischeTripel (inUmfang : CARDINAL);
(* -- Version 3 *)
VAR aktA,
    aktB,
    aktC,
    aQuadrat,
    KathetenQuadrate
    HalberUmfang         : CARDINAL;
BEGIN
  (* -- WriteString ("Die Pytogoreischen Zahlen bis: ");
     -- WriteCard (inUmfang, 3);
     -- WriteLn; *)
  HalberUmfang := inUmfang DIV 2;
  aktA := 1;
  WHILE aktA <= HalberUmfang DO
    aktB := aktA;
    aQuadrat := aktA * aktA;
    WHILE (aktA + aktB + aktB <= inUmfang) DO
      KathetenQuadrate := aQuadrat + aktB * aktB;
      aktC := TRUNC(Sqrt(FLOAT(KathetenQuadrate)));
      IF (aktC * aktC = KathetenQuadrate)
                      AND (aktA + aktB + aktC <= inUmfang) THEN
        (* -- WriteString (" A = ");
           -- WriteCard (aktA, 3);
           -- WriteString (" B = ");
           -- WriteCard (aktB, 3);
           -- WriteString (" C = ");
           -- WriteCard (aktC, 3);
           -- WriteLn;
```

```
                    -- WriteString (" A - ");
                    -- WriteCard (aktB, 3);
                    -- WriteString (" B - ");
                    -- WriteCard (aktA, 3);
                    -- WriteString (" C - ");
                    -- WriteCard (aktC, 3);
                    -- WriteLn *)
              END; (* IF *)
              INC (aktB);
           END; (* WHILE *)
           INC (aktA)
        END (* WHILE *)
     END PythagoreischeTripel;
```

Abb. 4.5.L3 Prozedur PythagoreischeTripel (Ende).

Kapitel 5

Testen

Hinweis: Beim kompaktifizierten Kontrollflußgraphen wird zu jedem Knoten bzw. Block angeben, welche Programmzeilen von diesem Knoten bzw. Block repräsentiert werden. Dies geschieht wie unten beispielhaft angegeben:

n_{block} ◯   Zeilen 57-63

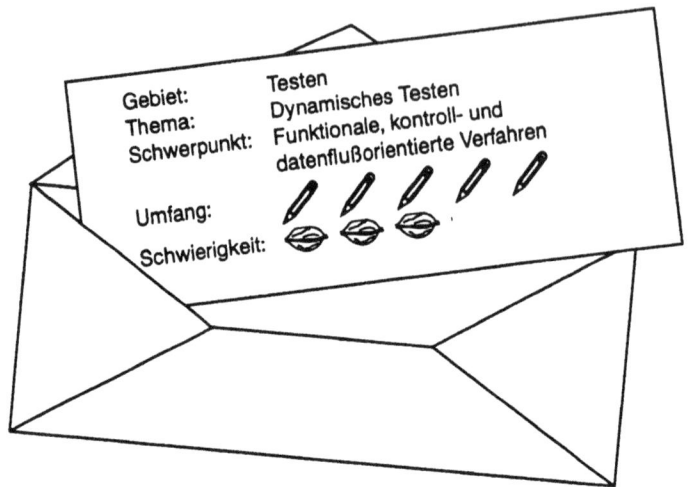

Gebiet: Testen
Thema: Dynamisches Testen
Schwerpunkt: Funktionale, kontroll- und datenflußorientierte Verfahren

Umfang:

Schwierigkeit:

Aufgabe 5.1

Feld sortieren

Die Modula-2 Prozedur AbsteigendSortieren (Abb. 5.1.K1) sortiert Felder mit REAL-Zahlen in absteigender Ordnung.

a)   Erstellen Sie für die Prozedur AbsteigendSortieren einen kompaktifizierten Kontrollflußgraphen.

b)   Führen Sie mit dem Eingabedatum [2.0, 1.0, 4.0] einen Walk Through für die Prozedur durch und protokollieren Sie die einzelnen Schritte.

c)   Testen Sie kontrollflußorientiert und bestimmen Sie zu diesem Zweck geeignete Test-datenmengen für eine vollständige

   • Anweisungsüberdeckung,

   • Zweigüberdeckung und

   • minimale Mehrfach-Bedingungsüberdeckung.

d)   Führen Sie einen boundary interior-Pfadtest der ersten WHILE-Schleife (Programm-zeilen 13-37) und zweiten WHILE-Schleife (Programmzeilen 18-26) durch. Beim Test der ersten WHILE-Schleife können Sie die inneren Schleifen als Black Boxes behandeln.

e)   Bestimmen Sie die Datenflußdarstellung des Kontrollflußgraphen der Prozedur Ab-
     steigendSortieren und geben Sie alle Funktionen *def*- und *c-uses* der Knoten
     sowie sämtliche Funktionen *p-uses* der Kanten in tabellarischer Form an.

f)   Testen Sie die Prozedur nach dem *all-uses*-Kriterium:

     • Geben Sie zunächst alle *du*-Mengen an.

     • Bestimmen Sie für alle Variablen jeweils einen definitionsfreien Teilpfad von jedem
       Definitionsknoten n_i zu den zugehörigen Knoten aus *du* (v, n_i).

     • Geben Sie Eingabedaten an, mit denen diese Teilpfade durchlaufen werden.

g)   Führen Sie einen funktionalen Test der Prozedur AbsteigendSortieren durch.
     Teilen Sie dazu die Eingabe- bzw. Ausgabedaten in Äquivalenzklassen ein und unter-
     teilen Sie die Eingabeäquivalenzklassen weiter hinsichtlich spezieller Eingabewerte.
     Begründen Sie Ihre Unterteilung.
     Geben Sie abschließend eine Testdatenmenge **T** an, die einen (zufällig ausgewählten)
     Repräsentanten jeder Eingabeäquivalenzklasse enthält.

Vorarbeiten

Die Modula-2 Prozedur AbsteigendSortieren (Abb. 5.1.K1) erwartet als aktuellen Parameter ein Feld inoutFeld mit Elementen des Typs REAL und sortiert es absteigend.

```
 1  PROCEDURE AbsteigendSortieren (VAR inoutFeld: ARRAY OF REAL);

 2  VAR  aktWert                           : REAL;
 3       untereGrenze, obereGrenze,
 4       aktPos, laufPos,
 5       unterePos, mittlerePos, oberePos  : CARDINAL;

 6  BEGIN
 7    (* -- Vorbedingung : keine *)
 8    untereGrenze := 0;
 9    (* -- Die untere Grenze offen uebergebener ARRAYs ist
10       -- in Modula-2 stets 0 *)
11    obereGrenze := HIGH (inoutFeld);
12    aktPos := untereGrenze + 1;
13    WHILE aktPos <= obereGrenze DO
14      (* -- Inv: Feld zw. untereGrenze und aktPos-1 absteigend sort. *)
15      aktWert := inoutFeld [aktPos];
16      unterePos := untereGrenze;
17      oberePos := aktPos;
```

```
   18      (* -- Postition zum Einsortieren des akt. Elements bestimmten *)
   19      WHILE unterePos < oberePos DO
   20        mittlerePos := (unterePos + oberePos) DIV 2;
   21        IF inoutFeld [mittlerePos] < aktWert THEN
   22          oberePos := mittlerePos
   23        ELSE
   24          unterePos := mittlerePos + 1
   25        END (* IF *)
   26      END; (* 2. WHILE *)
   27      laufPos := aktPos;
   28      (* -- "Anheben" der kleineren Elemente *)
   29      WHILE laufPos > unterePos DO
   30        inoutFeld [laufPos] := inoutFeld [laufPos-1];
   31        DEC (laufPos)
   32      END; (* 3. WHILE *)
   33      (* -- Einsetzen des aktuellen Wertes *)
   34      inoutFeld [unterePos] := aktWert;
   35      (* -- naechstes Feldelement *)
   36      INC (aktPos)
   37    END (* 1. WHILE *)
   38    (* -- Nachbedingung:
   39       -- Für alle i,j mit (untereGrenze <- i,j < obereGrenze)
   40       -- und (i<=j) gilt: inoutFeld [i] >= inoutFeld [j] *)
   41 END AbsteigendSortieren;
```

Abb. 5.1.K1 Prozedur AbsteigendSortieren.

Lösung zu Teilaufgabe a)

Abb. 5.1.L1 zeigt den kompaktifizierten Kontrollflußgraphen der Prozedur Absteigend-Sortieren.

n_{start}		Zeilen 1 - 7
$n_{startInit}$		Zeilen 8 -12
n_{while1}		Zeile 13
$n_{while1Init}$		Zeilen 14 -17
n_{while2}		Zeilen 18-19
n_{if}		Zeilen 20-21
n_{then}		Zeile 22
n_{else}		Zeilen 23 - 26
$n_{laufPosInit}$		Zeile 27
n_{while3}		Zeilen 28-29
$n_{while3Body}$		Zeilen 30- 32
$n_{while1Tail}$		Zeilen 33 - 37
n_{final}		Zeilen 38 - 41

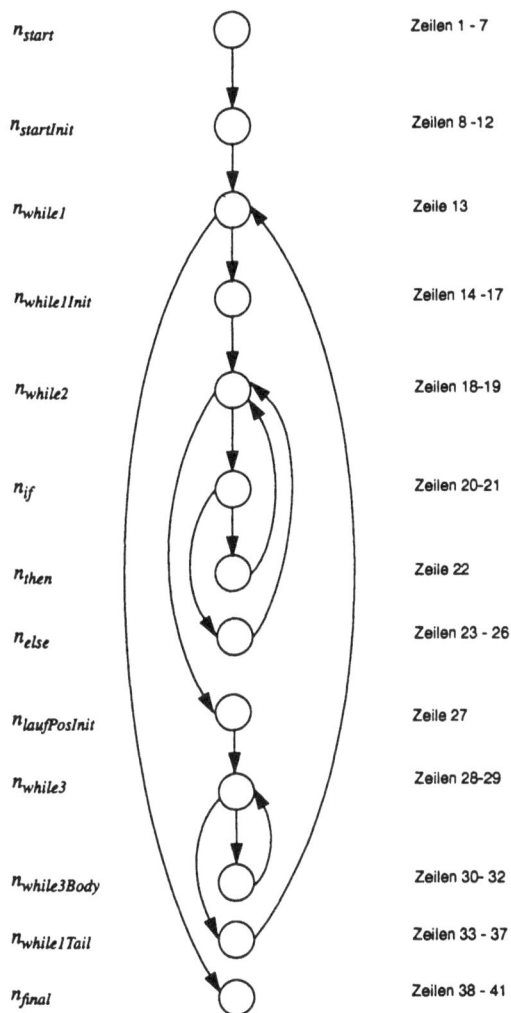

Abb. 5.1.L1 Prozedur `AbsteigendSortieren`: kompaktifizierter Kontrollflußgraph.

Lösung zu Teilaufgabe b)

Die Variablenbelegungen und Werte der Prädikate beim schrittweisen Durchspielen der Prozedur für den Eingabeparameter [2.0, 1.0, 4.0] zeigt Tabelle 5.1.L1. Als Ergebnis liefert die Prozedur das absteigend sortierte Feld [4.0, 2.0, 1.0].

	Prozedurablauf	
Knoten	**Source-Code**	**aktueller Status**
n_{start}		inoutFeld - [2.0, 1.0, 4.0]

$n_{startInit}$	untereGrenze :- 0;
	obereGrenze :- HIGH(inoutFeld);
	aktPos := untereGrenze + 1;
		untereGrenze - 0
		obereGrenze - 2
		aktPos - 0 + 1 - 1

n_{while1}	**WHILE** (aktPos <- obereGrenze) DO	(1 <- 2) - TRUE
$n_{while1Init}$	aktWert :- inoutFeld [aktPos]; unterePos :- untereGrenze; oberePos :- aktPos;	aktWert - inoutFeld[1] - 1.0 unterePos - 0 oberePos - 1
n_{while2}	**WHILE** (unterePos < oberePos) DO	(0 < 1) - TRUE
n_{if}	mittlerePos :- (unterePos + oberePos) DIV 2; IF inoutFeld [mittlerePos]<aktWert **THEN**	mittlerePos - (0 + 1) DIV 2 - 0 (2.0 < 1.0) - FALSE
n_{else}	unterePos :- mittlerePos + 1;	unterePos - 0 + 1 - 1
n_{while2}	**WHILE** (unterePos < oberePos) DO	(1 < 1) - FALSE
$n_{laufPosInit}$	laufPos :- aktPos;	laufPos - 1
n_{while3}	**WHILE** (laufPos > unterePos) DO	(1 > 1) - FALSE
$n_{while1Tail}$	inoutFeld [unterePos] :- aktWert; INC (aktPos);	inoutFeld [1] - 1.0 aktPos - 2
n_{while1}	**WHILE** (aktPos <- obereGrenze) DO	(2 <- 2) - TRUE
$n_{while1Init}$	aktWert :- inoutFeld [aktPos]; unterePos :- untereGrenze; oberePos :- aktPos;	aktWert - inoutFeld[2] - 4.0 unterePos - 0 oberePos - 2
n_{while2}	**WHILE** (unterePos < oberePos) DO	(0 < 2) - TRUE
n_{if}	mittlerePos :- (unterePos + oberePos) DIV 2; IF inoutFeld [mittlerePos]<aktWert **THEN**	mittlerePos - (0 + 2) DIV 2 - 1 (1.0 < 4.0) - TRUE
n_{then}	oberePos :- mittlerePos;	oberePos - 1
n_{while2}	**WHILE** (unterePos < oberePos) DO	(0 < 1) - TRUE
n_{if}	mittlerePos :- (unterePos + oberePos) DIV 2; IF inoutFeld [mittlerePos]<aktWert **THEN**	mittlerePos - (0 + 1) DIV 2 - 0 (2.0 < 4.0) - TRUE
n_{then}	oberePos :- mittlerePos;	oberePos - 0

Prozedurablauf		
n_{while2}	WHILE (unterePos < oberePos) DO	(0 < 0) - FALSE
$n_{laufPosInit}$	laufPos := aktPos;	laufPos - 2
n_{while3}	WHILE (laufPos > unterePos) DO	(2 > 0) - TRUE
$n_{while3Body}$	inoutFeld [laufPos]:- inoutFeld [laufPos - 1]; DEC (laufPos);	inoutFeld [2] - 1.0 laufPos - 1
n_{while3}	WHILE (laufPos > unterePos) DO	(1 > 0) - TRUE
$n_{while3Body}$	inoutFeld [laufPos] :- inoutFeld [laufPos - 1]; DEC (laufPos);	inoutFeld [1] - 2.0 laufPos - 0
n_{while3}	WHILE (laufPos > unterePos) DO	(0 > 0) - FALSE
$n_{while1Tail}$	inoutFeld [unterePos] := aktWert; INC (aktPos);	inoutFeld [0] - 4.0 aktPos - 3
n_{while1}	WHILE (aktPos <- obereGrenze) DO	(3 <- 2) - FALSE
n_{final}		inoutFeld - [4.0, 2.0, 1.0]

Tabelle 5.1.L1 Prozedur AbsteigendSortieren: Walk Through bei [2.0, 1.0, 4.0].

Lösung zu Teilaufgabe c)

Anweisungsüberdeckung

Die Anweisungsüberdeckung verlangt die Ausführung aller Knoten des kompaktifizierten Kontrollflußgraphen. Wir versuchen, den Aufwand möglichst gering zu halten, und wählen zunächst ein Testdatum aus, für das wir anschließend den zugehörigen Pfad und den erreichten Überdeckungsgrad bestimmen. Für das Paar ([2.0], [2.0])[1] ergibt sich der Pfad

$$(n_{start}, n_{startInit}, n_{while1}, n_{final}),$$

was einer Anweisungsüberdeckung von 30,8% entspricht. Da noch keine vollständige Anweisungsüberdeckung erreicht ist, fahren wir mit dem Testdatum ([2.0, 4.0], [4.0, 2.0]) fort und durchlaufen den Pfad

---

1 Zur Erinnerung: Ein Testdatum ist ein Paar bestehend aus einem Eingabedatum und der erwarteten Ausgabe.

$$(n_{start}, n_{startInit}, n_{while1}, n_{while1Init}, n_{while2}, n_{if}, n_{then}, n_{while2}, n_{laufPosInit}, n_{while3},$$
$$n_{while3Body}, n_{while3}, n_{while1Tail}, n_{while1}, n_{final}),$$

was den Überdeckungsgrad auf 92,3% erhöht.

Um die geforderte 100% Anweisungsüberdeckung zu erreichen, könnten wir weiter mit Hilfe willkürlich gewählter Testdaten versuchen, die fehlenden Knoten zu überdecken. Da diese Strategie bei einem bereits hohen Überdeckungsgrad wenig effizient ist, bestimmen wir zunächst alle bisher noch nicht besuchten Knoten, hier den Knoten n_{else}. Um diesen Knoten zu erreichen, muß das Prädikat des Knotens n_{if} zu FALSE ausgewertet werden. Dies garantiert z.B. das Eingabedatum [2.0, 1.0, 4.0]. Beachten Sie, daß der zugehörige Pfad

$$(n_{start}, n_{startInit}, n_{while1}, n_{while1Init}, n_{while2}, n_{if}, n_{else}, n_{while2}, n_{laufPosInit}, n_{while3},$$
$$n_{while1Tail}, n_{while1}, n_{while1Init}, n_{while2}, n_{if}, n_{then}, n_{while2}, n_{if}, n_{then}, n_{while2},$$
$$n_{laufPosInit}, n_{while3}, n_{while3Body}, n_{while3}, n_{while3Body}, n_{while3}, n_{while1Tail}, n_{while1},$$
$$n_{final})$$

alle 13 Knoten des Kontrollflußgraphen besucht, d.h. allein durch das Eingabedatum [2.0, 1.0, 4.0] eine Anweisungsüberdeckung von 100% erreicht wird.

Zweigüberdeckung

Durch Überprüfung des Testdatums ([2.0, 1.0, 4.0], [4.0, 2.0, 1.0]) erzielen wir ebenfalls eine Zweigüberdeckung von 100%, da der oben angegebenen Pfad alle Zweige mindestens einmal durchläuft.

Minimale Mehrfach-Bedingungsüberdeckung

Die Prozedur AbsteigendSortieren enthält drei Schleifen und eine IF-Anweisung, deren Prädikate wir untersuchen müssen. Wir überprüfen nacheinander die bereits oben benutzten Testdaten ([2.0], [2.0]), ([2.0, 4.0], [4.0, 2.0]) und ([2.0, 1.0, 4.0], [4.0, 2.0, 1.0]) und erreichen auf diese Weise ebenfalls eine vollständige minimale Mehrfach-Bedingungsüberdeckung (Tabelle 5.1.L2). Interessanterweise hätte auch hier die Betrachtung des Testdatums ([2.0, 1.0, 4.0], [4.0, 2.0, 1.0]) ausgereicht, um den gefordert Überdeckungsgrad zu erzielen.

Bedingungen	Eingabedaten		
	[2.0]	[2.0, 4.0]	[2.0, 1.0, 4.0]
1. WHILE-Bedingung (aktPos <= obereGrenze)	F	T, F	
2. WHILE-Bedingung (unterePos < oberePos)	-	T, F	
IF-Bedingung (inoutFeld [mittlerePos] < aktWert)	-	T	T, F
3. WHILE-Bedingung (laufPos > unterePos)	-	T, F	

Tabelle 5.1.L2 Prozedur AbsteigendSortieren: Wertetabelle der minimalen Mehrfach-Bedingungsüberdeckung.

Lösung zu Teilaufgabe d)

Der boundary interior-Pfadtest einer Schleife basiert auf drei Äquivalenzklassen von Testfällen:

1. Testfälle, welche die Schleife umgehen,

2. Testfälle, die den Schleifenrumpf genau einmal ausführen, und

3. Testfälle, die den Schleifenrumpf genau zweimal ausführen und die inneren Pfade der Schleife in allen möglichen Kombinationen durchlaufen.

Erste WHILE-Schleife

Die erste WHILE-Schleife der Prozedur enthält in ihrem Rumpf zwei weitere Schleifen. Interpretieren wir gemäß der Aufgabenstellung diese inneren Schleifen als Black Boxes, so erhalten wir den Kontrollflußgraphen in Abb. 5.1.L2, auf dem wir den boundary interior-Pfadtest der äußeren Schleife aufbauen.

Wir betrachten die drei Äquivalenzklassen von Testfällen:

1. Die erste WHILE-Schleife wird genau dann umgangen, wenn (vor Betreten der ersten WHILE-Schleife) die Bedingung aktPos >obereGrenze erfüllt ist. Das Eingabedatum [2.0] besitzt diese Eigenschaft.

2. Nach Ersetzen der beiden inneren WHILE-Schleifen durch entsprechende Blöcke ist nur ein einziger (innerer) Pfad zu untersuchen. Mit dem Eingabedatum [2.0, 4.0] wird die erste WHILE-Schleife betreten und deren Rumpf genau einmal ausgeführt.

3. Da im Schleifenrumpf der ersten WHILE-Schleife keine Kombinationen verschiedener Pfade zu untersuchen sind, genügt es ein Testdatum zu finden, welches den Schleifenrumpf einmal wiederholt. Das Testdatum ([1.0, 2.0, 3.0], [3.0, 2.0, 1.0]) leistet das Gewünschte.

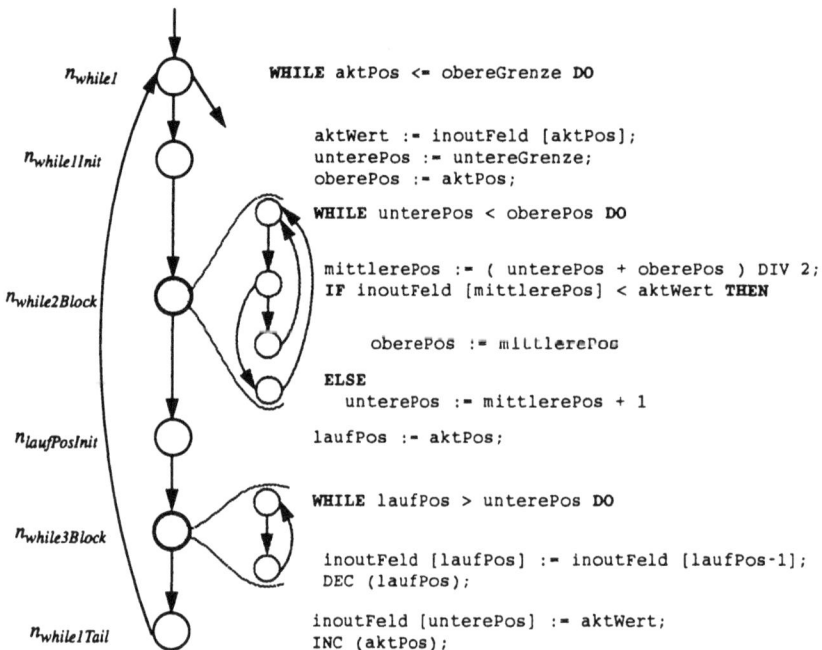

Abb. 5.1.L2 Prozedur AbsteigendSortieren: Kontrollflußgraph der ersten WHILE-Schleife.

Zweite WHILE-Schleife

Wir untersuchen die drei Äquivalenzklassen des boundary interior-Pfadtests für die zweite WHILE-Schleife:

1. Wir suchen einen Pfad, der die zweite WHILE-Schleife umgeht. Da es beim Betreten der ersten WHILE-Schleife aus der Initialisierung von untere-Pos und oberePos folgt, daß auch die zweite Schleife mindestens einmal ausgeführt wird, könnten wir die zweite WHILE-Schleife problemlos durch eine REPEAT-Schleife ersetzen. Gleichzeitig bedeutet dies, daß die erste Äquivalenzklasse leer ist.

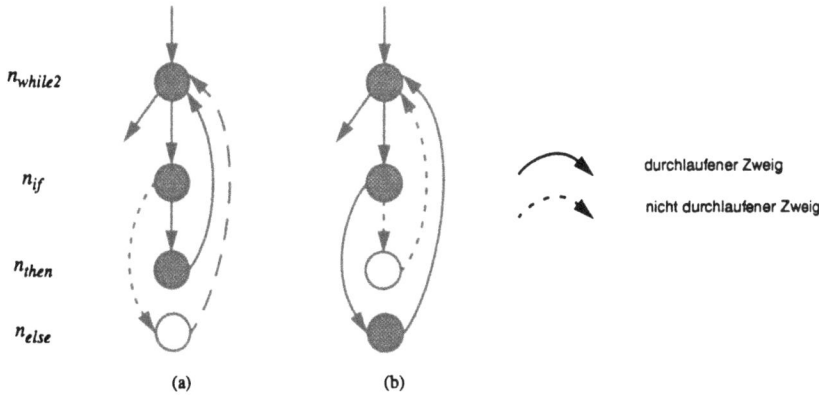

Abb. 5.1.L3 Prozedur AbsteigendSortieren: Boundary interior-Test der 2. WHILE-Schleife.

2. Beim boundary-Tests müssen innerhalb der Schleife zwei verschiedene Pfade betrachtet werden (Abb. 5.1.L3).

Pfad (a): $(n_{while2}, n_{if}, n_{then}, n_{while2})$;
Eingabedatum: [1.0, 2.0]

Pfad (b): $(n_{while2}, n_{if}, n_{else}, n_{while2})$;
Eingabedatum: [2.0, 2.0]

3. Für den interior-Test müssen die beiden Pfade (a) und (b) in allen möglichen Kombinationen, d.h. die Pfade (a, a), (a, b), (b, a) und (b, b) ausgeführt werden. Hierbei ist zu berücksichtigen, daß bei jedem einelementigen Eingabedatum die 2. Schleife überhaupt nicht betreten wird. Bei jedem Eingabedatum, das mindestens zwei Elemente enthält, wird die 2. Schleife zunächst (während der ersten Iteration der äußeren Schleife) genau einmal durchlaufen. Danach ist die Schleifenbedingung generell nicht mehr erfüllt und die Schleife wird verlassen.

Besteht das Eingabedatum dagegen aus den drei Elementen [α, β, γ], so wird die 2. WHILE-Schleife ein zweites Mal erreicht, wobei nach dem ersten Sortierungsschritt bereits α ≥ β gilt. Der Pfad (a) wird in diesem Fall genau dann durchlaufen, wenn die Ungleichung β < γ erfüllt ist. Ein zweiter Schleifendurchlauf schließt sich an, wobei entweder Pfad (a) (falls α < γ) oder Pfad (b) (falls γ ≥ α) durchlaufen wird. Es gilt also:

• Pfad (a, a) wird ausgeführt, falls β < γ und α < γ.

• Pfad (a, b) wird ausgeführt, falls β < γ und γ ≥ α.

In beiden Fällen wird die Schleife danach verlassen.

Um auch die fehlenden beiden Pfadkombinationen abzudecken, betrachten wir ein Eingabedatum aus vier Elementen [α, β, γ, δ]. Zur Vereinfachung setzen wir α ≥ β ≥ γ voraus. Gilt nun β ≥ δ, so wird beim dritten Erreichen der 2. WHILE-Schleife Pfad

(b) ausgeführt und anschließend entweder Pfad (a) (falls $\gamma < \delta$) oder Pfad (b) (falls $\gamma \geq \delta$) durchlaufen.

• Pfad (b, a) wird ausgeführt, falls $\beta \geq \delta$ und $\gamma < \delta$.

• Pfad (b, b) wird ausgeführt, falls $\beta \geq \delta$ und $\gamma \geq \delta$.

Zusammenfassend ergeben sich vier Testfälle mit folgenden Eingabedaten:

• Pfad (a, a) mit Eingabedatum [3.0, 1.0, 4.0],

• Pfad (a, b) mit Eingabedatum [3.0, 1.0, 2.0],

• Pfad (b, a) mit Eingabedatum [5.0, 4.0, 2.0, 3.0] und

• Pfad (b, b) mit Eingabedatum [5.0, 4.0, 2.0, 1.0].

Lösung zu Teilaufgabe e)

Die Datenflußdarstellung eines Kontrollflußgraphen entsteht durch Ergänzen der def-, c-use und p-use-Informationen. Definitionen und berechnende Benutzungen werden dem Knoten zugeordnet, der die entsprechende Anweisung enthält. Prädikative Benutzungen treten ausschließlich in der letzten Anweisung von Knoten auf, da danach der Kontrollfluß verzweigt. Die *p-uses* werden an alle von diesem Knoten ausgehenden Kanten annotiert. Der Datenimport bzw. -export über Parameter oder globale Variablen wird mit Hilfe der Knoten n_{start} und n_{final} dargestellt. Im Knoten n_{start} werden alle IN- bzw. INOUT-Parameter definiert, während im Knoten n_{final} alle def-, c-use und p-use-Informationen der IN-, INOUT- bzw. OUT-Parameter zusammengefaßt werden. Den Kontrollflußgraphen der Prozedur AbsteigendSortieren in Datenflußdarstellung zeigt Abb. 5.1.L4.

Am Beispiel des Knotens $n_{startInit}$ diskutieren wir noch einmal die lokale bzw. globale Benutzung von Variablen. Die Variable untereGrenze wird in diesem Knoten definiert und kann im Knoten $n_{whileInit}$ benutzt werden, ohne daß eine erneute Definition erfolgte, d.h. die Definition der Variablen untereGrenze ist global. Im selben Knoten finden wir noch einen c-use der Variablen untereGrenze. Da die Definition der Variablen untereGrenze jedoch im selben Block stattfand, ist diese berechnende Benutzung lokal und wird daher nicht als c-use dem Knoten $n_{startInit}$ zugeordnet.

Die Funktionen *def, c-use* und *p-use* zeigen die Tabellen 5.1.L3 und 5.1.L4.

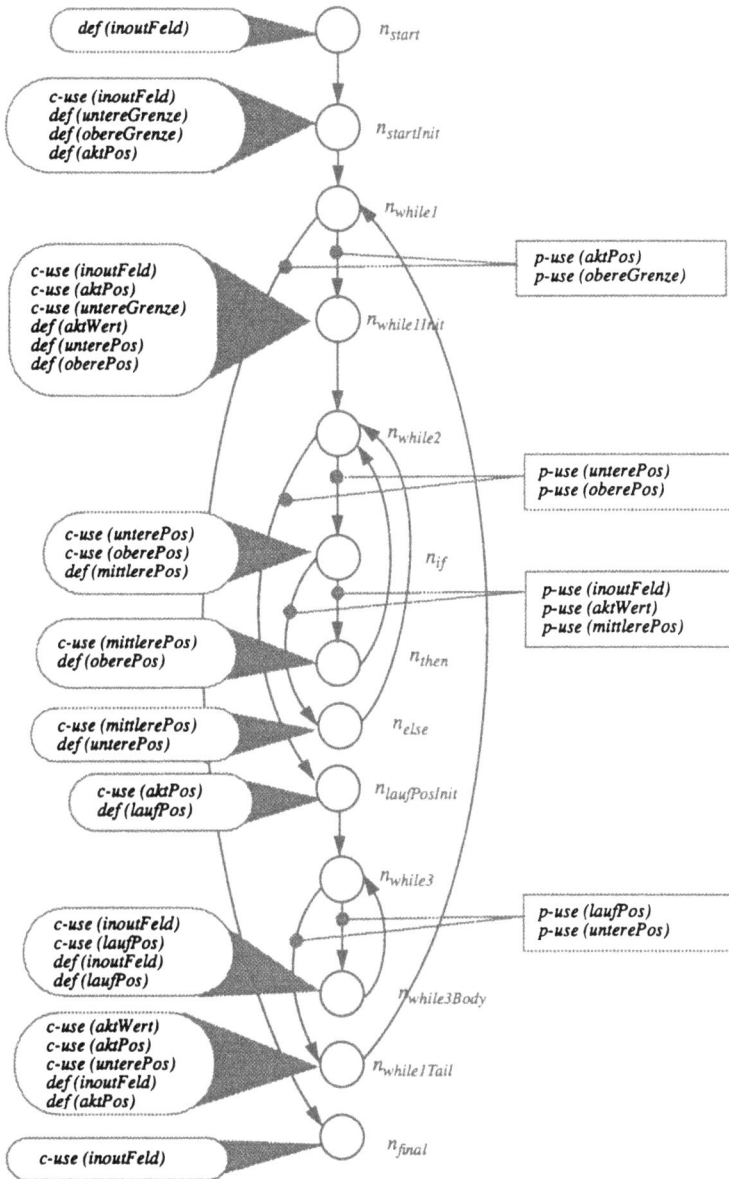

Abb. 5.1.L4 Prozedur AbsteigendSortieren: Kontrollflußgraph in Datenflußdarstellung.

Knoten n_i	def (n_i)	c-use (n_i)
n_{start}	{inoutFeld}	$\varnothing$
$n_{startInit}$	{untereGrenze, obereGrenze, aktPos}	{inoutFeld}
n_{while1}	$\varnothing$	$\varnothing$
$n_{while1Init}$	{aktWert, unterePos, oberePos}	{inoutFeld, aktPos, untere-Grenze}
n_{while2}	$\varnothing$	$\varnothing$
n_{if}	{mittlerePos}	{unterePos, oberePos}
n_{then}	{oberePos}	{mittlerePos}
n_{else}	{unterePos}	{mittlerePos}
$n_{laufPosInit}$	{laufPos}	{aktPos}
n_{while3}	$\varnothing$	$\varnothing$
$n_{while3Body}$	{inoutFeld, laufPos}	{inoutFeld, laufPos}
$n_{while1Tail}$	{inoutFeld, aktPos}	{aktWert, aktPos, unterePos}
n_{final}	$\varnothing$	{inoutFeld}

Tabelle 5.1.L3 Prozedur AbsteigendSortieren: def- und c-uses der Knoten.

Kanten	p-use
$(n_{while1}, n_{while1Init})$ und (n_{while1}, n_{final})	{aktPos, obereGrenze}
(n_{while2}, n_{if}) und $(n_{while2}, n_{laufPosInit})$	{unterePos, oberePos}
(n_{if}, n_{then}) und (n_{if}, n_{else})	{inoutFeld, aktWert, mittlerePos}
$(n_{while3}, n_{while3Body})$ und $(n_{while3}, n_{while1Tail})$	{laufPos, unterePos}

Tabelle 5.1.L4 Prozedur AbsteigendSortieren: p-uses der Kanten.

Lösung zu Teilaufgabe f)

Das all uses-Kriterium fordert für jede Definition den vollständigen Test der von ihr erreichbaren berechnenden und prädikativen Variablenbenutzungen. Wir leiten dazu zunächst alle Mengen du (v, n_i) her, die zu einer globalen Definition der Variablen v in dem Knoten n_i des Kontrollflußgraphen alle Knoten n_j mit $v \in$ c-use (n_j) und alle Kanten (n_k, n_l) mit $v \in$ p-use $((n_k, n_l))$ enthält, zu denen ein definitionsfreier Pfad von n_i bzgl. v existiert. Für den dynamischen Test nach dem all uses-Kriterium müssen wir dann Eingabedaten finden, so daß zu jedem Knoten n_i und jeder Variablen $v \in$ def (n_i) mindestens ein definitionsfreier Pfad von n_i zu allen Elementen in du (v, n_i) ausgeführt wird. Wir geben für alle Mengen sowohl die Teilpfade als auch ein zugehöriges Eingabedatum an:

du ($\texttt{inoutFeld}$, n_{start}) =
$$\{n_{startInit}, n_{while1Init}, n_{while3Body}, n_{final}, (n_{if}, n_{then}), (n_{if}, n_{else})\}$$

n_{start} ➡

    $n_{startInit}$: $(n_{start}, n_{startInit})$
                 Eingabedatum: [2.0]

    $n_{while1Init}$: $(n_{start}, n_{startInit}, n_{while1}, n_{while1Init})$
                 Eingabedatum: [2.0, 4.0]

    $n_{while3Body}$: $(n_{start}, n_{startInit}, n_{while1}, n_{while1Init}, n_{while2}, n_{if}, n_{then}, n_{while2},$
                 $n_{laufPosInit}, n_{while3}, n_{while3Body})$
                 Eingabedatum: [2.0, 4.0]

    n_{final}: $(n_{start}, n_{startInit}, n_{while1}, n_{final})$
                 Eingabedatum: [2.0]

    (n_{if}, n_{then}): $(n_{start}, n_{startInit}, n_{while1}, n_{while1Init}, n_{while2}, n_{if}, n_{then})$
                 Eingabedatum: [2.0, 4.0]

    (n_{if}, n_{else}): $(n_{start}, n_{startInit}, n_{while1}, n_{while1Init}, n_{while2}, n_{if}, n_{else})$
                 Eingabedatum: [2.0, 1.0]

du ($\texttt{untereGrenze}$, $n_{startInit}$) = $\{n_{while1Init}\}$

$n_{startInit}$ ➡

    $n_{while1Init}$: $(n_{startInit}, n_{while1}, n_{while1Init})$
                 Eingabedatum: [2.0, 4.0]

du ($\texttt{obereGrenze}$, $n_{startInit}$) = $\{(n_{while1}, n_{while1Init}), (n_{while1}, n_{final})\}$

$n_{startInit}$ ➡

    $(n_{while1}, n_{while1Init})$: $(n_{startInit}, n_{while1}, n_{while1Init})$
                 Eingabedatum: [2.0, 4.0]

(n_{while1}, n_{final}): $(n_{startInit}, n_{while1}, n_{final})$
Eingabedatum: [2.0]

du (aktPos, $n_{startInit}$) =
$\{n_{while1Init}, n_{laufPosInit}, n_{while1Tail}, (n_{while1}, n_{while1Init}), (n_{while1}, n_{final})\}$

$n_{startInit}$ →

  $n_{while1Init}$: $(n_{startInit}, n_{while1}, n_{while1Init})$
  Eingabedatum: [2.0, 4.0]

  $n_{laufPosInit}$: $(n_{startInit}, n_{while1}, n_{while1Init}, n_{while2}, n_{if}, n_{then}, n_{while2}, n_{laufPosInit})$
  Eingabedatum: [2.0, 4.0]

  $n_{while1Tail}$: $(n_{startInit}, n_{while1}, n_{while1Init}, n_{while2}, n_{if}, n_{else}, n_{while2},$
              $n_{laufPosInit}, n_{while3}, n_{while1Tail})$
  Eingabedatum: [2.0, 1.0]

  $(n_{while1}, n_{while1Init})$: $(n_{startInit}, n_{while1}, n_{while1Init})$
  Eingabedatum: [2.0, 4.0]

  (n_{while1}, n_{final}): $(n_{startInit}, n_{while1}, n_{final})$
  Eingabedatum: [2.0]

du (aktWert, $n_{while1Init}$) = $\{n_{while1Tail}, (n_{if}, n_{then}), (n_{if}, n_{else})\}$

$n_{while1Init}$ →

  $n_{while1Tail}$: $(n_{while1Init}, n_{while2}, n_{if}, n_{else}, n_{while2}, n_{laufPosInit}, n_{while3}, n_{while1Tail})$
  Eingabedatum: [2.0, 1.0]

  (n_{if}, n_{then}): $(n_{while1Init}, n_{while2}, n_{if}, n_{then})$
  Eingabedatum: [2.0, 4.0]

  (n_{if}, n_{else}): $(n_{while1Init}, n_{while2}, n_{if}, n_{else})$
  Eingabedatum: [2.0, 1.0],

du (unterePos, $n_{while1Init}$) =
$\{n_{if}, n_{while1Tail}, (n_{while2}, n_{if}), (n_{while2}, n_{laufPosInit}),$
$(n_{while3}, n_{while3Body}), (n_{while3}, n_{while1Tail})\}$

$n_{while1Init}$ →

  n_{if}: $(n_{while1Init}, n_{while2}, n_{if})$
  Eingabedatum: [2.0, 4.0]

  $n_{while1Tail}$: $(n_{while1Init}, n_{while2}, n_{if}, n_{then}, n_{while2}, n_{laufPosInit}, n_{while3},$
              $n_{while3Body}, n_{while3}, n_{while1Tail})$
  Eingabedatum: [2.0, 4.0]

  (n_{while2}, n_{if}): $(n_{while1Init}, n_{while2}, n_{if})$
  Eingabedatum: [2.0, 4.0]

  $(n_{while2}, n_{laufPosInit})$: $(n_{while1Init}, n_{while2}, n_{if}, n_{then}, n_{while2}, n_{laufPosInit})$

Eingabedatum: [2.0, 4.0]

$(n_{while3}, n_{while3Body})$: $(n_{while1Init}, n_{while2}, n_{if}, n_{then}, n_{while2}, n_{laufPosInit},$
$n_{while3}, n_{while3Body})$
Eingabedatum: [2.0, 4.0]

$(n_{while3}, n_{while1Tail})$: $(n_{while1Init}, n_{while2}, n_{if}, n_{then}, n_{while2}, n_{laufPosInit},$
$n_{while3}, n_{while3Body}, n_{while3}, n_{while1Tail})$
Eingabedatum: [2.0, 4.0]

$du\,(\text{oberePos}, n_{while1Init}) = \{n_{if}, (n_{while2}, n_{if}), (n_{while2}, n_{laufPosInit})\}$

$n_{while1Init} \rightarrow$

$\quad n_{if}$			$(n_{while1Init}, n_{while2}, n_{if})$
			Eingabedatum: [2.0, 1.0]

$\quad (n_{while2}, n_{if})$: $(n_{while1Init}, n_{while2}, n_{if})$
			Eingabedatum: [2.0, 1.0]

$\quad (n_{while2}, n_{laufPosInit})$: $(n_{while1Init}, n_{while2}, n_{if}, n_{else}, n_{while2}, n_{laufPosInit})$
			Eingabedatum: [2.0, 1.0]

$du\,(\text{mittlerePos}, n_{if}) = \{n_{then}, n_{else}, (n_{if}, n_{then}), (n_{if}, n_{else})\}$

$n_{if} \rightarrow$

$\quad n_{then}$:		(n_{if}, n_{then})
			Eingabedatum: [2.0, 4.0],

$\quad n_{else}$:		(n_{if}, n_{else})
			Eingabedatum: [2.0, 1.0]

$\quad (n_{if}, n_{then})$:	(n_{if}, n_{then})
			Eingabedatum: [2.0, 4.0]

$\quad (n_{if}, n_{else})$:	(n_{if}, n_{else})
			Eingabedatum: [2.0, 1.0]

$du\,(\text{oberePos}, n_{then}) = \{n_{if}, (n_{while2}, n_{if}), (n_{while2}, n_{laufPosInit})\}$

$n_{then} \rightarrow$

$\quad n_{if}$			$(n_{then}, n_{while2}, n_{if})$
			Eingabedatum: [2.0, 1.0, 4.0]

$\quad (n_{while2}, n_{if})$: $(n_{then}, n_{while2}, n_{if})$
			Eingabedatum: [2.0, 1.0, 4.0]

$\quad (n_{while2}, n_{laufPosInit})$: $(n_{then}, n_{while2}, n_{laufPosInit})$
			Eingabedatum: [2.0, 4.0]

du (unterePos, n_{else}) =
$\{n_{if}, n_{while1Tail}, (n_{while2}, n_{if}), (n_{while2}, n_{laufPosInit}),$
$(n_{while3}, n_{while3Body}), (n_{while3}, n_{while1Tail})\}$

n_{else} →

n_{if}: $(n_{else}, n_{while2}, n_{if})$
Eingabedatum: [2.0, 3.0, 4.0, 1.0]

$n_{while1Tail}$: $(n_{else}, n_{while2}, n_{laufPosInit}, n_{while3}, n_{while1Tail})$
Eingabedatum: [2.0, 2.0]

(n_{while2}, n_{if}): $(n_{else}, n_{while2}, n_{if})$
Eingabedatum: [2.0, 3.0, 4.0, 1.0]

$(n_{while2}, n_{laufPosInit})$: $(n_{else}, n_{while2}, n_{laufPosInit})$
Eingabedatum: [2.0, 2.0]

$(n_{while3}, n_{while3Body})$: $(n_{else}, n_{while2}, n_{if}, n_{then}, n_{while2}, n_{laufPosInit},$
$n_{while3}, n_{while3Body})$
Eingabedatum: [4.0, 3.0, 1.0, 2.0]

$(n_{while3}, n_{while1Tail})$: $(n_{else}, n_{while2}, n_{laufPosInit}, n_{while3}, n_{while1Tail})$
Eingabedatum: [2.0, 2.0]

du (laufPos, $n_{laufPosInit}$) = $\{n_{while3Body}, (n_{while3}, n_{while3Body}), (n_{while3}, n_{while1Tail})\}$

$n_{laufPosInit}$ →

$n_{while3Body}$: $(n_{laufPosInit}, n_{while3}, n_{while3Body})$
Eingabedatum: [2.0, 4.0]

$(n_{while3}, n_{while3Body})$: $(n_{laufPosInit}, n_{while3}, n_{while3Body})$
Eingabedatum: [2.0, 4.0]

$(n_{while3}, n_{while1Tail})$: $(n_{laufPosInit}, n_{while3}, n_{while1Tail})$
Eingabedatum: [2.0, 2.0]

du (inoutFeld, $n_{while3Body}$) = $\{n_{while3Body}\}$

$n_{while3Body}$ →

$n_{while3Body}$: $(n_{while3Body}, n_{while3}, n_{while3Body})$
Eingabedatum: [1.0, 2.0, 3.0]

du (laufPos, $n_{while3Body}$) = $\{(n_{while3}, n_{while3Body}), (n_{while3}, n_{while1Tail}), n_{while3Body}\}$

$n_{while3Body}$ →

$(n_{while3}, n_{while3Body})$: $(n_{while3Body}, n_{while3}, n_{while3Body})$
Eingabedatum: [1.0, 2.0, 3.0]

$(n_{while3}, n_{while1Tail})$: $(n_{while3Body}, n_{while3}, n_{while1Tail})$
Eingabedatum: [1.0, 2.0, 3.0]

$n_{while3Body}$: $(n_{while3Body}, n_{while3}, n_{while3Body})$
Eingabedatum: [1.0, 2.0, 3.0]

du (inoutFeld, $n_{while1Tail}$) = $\{n_{while1Init}, n_{while3Body}, n_{final}, (n_{if}, n_{then}), (n_{if}, n_{else})\}$

$n_{while1Tail}$ →

$n_{while1Init}$: $(n_{while1Tail}, n_{while1}, n_{while1Init})$
Eingabedatum: [1.0, 2.0, 3.0]

$n_{while3Body}$: $(n_{while1Tail}, n_{while1}, n_{while1Init}, n_{while2}, n_{if}, n_{then}, n_{while2}, n_{if},$
$n_{then}, n_{while2}, n_{laufPosInit}, n_{while3}, n_{while3Body})$
Eingabedatum: [2.0, 1.0, 4.0]

n_{final}: $(n_{while1Tail}, n_{while1}, n_{final})$
Eingabedatum: [2.0, 2.0]

(n_{if}, n_{then}): $(n_{while1Tail}, n_{while1}, n_{while1Init}, n_{while2}, n_{if}, n_{then})$
Eingabedatum: [1.0, 2.0, 3.0]

(n_{if}, n_{else}): $(n_{while1Tail}, n_{while1}, n_{while1Init}, n_{while2}, n_{if}, n_{else})$
Eingabedatum: [3.0, 2.0, 1.0]

du (aktPos, $n_{while1Tail}$) =
$\{n_{while1Init}, n_{laufPosInit}, n_{while1Tail}, (n_{while1}, n_{while1Init}), (n_{while1}, n_{final})\}$

$n_{while1Tail}$ →

$n_{while1Init}$: $(n_{while1Tail}, n_{while1}, n_{while1Init})$
Eingabedatum: [1.0, 2.0, 3.0]

$n_{laufPosInit}$: $(n_{while1Tail}, n_{while1}, n_{while1Init}, n_{while2}, n_{if}, n_{else}, n_{while2}, n_{laufPosInit})$
Eingabedatum: [1.0, 2.0, 3.0]

$n_{while1Tail}$: $(n_{while1Tail}, n_{while1}, n_{while1Init}, n_{while2}, n_{if}, n_{else},$
$n_{while2}, n_{laufPosInit}, n_{while3}, n_{while1Tail})$
Eingabedatum: [3.0, 2.0, 1.0]

$(n_{while1}, n_{while1Init})$: $(n_{while1Tail}, n_{while1}, n_{while1Init})$
Eingabedatum: [3.0, 2.0, 1.0]

(n_{while1}, n_{final}): $(n_{while1Tail}, n_{while1}, n_{final})$
Eingabedatum: [3.0, 2.0, 1.0]

Lösung zu Teilaufgabe g)

Bei einem funktionalen Test sind die Testfälle aus der Spezifikation des Programms abzuleiten, die in diesem Fall nur aus einer Nachbedingung besteht. Wir versuchen zunächst, funktionale Äquivalenzklassen der Prozedur AbsteigendSortieren zu bestimmen, um anschließend geeignete Repräsentanten der Äquivalenzklassen für die Testdatenmenge zu ermitteln. Die Menge der möglichen Eingaben ergibt sich aus dem Typ des Übergabeparameters. Da laut Vorbedingung keine Einschränkungen gelten, können wir nur eine einzige Eingabeäquivalenzklasse E1 bestimmen:

E1:   Menge aller Felder vom Typ ARRAY [low .. high] OF REAL.

Mit Hilfe der Nachbedingung der Prozedur AbsteigendSortieren bestimmen wir die Ausgabeäquivalenzklasse A1:

A1:   Menge aller bzgl. der auf den reellen Zahlen definierten Ordnungsrelation "≥" absteigend sortierten Felder vom Typ ARRAY [low .. high] OF REAL.

Jedes Testdatum der Eingabeäquivalenzklasse führt dabei in die Ausgabeäquivalenzklasse.

Wir verfeinern nun die Eingabeäquivalenzklasse, indem wir versuchen, besonders fehlerkritische Eingaben zu identifizieren, also einen Test spezieller Werte durchzuführen. Eine allgemeingültige Strategie existiert hier nicht, jedoch zeigen Erfahrungen, daß besonders Sonder- oder Grenzfälle von Programmierern häufig vergessen werden. In unserem Fall bietet es sich an, die Sortierroutine bzgl. der Anzahl der zu sortierenden Elemente und möglicher Vorsortierungen zu überprüfen. Im einzelnen erscheinen uns folgende Testfälle sinnvoll:

❑   *Die Überprüfung des zero value-Kriteriums durch ein leeres Feld*; ein klassischer Sonderfall.

❑   *Felder mit nur einem Element;* führt besonders bei dynamischen Datenstrukturen, aber auch bei Indexberechnungen zu Fehlern.

❑   *Felder mit gerader und ungerader Anzahl von Elementen;* gerade beim binären Suchen, das in diesem Sortierverfahren verwendet wird, bleibt schnell das letzte Element unberücksichtigt oder es arbeitet bei ungerader Elementanzahl nicht korrekt.

❑   *Felder mit identischen Elementen;* zielt auf Fehler, die bei sorglosem Umgang mit der Ordnungsrelation entstehen.

❑   *Auf- und absteigend geordnete Felder;* vorsortierte Eingaben decken häufig Terminierungsfehler auf.

❑   *Unsortierte Felder mit mehr als einem Element;* auch der Normalfall darf nicht vergessen werden.

Nach diesen Überlegungen partitionieren wir die Eingabeäquivalenzklasse E1 in folgende Unteräquivalenzklassen:

E1.1:   leeres Feld;

E1.2:   einelementige Felder;

E1.3:   Felder mit gerader Elementanzahl und mehr als einem Element;

E1.4:   Felder mit ungerader Elementanzahl und mehr als einem Element;

Die Klassen E1.3 und E1.4 werden weiter unterteilt:

E1.3.1:   unsortierte Felder;

E1.3.2:   aufsteigend sortierte Felder;

E1.3.3:   absteigend sortierte Felder;

E1.3.4:   Felder mit gleichen Elementen;

E1.4.1:   unsortierte Felder;

E1.4.2:   aufsteigend sortierte Felder;

E1.4.3:   absteigend sortierte Felder;

E1.4.4:   Felder mit gleichen Elementen;

Die Äquivalenzklassen E1.3.4 und E1.4.4 könnten nun noch nach der Anzahl gleicher Elemente innerhalb eines Feldes partitioniert werden. (Zur Äquivalenzklasse E1.1 kann in Modula-2 kein Testdatum konstruiert werden.)

Beachten Sie, daß die Überprüfung, ob die Rechengenauigkeit der Sortierroutine die in der Spezifikation vorgegebenen Schranken erfüllt, keinen Test spezieller Werte, sondern eine Grenzwerteanalyse darstellt. (Bei einer Grenzwerteanalyse ist beispielsweise sicherzustellen, daß für jede reelle Zahl x, die größer oder gleich der geforderten Rechengenauigkeit ist, die Anwendung der Prozedur `AbsteigendSortieren` auf [-x, 0.0, x] die Ausgabe [x, 0.0, -x] als Ergebnis liefert.)

Die Testdatenmenge T stellen wir zusammen, indem wir aus jeder Eingabeäquivalenzklasse willkürlich einen Repräsentanten auswählen. Da alle Elemente der Eingabeäquivalenzklassen automatisch in die einzige Ausgabeäquivalenzklasse führen, verzichten wir bei der Darstellung der Testdaten auf die Angabe der zu erwartenden Ergebnisse.

T := { [], [5.0], [0.0], [4.3, 3.9, 9.4, 4.4], [2.1, 2.2, 2.3, 2.4, 2.5, 2.6], [4.8, 4.7, ..., 4.2, 4.1]
      [2.0, 1.9, 2.0, 1.9], [6.3, 6.2, 6.4, 7.1, 6.1], [1.1, 1.2, 1.3], [5.7, 5.6, ..., 5.2, 5.1],
      [1.0, 1.0, 1.0] }

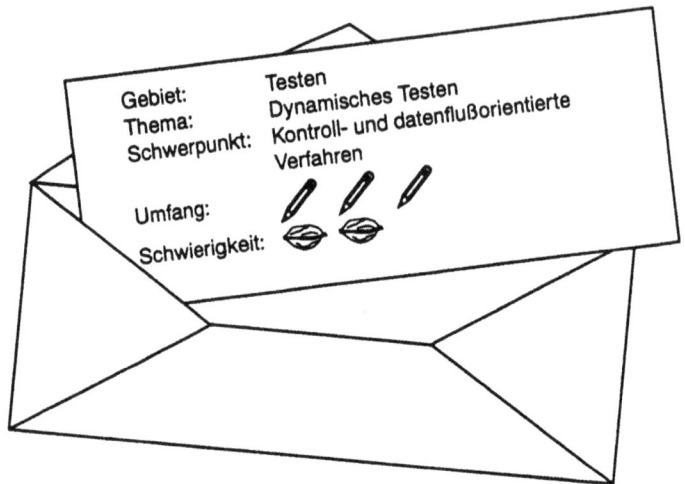

Gebiet: Testen
Thema: Dynamisches Testen
Schwerpunkt: Kontroll- und datenflußorientierte Verfahren

Umfang:

Schwierigkeit:

Aufgabe 5.2

Leerzeichen komprimieren

Die Modula-2 Prozedur RemoveDoubleSpaces (Abb. 5.2.K1) entfernt alle führenden Leerzeichen des TextADO inText und faßt alle aufeinanderfolgenden Leerzeichen zu einem einzigen Leerzeichen zusammen.

a) Erstellen Sie für die Prozedur RemoveDoubleSpaces einen kompaktifizierten Kontrollflußgraphen.

b) Führen Sie einen vollständigen Zweigüberdeckungtest und einen Boundary interior-Pfadtest durch. Dokumentieren Sie ihre Tests, indem Sie — falls möglich — die Test-pfade mit einem geeigneten Eingabedatum angeben.

c) Bestimmen Sie die Funktionen def- und c-uses der Knoten sowie die Funktionen p-uses der Kanten des kompaktifizierten Kontrollflußgraphen und stellen Sie diese tabel-larisch dar.

d) Bestimmen Sie die du-Mengen der Variablen lastChar. Formulieren Sie zugehöri-ge Testfälle, indem Sie zu jedem Element Ihrer du-Mengen einen definitionsfreien Teilpfad (mit entsprechendem Eingabedatum) angeben.

Vorarbeiten

Die Modula-2 Prozedur `RemoveDoubleSpaces` (Abb. 5.2.K1) kopiert ein TextADO in-Text zeichenweise in ein Rückgabe-TextADO newText, wobei alle führenden Leerzeichen entfernt und alle aufeinanderfolgenden Leerzeichen zu einem einzigen Leerzeichen zusammengefaßt werden. Als Beispiel nehmen wir an, daß das TextADO inText aktuell den Wert die Zeichenkette '_ _t_e_s_t_ _fall _ _' besitzt. (Zur besseren Lesbarkeit haben wir hier alle Leerzeichen durch das Zeichen '_' ersetzt.) Der Aufruf `RemoveDoubleSpaces(in-Text)` liefert dann als Ergebnis den TextADO newText mit Wert 't_e_s_t_fall_'.

```
1    PROCEDURE RemoveDoubleSpaces (inText : TText) : TText;
2    CONST CSpace = ' ';
3    VAR   newText : TText
4          actPos,
5          MaxPos  : CARDINAL;
6          lastChar,
7          actChar : CHAR;
8    BEGIN
9      newText := TextVW.Create ('');
10     lastChar := CSpace;
11     actPos := 1;
12     MaxPos := TextVW.Length (inText);
13     WHILE actPos <= MaxPos DO
14       actChar := TextVW.LiesZeichen (inText, actPos);
15       IF (lastChar # CSpace) OR (actChar # CSpace) THEN
16         TextVW.Append (newText, actChar)
17       END; (* IF *)
18       lastChar := actChar;
19       INC (actPos)
20     END; (* WHILE *)
21     RETURN newText
22   END RemoveDoubleSpaces;
```

Abb. 5.2.K1 Prozedur `RemoveDoubleSpaces`.

Die Prozedur `RemoveDoubleSpaces` benutzt bereits getestete Prozeduren des ADT-Moduls `TextVW`. Der Prozeduraufruf `TextVW.Length(inText)` ermittelt die Anzahl der Zeichen des TextADO inText. Die Prozedur `TextVW.LiesZeichen(inText, act-Pos)` liefert das Zeichen an der durch actPos definierten Stelle des TextADO inText, falls $0 <$ actPos $\leq$ `TextVW.Length(inText)` gilt. `TextVW.Append(inoutText, actChar)` schließlich hängt das durch actChar übergebene Zeichen an den TextADO inoutText an.

Lösung zu Teilaufgabe a)

Zur besseren Lesbarkeit von Eingabedaten wird jedes Leerzeichen durch ein Zeichen ' _ ' repräsentiert. Weiterhin unterscheiden wir nicht zwischen dem TextADO inText und seiner aktuell repräsentierten Zeichenkette. Abb. 5.2.L1 zeigt den kompaktifizierten Kontrollflußgraphen der Prozedur RemoveDoubleSpaces.

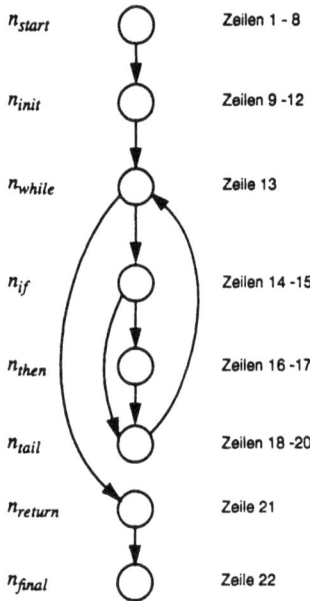

Knoten	Zeilen
n_{start}	Zeilen 1 - 8
n_{init}	Zeilen 9 -12
n_{while}	Zeile 13
n_{if}	Zeilen 14 -15
n_{then}	Zeilen 16 -17
n_{tail}	Zeilen 18 -20
n_{return}	Zeile 21
n_{final}	Zeile 22

Abb. 5.2.L1 Prozedur RemoveDoubleSpaces: kompaktifizierter Kontrollflußgraph.

Lösung zu Teilaufgabe b)

Eine 100% -ige Zweigüberdeckung erreichen wir durch Überprüfung des Eingabedatums ' _a '. Der zugehörige Pfad lautet:

$$(n_{start} , n_{init} , n_{while} , n_{if} , n_{tail} , n_{while} , n_{if} , n_{then} , n_{tail} , n_{while} , n_{return} , n_{final}).$$

Weniger einfach gestaltet sich der Boundary interior-Test. Dazu betrachten wir die einzige WHILE-Schleife der Prozedur RemoveDoubleSpaces. Wir suchen zunächst einen Pfad, der die WHILE-Schleife nicht betritt, führen dann den boundary-Test durch und wenden uns schließlich dem interior-Test zu.

Beginnen wir also mit einem Pfad, der die WHILE-Schleife umgeht:

$$(n_{start} , n_{init} , n_{while} , n_{return} , n_{final}).$$

Dieser Pfad wird nur dann durchlaufen, wenn nach der Initialisierung `MaxPos <actPos` gilt. Ein Eingabedatum, das diese Eigenschaft mitbringt, ist die leere Zeichenkette ' ' .

Um einen boundary-Test durchzuführen, bestimmen wir alle inneren Pfade der `WHILE`-Schleife und suchen nach Testdaten, die den Schleifenrumpf genau einmal ausführen. Es existieren genau zwei solche Pfade (Abb. 5.2.L2):

Pfad (A): $(n_{start}, n_{init}, n_{while}, n_{if}, n_{then}, n_{tail}, n_{while}, n_{return}, n_{final})$;
Eingabedatum: ' a '

Pfad (B): $(n_{start}, n_{init}, n_{while}, n_{if}, n_{tail}, n_{while}, n_{return}, n_{final})$;
Eingabedatum: ' _ '

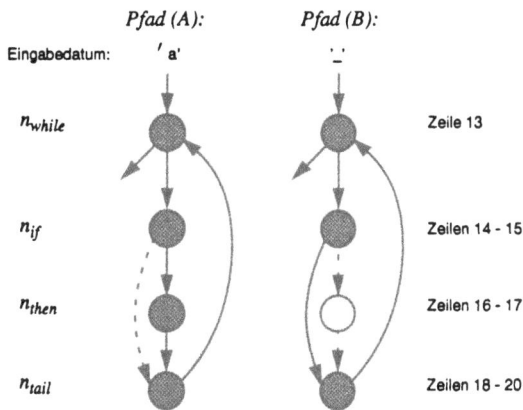

Abb. 5.2.L2 Prozedur `RemoveDoubleSpaces`: Pfade im Schleifenrumpf.

Für den interior-Test müssen wir die beiden Pfade (A) und (B) in beliebiger Kombination hintereinander ausführen. Es ergeben sich dadurch vier mögliche Testfälle:

Pfad (A, A): $(n_{start}, n_{init}, n_{while}, n_{if}, n_{then}, n_{tail}, n_{while}, n_{if}, n_{then}, n_{tail}, n_{while}, n_{return}, n_{final})$;
Eingabedatum: ' aa '

Pfad (A, B): $(n_{start}, n_{init}, n_{while}, n_{if}, n_{then}, n_{tail}, n_{while}, n_{if}, n_{tail}, n_{while}, n_{return}, n_{final})$;
Zu diesem Testfall existiert kein Eingabedatum, da beim ersten Durchlauf der Knoten n_{then} nur betreten wird, falls das erste Zeichen des Eingabedatums kein Leerzeichen ist. Folglich gilt beim zweiten Durchlauf `lastChr # CSpace`, d.h. es wird automatisch Pfad (A) durchlaufen.

Pfad (B, A): $(n_{start}, n_{init}, n_{while}, n_{if}, n_{tail}, n_{while}, n_{if}, n_{then}, n_{tail}, n_{while}, n_{return}, n_{final})$;
Eingabedatum: ' _a '

Pfad (B, B): $(n_{start}, n_{init}, n_{while}, n_{if}, n_{tail}, n_{while}, n_{if}, n_{tail}, n_{while}, n_{return}, n_{final})$;
Eingabedatum: ' _ _ '

Lösung zu Teilaufgabe c)

Tabelle 5.2.L1 zeigt die Funktionen *def-* und *c-use* der Knoten, Tabelle 5.2.L2 die Funktion *p-use* der Kanten der Prozedur RemoveDoubleSpaces.

Knoten n_i	def (n_i)	c-use (n_i)
n_{start}	{inText}	Ø
n_{init}	{newText, lastChar, actPos, MaxPos}	{inText}
n_{while}	Ø	Ø
n_{if}	{actChar}	{inText, actPos}
n_{then}	{newText}	{newText, actChar}
n_{tail}	{lastChar, actPos}	{actChar, actPos}
n_{return}	Ø	{newText}
n_{final}	Ø	{inText}

Tabelle 5.2.L1 Prozedur RemoveDoubleSpaces: def und c-uses der Knoten.

Kanten	p-use
(n_{while}, n_{if}) und (n_{while}, n_{return})	{actPos, MaxPos}
(n_{if}, n_{then}) und (n_{if}, n_{tail})	{actChar, lastChar}

Tabelle 5.2.L2 Prozedur RemoveDoubleSpaces: p-uses der Kanten.

Lösung zu Teilaufgabe d)

Die *du*-Mengen der Variablen lastChar ergeben sich zu

du (lastChar, n_{init}) = {(n_{if}, n_{then}) , (n_{if}, n_{tail})} und
du (lastChar, n_{tail}) = {(n_{if}, n_{then}) , (n_{if}, n_{tail})}

und als zugehörige definitionsfreie Teilpfade erhalten wir:

n_{init} ➡

        (n_{if}, n_{then}): $(n_{init}, n_{while}, n_{if}, n_{then})$
                               Eingabedatum: ' a '

        (n_{if}, n_{tail}): $(n_{init}, n_{while}, n_{if}, n_{tail})$
                               Eingabedatum: ' _ '

n_{tail} ➡

        (n_{if}, n_{then}): $(n_{tail}, n_{while}, n_{if}, n_{then})$
                               Eingabedatum: ' a a '

        (n_{if}, n_{tail}): $(n_{tail}, n_{while}, n_{if}, n_{tail})$
                               Eingabedatum: ' _ _ '

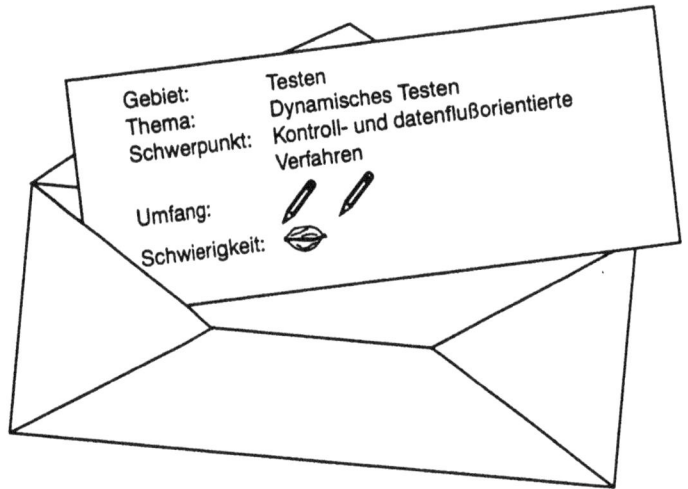

Gebiet: Testen
Thema: Dynamisches Testen
Schwerpunkt: Kontroll- und datenflußorientierte
Verfahren

Umfang:

Schwierigkeit:

Aufgabe 5.3

Worte zählen

Die Modula-2 Prozedur WortAnzahl (Abb. 5.3.K1) zählt die Worte in einem Text.

a) Erstellen Sie für die Prozedur WortAnzahl einen kompaktifizierten Kontrollfluß-graphen.

b) Führen Sie kontrollflußorientierte Tests der Prozedur WortAnzahl durch. Das Testende ist erreicht, wenn die vollständige *Zweigüberdeckung* sowie die *Minimale Mehrfach-Bedingungsüberdeckung* sichergestellt sind. Dokumentieren Sie ihre Tests, indem Sie bei der Zweigüberdeckung die jeweiligen Testpfade mit einem entsprechen-den Eingabedatum angeben und bei der Minimalen Mehrfach-Bedingungsüberdek-kung die Eingabedaten sowie die Prädikate und deren Werte in einer Tabelle darstellen.

c) Bestimmen Sie die Funktionen *def-* und *c-uses* der Knoten sowie die Funktionen *p-uses* der Kanten des kompaktifizierten Kontrollflußgraphen und stellen Sie diese tabel-larisch dar.

d) Bestimmen Sie die *du*-Mengen der Variable Anzahl. Formulieren Sie die zugehöri-gen Testfälle, indem Sie zu jedem Element Ihrer *du*-Mengen einen definitionsfreien Teilpfad (mit entsprechendem Eingabedatum) angeben.

Vorarbeiten

Die Modula-2 Prozedur WortAnzahl ermittelt aus einem abstrakten Datenobjekt inText vom Typ TText die Anzahl der enthaltenen Worte, d.h. der durch ein Leerzeichen getrennten (Teil-)Zeichenketten. (Zur besseren Lesbarkeit ersetzen wir alle Leerzeichen durch das Zeichen ' _ '). Dabei ist sichergestellt, daß jede Zeichenfolge, die an die Prozedur als ADO inText übergeben wird, folgender Grammatik gehorcht:

$$Buchstabe \quad = \quad a \mid b \mid ... \mid z \mid A \mid B \mid ... \mid Z$$

$$Wort \quad = \quad \{Buchstabe\}^n$$
$$** \text{ mit } n > 0$$

$$Text \quad = \quad Wort \mid Wort + ' \_ ' + Text;$$

Die Prozedur WortAnzahl stützt sich auf zwei bereits getesteten Prozeduren des ADT-Moduls TextVW ab. Der Prozeduraufruf TextVW.Length(inText) ermittelt die Anzahl der Zeichen des TextADO inText. Die Prozedur TextVW.LiesZeichen(inText, aktPosition) liefert das Zeichen an der durch aktPosition definierten Stelle des TextADO inText, falls $0 < \text{aktPosition} \leq \text{TextVW.Length(inText)}$ gilt.

```
1   PROCEDURE WortAnzahl (inText : TText) : CARDINAL;

2   CONST CLeerzeichen = ' ';

3   VAR   aktPosition,
4         MaxPosition,
5         Anzahl       : CARDINAL;
6         aktZeichen   : CHAR;

7   BEGIN
8     Anzahl := 0;
9     aktPosition := 1;
10    MaxPosition := TextVW.Length (inText);
11    WHILE aktPosition <= MaxPosition DO
12      REPEAT
13        aktZeichen := TextVW.LiesZeichen (inText, aktPosition);
14        INC (aktPosition);
15      UNTIL (aktPosition > MaxPosition) OR (aktZeichen = CLeerzeichen);
16      INC (Anzahl)
17    END; (* WHILE *)
18    RETURN Anzahl
19  END WortAnzahl;
```

Abb. 5.3.K1 Prozedur WortAnzahl.

Lösung zu Teilaufgabe a)

Abb. 5.3.L1 zeigt den kompaktifizierten Kontrollflußgraphen der Prozedur WortAnzahl.

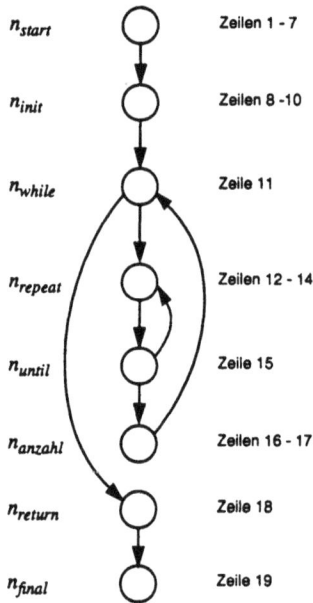

n_{start}	◯	Zeilen 1 - 7
n_{init}	◯	Zeilen 8 -10
n_{while}	◯	Zeile 11
n_{repeat}	◯	Zeilen 12 - 14
n_{until}	◯	Zeile 15
n_{anzahl}	◯	Zeilen 16 - 17
n_{return}	◯	Zeile 18
n_{final}	◯	Zeile 19

Abb. 5.3.L1 Prozedur WortAnzahl: kompaktifizierter Kontrollflußgraph.

Lösung zu Teilaufgabe b)

Eine 100%-ige Zweigüberdeckung erreichen wir bereits durch Überprüfen des Eingabetextes 'ab'. Der zugehörige Pfad lautet:

$$(n_{start}, n_{init}, n_{while}, n_{repeat}, n_{until}, n_{repeat}, n_{until}, n_{anzahl}, n_{while}, n_{return}, n_{final}).$$

In Bezug auf eine minimale Mehrfach-Bedingungsüberdeckung der Prozedur WortAnzahl müssen wir die Prädikate der zwei Schleifen untersuchen. Eine 100%-ige Überdeckung der True und False-Werte aller atomaren und nicht-atomaren Prädikate der Schleifenbedingungen wird durch die Zeichenfolgen 'ab' und 'a__b' sichergestellt (Tabelle 5.3.L1).

Prädikate	Eingabedaten	
	'ab'	'a_b'
WHILE-Bedingung: aktPosition <= MaxPosition	T,F	
1. UNTIL-Bedingung (aktPosition > MaxPosition)	F,T	
2. UNTIL-Bedingung: (aktZeichen = CLeerzeichen)	F	T, F
UNTIL-Bedingung: OR-Verknüpfung	F,T	

Tabelle 5.3.L1 Prozedur WortAnzahl: minimale Mehrfach-Bedingungsüberdeckung.

Lösung zu Teilaufgabe c)

Tabelle 5.3.L2 zeigt die Funktionen *def-* und *c-use* der Knoten, Tabelle 5.3.L3 die Funktion *p-use* der Kanten der Prozedur WortAnzahl.

Knoten n_i	def (n_i)	c-use (n_i)
n_{start}	{inText}	∅
n_{init}	{Anzahl, aktPosition, MaxPosition}	{inText}
n_{while}	∅	∅
n_{repeat}	{aktZeichen, aktPosition}	{inText, aktPosition}
n_{until}	∅	∅
n_{anzahl}	{Anzahl}	{Anzahl}
n_{return}	∅	{Anzahl}
n_{final}	∅	{inText}

Tabelle 5.3.L2 Prozedur WortAnzahl: def und c-uses der Knoten.

Kanten	p-use
(n_{while}, n_{repeat}) und (n_{while}, n_{return})	{aktPosition, MaxPosition}
(n_{until}, n_{anzahl}) und (n_{until}, n_{repeat})	{aktPosition, MaxPosition, aktZeichen}

Tabelle 5.3.L3 Prozedur WortAnzahl: p-uses der Kanten.

Lösung zu Teilaufgabe d)

Die *du*-Mengen der Variablen Anzahl ergeben sich zu

du (Anzahl, n_{init}) = $\{n_{anzahl}, n_{return}\}$ und

du (Anzahl, n_{anzahl})= $\{n_{anzahl}, n_{return}\}$

und als zugehörige definitionsfreie Teilpfade erhalten wir:

n_{init} →

n_{anzahl}: $(n_{init}, n_{while}, n_{repeat}, n_{until}, n_{repeat}, n_{until}, n_{anzahl})$
Eingabedatum: 'ab'

n_{return}:   Ein definitionsfreier Teilpfad vom Knoten n_{init} zum Knoten n_{return}
existiert nicht, da lt. Vorbedingung sichergestellt ist, daß die Länge
des Eingabetextes mindestens 1 ist. Aus dieser Eigenschaft folgt, daß
bei jedem Aufruf der Prozedur WortAnzahl die WHILE-Schleife
mindestens einmal abgearbeitet wird.

n_{anzahl} →

n_{anzahl}: $(n_{anzahl}, n_{while}, n_{repeat}, n_{until}, n_{anzahl})$
Eingabedatum: 'a_b'

n_{return}: $(n_{anzahl}, n_{while}, n_{return})$
Eingabedatum: 'a_b'

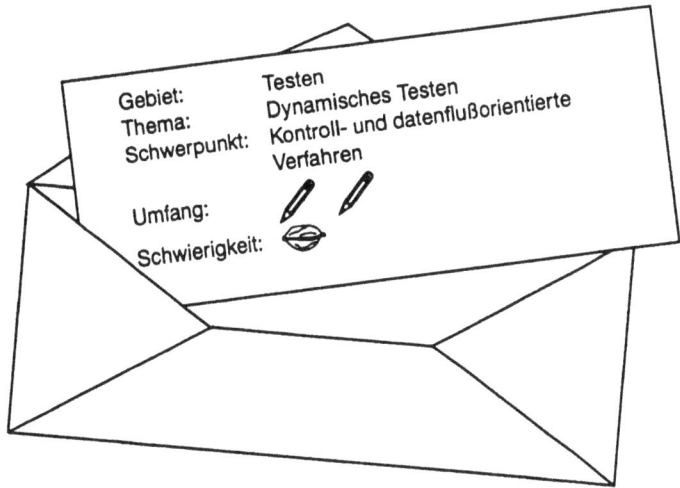

Gebiet: Testen
Thema: Dynamisches Testen
Schwerpunkt: Kontroll- und datenflußorientierte
Verfahren

Umfang:

Schwierigkeit:

Aufgabe 5.4

Primzahlen

Die Modula-2 Prozedur Primzahl (Abb. 5.4.K1) prüft CARDINAL-Zahlen auf ihre Primzahleigenschaft.

a) Erstellen Sie für die Prozedur Primzahl einen kompaktifizierten Kontrollflußgraphen.

b) Bestimmen Sie eine Testdatenmenge, die eine 100%-Zweigüberdeckung garantiert. Geben Sie zu jedem Testdatum den zugehörigen Testpfad an.

c) Führen Sie einen Minimalen Mehrfach-Bedingungsüberdeckungstest durch. Dokumentieren Sie ihren Test, indem Sie die Eingabedaten sowie die Prädikate bzw. deren Werte tabellarisch protokollieren.

d) Bestimmen Sie die *def* und *c-uses* der Knoten sowie die *p-uses* der Kanten des kompaktifizierten Kontrollflußgraphen und stellen Sie diese tabellarisch dar.

e) Bestimmen Sie die *du*-Mengen der Variablen prim. Formulieren Sie die zugehörigen Testfälle, indem Sie zu jedem Element Ihrer du-Mengen einen definitionsfreien Teilpfad (mit geeignetem Eingabedatum) angeben.

Vorarbeiten

Die Modula-2 Prozedur Primzahl in Abb. 5.4.K1 prüft, ob der aktuelle CARDINAL-Parameter inZahl eine Primzahl ist.

```
 1  PROCEDURE Primzahl (inZahl : CARDINAL) : BOOLEAN;

 2  VAR    prim         : BOOLEAN;
 3         aktDivisor,
 4         maxDivisor   : CARDINAL;

 5  BEGIN
 6    prim := TRUE;
 7    IF (inZahl MOD 2 = 0) AND (inZahl # 2) THEN
 8      prim := FALSE
 9    ELSE
10      aktDivisor := 3;
11      maxDivisor := TRUNC (Sqrt (FLOAT (inZahl)));

12      WHILE (aktDivisor <= maxDivisor) AND prim DO
13        IF (inZahl MOD aktDivisor) = 0 THEN
14          prim := FALSE
15        END; (* IF *)
16        aktDivisor := aktDivisor + 2
17      END (* WHILE *)            .

18    END; (* IF *)
19    RETURN prim
20  END Primzahl;
```

Abb. 5.4.K1 Prozedur Primzahl.

Lösung zu Teilaufgabe a)

Abb. 5.4.L1 zeigt den kompaktifizierten Kontrollflußgraphen der Prozedur Primzahl.

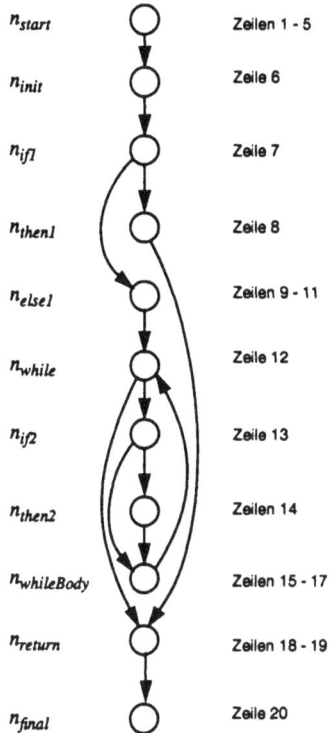

Abb. 5.4.L1 Kompaktifizierter Kontrollflußgraph der Prozedur Primzahl.

Lösung zu Teilaufgabe b)

Eine 100%-ige Zweigüberdeckung erreichen wir durch Überprüfen der Testdatenmenge {(4, FALSE); (9, FALSE), (11, TRUE)}. Die zugehörigen Pfade lauten:

Testdatum (4, FALSE):

n_{start}, n_{init}, n_{if1}, n_{then1}, n_{return}, n_{final}.

Testdatum (9, FALSE):

n_{start}, n_{init}, n_{if1}, n_{else1}, n_{while}, n_{if2}, n_{then2}, $n_{whileBody}$, n_{while}, n_{return}, n_{final}.

Testdatum (11, TRUE):

n_{start}, n_{init}, n_{if1}, n_{else1}, n_{while}, n_{if2}, $n_{whileBody}$, n_{while}, n_{return}, n_{final}.

Lösung zu Teilaufgabe c)

Die Prozedur `Primzahl` enthält zwei IF-Anweisungen und eine WHILE-Schleife, deren Prädikate wir beim minimalen Mehrfachbedingungsüberdeckungstest untersuchen müssen. Tabelle 5.4.L1 zeigt, daß durch Testen mit den Eingabedaten {2, 4, 9, 11} eine minimale Mehrfachbedingungsüberdeckung erreicht wird.

Prädikate	Eingabedaten			
	2	4	9	11
1.IF-Anweisung, 1.Bedingung (inZahl MOD 2 = 0)	T	T	F	
1.IF-Anweisung, 2.Bedingung (inZahl # 2)	F	T		
1.IF-Anweisung: AND-Verknüpfung	F	T		
1. WHILE-Bedingung (aktDivisor <= maxDivisor)	F		T, F	
2. WHILE-Bedingung: prim	T		T, F	
WHILE-Bedingung: AND-Verknüpfung	F		T, F	
2.IF-Anweisung: (inZahl MOD aktDivisor = 0)			T	F

Tabelle 5.4.L1 Prozedur `Primzahl`: minimale Mehrfach-Bedingungsüberdeckung.

Lösung zu Teilaufgabe d)

Tabelle 5.4.L2 zeigt die Funktionen *def-* und *c-use* der Knoten, Tabelle 5.4.L3 die Funktion *p-use* der Kanten der Prozedur `Primzahl`.

Knoten n_i	$def(n_i)$	$c\text{-}use(n_i)$
n_{start}	{inZahl}	∅
n_{init}	{prim}	∅
n_{if1}	∅	∅
n_{then1}	{prim}	∅
n_{else1}	{aktDivisor, maxDivisor}	{inZahl}
n_{while}	∅	∅
n_{if2}	∅	∅
n_{then2}	{prim}	∅
$n_{whileBody}$	{aktDivisor}	{aktDivisor}
n_{return}	∅	{prim}
n_{final}	∅	{inZahl}

Tabelle 5.4.L2 Prozedur `Primzahl`: def und c-uses der Knoten.

Kanten	p-use
(n_{if1}, n_{then1}) und (n_{if1}, n_{else1})	{inZahl}
(n_{while}, n_{if2}) und (n_{while}, n_{return})	{aktDivisor, maxDivisor, prim}
(n_{if2}, n_{then2}) und $(n_{if2}, n_{whileBody})$	{inZahl, aktDivisor}

Tabelle 5.4.L3 Prozedur `Primzahl`: p-uses der Kanten.

Lösung zu Teilaufgabe e)

Die *du*-Mengen der Variablen `prim` ergeben sich zu

du (`prim`, n_{init}) $\quad=\quad \{(n_{while}, n_{if2}), (n_{while}, n_{return}), n_{return}\}$,

du (`prim`, n_{then1}) $\quad=\quad \{n_{return}\}$ und

du (`prim`, n_{then2}) $\quad=\quad \{(n_{while}, n_{if2}), (n_{while}, n_{return}), n_{return}\}$,

und als zugehörige definitionsfreie Teilpfade erhalten wir:

n_{init} ➡

     (n_{while}, n_{if2}): $(n_{init}, n_{if1}, n_{else1}, n_{while}, n_{if2})$
                        Eingabedatum: 9

     (n_{while}, n_{return}): $(n_{init}, n_{if1}, n_{else1}, n_{while}, n_{return})$
                        Eingabedatum: 2

     n_{return}: $(n_{init}, n_{if1}, n_{else1}, n_{while}, n_{return})$
                        Eingabedatum: 2

n_{then1} ➡

     n_{return}: (n_{then1}, n_{return})
                        Eingabedatum: 4

n_{then2} ➡

     (n_{while}, n_{if2}):   Es existiert kein definitionsfreier Teilpfad von n_{then2} zur Kante (n_{while}, n_{if2}), da nach n_{then2} stets `prim = FALSE` gilt, d.h. in diesem Fall wird immer die Kante (n_{while}, n_{return}) durchlaufen.

     (n_{while}, n_{return}): $(n_{then2}, n_{whileBody}, n_{while}, n_{return})$
                        Eingabedatum: 9

     n_{return}: $(n_{then2}, n_{whileBody}, n_{while}, n_{return})$
                        Eingabedatum: 9

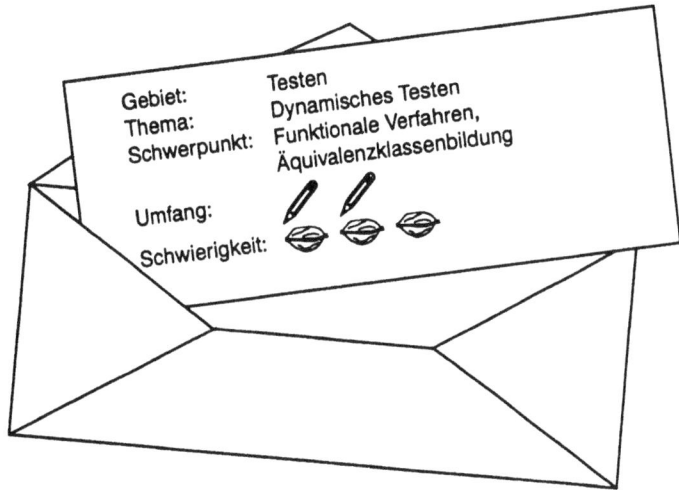

Gebiet: Testen
Thema: Dynamisches Testen
Schwerpunkt: Funktionale Verfahren, Äquivalenzklassenbildung

Umfang:
Schwierigkeit:

Aufgabe 5.5

Rechtecksabstand

Die Modula-2 Prozedur Distance (Abb. 5.5.K2) soll den Abstand zwischen zwei disjunkten, achsenparallelen Rechtecken in der euklidischen Ebene bestimmen. Leider wurde sie nicht korrekt implementiert.

a)   Testen Sie die Prozedur Distance mit Hilfe von Eingabeäquivalenzklassen, die Sie aus der Größe und der geometrischen Lage der Rechtecke ableiten. Zu jeder Eingabeäquivalenzklasse sind anzugeben

  • eine allgemeine Beschreibung,

  • ein Eingabedatum in Form einer Skizze (vgl. das Beispiel in Abb. 5.5.K1)

  • und das Testergebnis bei Eingabe des skizzierten Eingabedatums. Hierbei genügt es, wenn Sie zu dem Eingabedatum angeben, ob das von der Prozedur Distance gelieferte Ergebnis mit dem erwarteten Ergebnis übereinstimmt.

  Hinweis: Lassen Sie jeweils ein Rechteck unverändert und variieren Sie die Lage und Größe des zweiten Rechtecks. Eingabeäquivalenzklassen, die sich aus anderen Äquivalenzklassen durch Spiegelungen an den Rechteckseiten oder Vertauschen der Reihenfolge der Eingabeparameter ergeben, brauchen nicht angegeben zu werden.

b)   Neben logischen Fehlern behandelt die Prozedur Distance auch Datenobjekte (an mehreren Stellen) nicht korrekt. Beschreiben Sie diese typischen Fehler und ihre Folgen. Geben Sie außerdem an, wie und in welchen Programmzeilen die Fehler behoben werden können.

Vorarbeiten

Der Abstand von zwei achsenparallelen Rechtecken RE_1 und RE_2 in der euklidischen Ebene (Abb. 5.5.K1) ist definiert als minimaler euklidischen Abstand von einem Punkt in RE_1 zu einem Punkt in RE_2: $d_2(RE_1, RE_2) = min\{d_2(p_1, p_2)|\ p_1 \in RE_1, p_2 \in RE_2\}$.

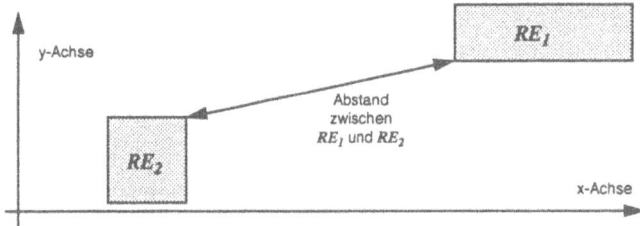

Abb. 5.5.K1 Abstand zweier Rechtecke in der euklidischen Ebene.

Die Prozedur `Distance` (Abb. 5.5.K2) soll diese Definition für disjunkte, achsenparallele Rechtecke implementieren. Die Vorbedingung der Disjunktheit wird dabei von einer Prozedur `Rechteck.AreaDisjoint` sichergestellt, die für zwei achsenparallele Eingaberechtecke RE1 und RE2 genau dann den Wert TRUE zurückliefert, wenn die beiden Rechtecke keine gemeinsame Schnittfläche besitzen. Die Achsenparallelität der Eingaberechtecke wird durch den abstrakten Datentyp TRechteck garantiert, mit dem ausschließlich achsenparallele RechteckADOs erzeugt und bearbeitet werden können.

Weiterhin stützt sich die Prozedur `Distance` auf den (korrekt implementierten) Prozeduren `Rechteck.Eckpunkt` und `Punkt.Abstand` ab:

❑   `Rechteck.Eckpunkt(inRE, inEcke)` liefert eine Kopie des Eckpunktes von inRE an Position inEcke zurück, $1 \le$ inEcke ≤ 4.

❑   `Punkt.Abstand(Pkt1, Pkt2)` berechnet den euklidischen Abstand zwischen zwei Punkten.

```
1    PROCEDURE Distance (inRE1, inRE2 : TRechteck) : REAL;

2    VAR    minDistance,
3           aktDistance : REAL;
4           EckPktR1,
5           EckPktR2    : TPunkt;
6           eckeRE1,
7           eckeRE2     : CARDINAL;

8    BEGIN
9      (* -- Vorbed.: Rechteck.AreaDisjoint (inRE1, inRE2) *)
10   minDistance := MAXREAL;
```

```
10   minDistance := MAXREAL;
11   FOR eckeRE1 := 1 TO 4 DO
12     EckPktR1 := Rechteck.Eckpunkt (inRE1, eckeRE1);
13     FOR eckeRE2 := 1 TO 4 DO
14       EckPktR2 := Rechteck.Eckpunkt (inRE2, eckeRE2);
15       aktDistance := Punkt.Abstand (EckPktR1, EckPktR2);
16       IF aktDistance < minDistance THEN
17         minDistance := aktDistance
18       END (* IF *)
19     END (* FOR *)
20   END; (* FOR *)
21   RETURN minDistance
22   (*-- Nachbed.:minDistance gibt die minimalen euklidischen Abstand
23    --             zwischen inRE1 und inRE2 an *)
24   END Distance;
```

Abb. 5.5.K2 Prozedur Distance (fehlerhaft).

Lösung zu Teilaufgabe a)

Zur Bestimmung der Eingabeäquivalenzklassen müssen wir unterschiedliche Belegungen der beiden Eingabeparameter inRE1 und inRE2 untersuchen. Wie in der Aufgabenstellung vorgeschlagen gehen wir davon aus, daß Lage und Größe des Rechtecks inRE1 konstant sind, und unterteilen die euklidische Ebene aus Sicht von inRE1 in neun Bereiche, wobei ein Bereich identisch mit dem Rechteck inRE1 ist (Abb. 5.5.L1).

Gemäß Vorbedingung haben die beiden Eingabeparameter inRE1 und inRE2 keine gemeinsame Schnittfläche. Offensichtlich liegt inRE2 damit entweder vollständig in einem der acht Bereiche, in der Vereinigung von zwei benachbarten Bereichen, z.B. den Bereichen *I* und *II*, oder in der Vereinigung von drei benachbarten, zu einer Koordinatenachse parallelen Bereichen, z.B. den Bereichen *I*, *II*, und *III*.

VII	*VIII*	*I*
VI	*inRE1*	*II*
V	*IV*	*III*

Abb. 5.5.L1 Prozedur Distance: Unterteilung der Ebene aus Sicht von inRE1.

Vernachlässigen wir die Lage aller Rechteckpaare (inRE1, inRE2), die durch Spiegelungen
an einer der Rechteckseiten von inRE1 ableitbar sind, können wir unsere Betrachtungen auf
die Bereiche *I* - *III* einschränken. Weiterhin brauchen wir nur jene Konstellationen zu berücksichtigen, die nicht durch Vertauschen der Eingabeparameter ineinander überführt werden
können. Deshalb genügt es, für inRE2 ausschließlich Rechtecke zu untersuchen, die in den
Bereichen *I* und *II* liegen.

Wir erhalten auf diese Weise zunächst drei Eingabeäquivalenzklassen:

> E1 :− {(inRE1, inRE2) | inRE2 liegt im Bereich *I*}

> E2 :− {(inRE1, inRE2) | inRE2 liegt im Bereich *II*}

> E3 :− {(inRE1, inRE2) | inRE2 besitzt Schnittflächen mit den Bereichen *I* und *II*}.

Wir beginnen die Verfeinerung dieser Eingabeäquivalenzklassen mit der Klasse E1 und ver-
schieben das Rechteck inRE2 innerhalb von Bereich *I*. Rechteck inRE2 kann entweder eine, zwei oder keine der Bereichsgrenzen berühren:

> E1.1 :− {(inRE1, inRE2) | inRE2 liegt in Bereich *I* und berührt keine
> Bereichsgrenze}

> E1.2 :− {(inRE1, inRE2) | inRE2 liegt in Bereich *I* und berührt nur die zur x-Achse
> parallele Bereichsgrenze}

> E1.3 :− {(inRE1, inRE2) | inRE2 liegt in Bereich *I* und berührt nur die zur y-Achse
> parallele Bereichsgrenze}

> E1.4 :− {(inRE1, inRE2) | inRE2 liegt in Bereich *I* und berührt beide
> Bereichsgrenzen}

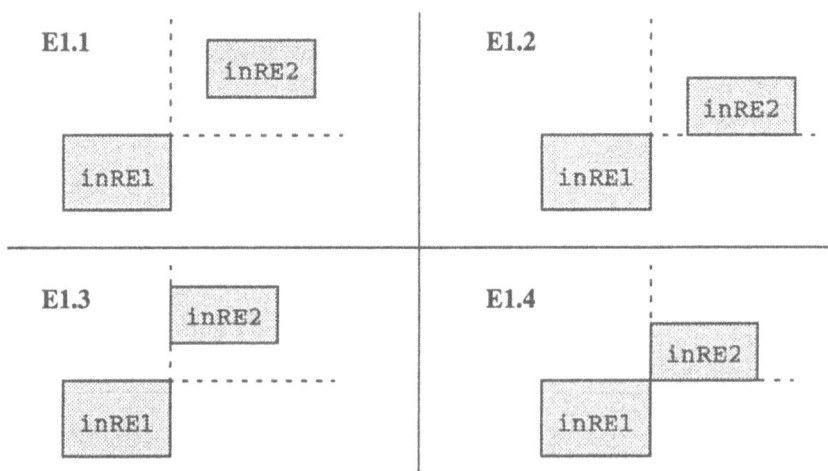

Abb. 5.5.L2 Prozedur Distance: Unterteilung der Eingabeäquivalenzklasse E1.

Abb. 5.5.L2 skizziert Testdaten für die Klassen E1.1 bis E1.4. Eine Überprüfung der Prozedur Distance für diese Eingabedaten liefert stets ein korrektes Ergebnis.

Wir wenden uns nun der Eingabeäquivalenzklasse E2 zu und verfahren im wesentlichen wie bei der Unterteilung der Klasse E1, wobei wir jetzt drei Bereichsgrenzen zu berücksichtigen haben. Durch Spiegelung an einer zur x-Achse parallelen Rechteckseite von inRE1 beschränken sich unsere Betrachtungen auf sechs Unterklassen.

E2.1 := {(inRE1, inRE2) | inRE2 liegt in Bereich *II* und berührt keine Bereichsgrenze}

E2.2 := {(inRE1, inRE2) | inRE2 liegt in Bereich *II* und berührt die zur x-Achse parallele obere Bereichsgrenze, nicht aber die zur x-Achse parallele untere oder die zur y-Achse parallele Bereichsgrenze}.

E2.3 := {(inRE1, inRE2) | inRE2 liegt in Bereich *II* und berührt die zur y-Achse parallele Bereichsgrenze, nicht aber die beiden zur x-Achse parallelen Bereichsgrenzen}

E2.4 := {(inRE1, inRE2) | inRE2 liegt in Bereich *II* und berührt beide zur x-Achse parallelen Bereichsgrenzen, nicht aber die zur y-Achse parallele Bereichsgrenze}

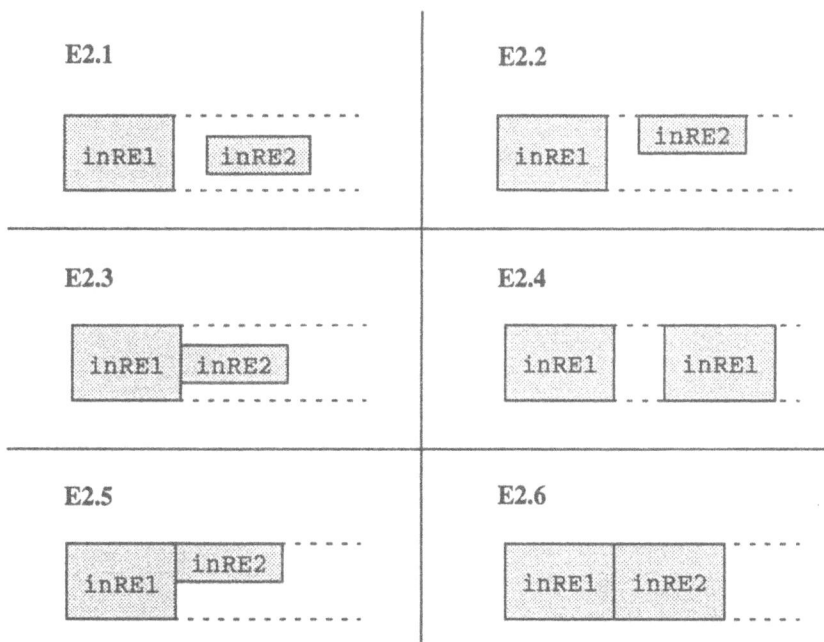

Abb. 5.5.L3 Prozedur Distance: Unterteilung der Eingabeäquivalenzklasse E2.

E2.5 :– {(inRE1, inRE2) | inRE2 liegt in Bereich *II* und berührt die zur x-Achse
parallele obere Bereichsgrenze und die zur y-Achse parallele Bereichsgrenze, nicht aber die zur x-Achse parallele untere Bereichsgrenze}

E2.6 :– {(inRE1, inRE2) | inRE2 liegt in Bereich *II* und berührt beide zur x-Achse
parallelen Bereichsgrenzen und die zur y-Achse parallele Bereichs-
grenze}

Bei Überprüfung der Prozedur mittels der in Abb. 5.5.L3 skizzierten Testdaten stellt sich heraus, daß die Prozedur Distance nur zu Eingabedaten der Eingabeäquivalenzklasse E2.2,
E2.4, E2.5 und E2.6 korrekte Ergebnisse liefert, zu Eingabedaten der Äquivalenzklassen E2.1
und E2.3 ist das Ergebnis der Prozedur hingegen falsch.

Analog zur Verfeinerung von Klasse E1 unterteilen wir die Eingabeäquivalenzklasse E3 in 4
Unterklassen:

E3.1 :– {(inRE1, inRE2) | inRE2 besitzt Schnittflächen mit den Bereichen *I*
und *II*, berührt aber nicht die Bereichsgrenzen von *I* ∪ *II*}

E3.2 :– {(inRE1, inRE2) | inRE2 besitzt Schnittflächen mit den Bereichen *I*
und *II*, berührt die zur x-Achse parallele Bereichsgrenze von *I* ∪ *II*, nicht
aber die zur y-Achse parallele Bereichsgrenze von *I* ∪ *II*}

E3.3 :– {(inRE1, inRE2) | inRE2 besitzt Schnittflächen mit den Bereichen *I*
und *II*, berührt die zur y-Achse paralle Bereichsgrenze von *I* ∪ *II*, nicht
aber die zur x-Achse parallele Bereichsgrenze von *I* ∪ *II*}

E3.4 :– {(inRE1, inRE2) | inRE2 besitzt Schnittflächen mit den Bereichen *I*
und *II* und berührt beide Bereichsgrenzen von *I* ∪ *II*}

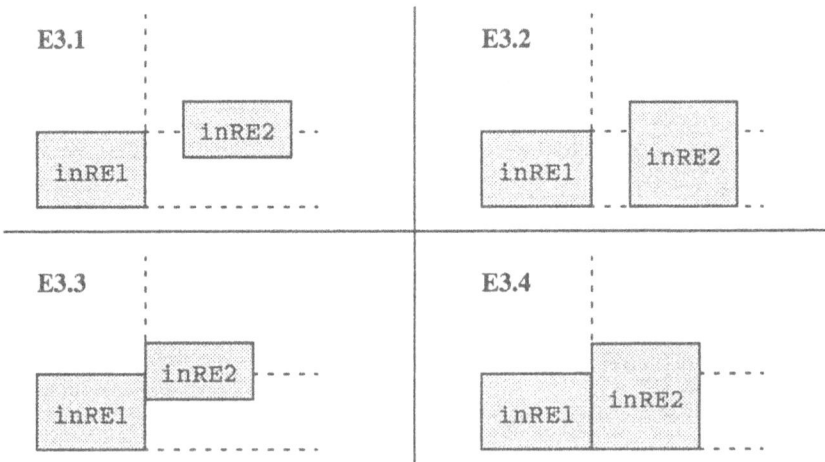

Abb. 5.5.L4 Prozedur Distance: Unterteilung der Eingabeäquivalenzklasse E3.

In diesem Fall liefert die Prozedur Distance zu den in Abb. 5.5.L4 skizzierten Eingabedaten der Eingabeäquivalenzklassen E3.2 und E3.4 korrekte, zu den Eingabedaten der Äquivalenzklassen E3.1 und E3.3 hingegen falsche Ergebnisse.

Nachdem wir für mehrere Belegungen der Eingabeparameter falsche Ergebnisse konstatieren mußten, stellt sich jetzt natürlich die Frage nach dem bzw. den Fehler(n) selbst. Hier zeigt sich, daß die Prozedur Distance einen gravierenden logischen Fehler besitzt. Sie berechnet anstatt des geforderten euklidischen Abstandes der Rechtecke jeweils den minimalen Abstand zwischen zwei Eckpunkten. Daß diese Werte nicht notwendig identisch sind, verdeutlicht die Skizze in Abb. 5.5.L5.

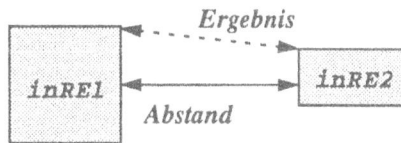

Abb. 5.5.L5 Prozedur Distance: Ergebnis und erwartetes Resultat.

Lösung zu Teilaufgabe b)

In der Prozedur Distance werden Datenobjekte vom Typ TPunkt erzeugt und den Variablen EckPktR1 oder EckPktR2 zugewiesen. Bei jedem neuen Schleifendurchlauf werden diesen Variablen neue Datenobjekte zugewiesen, ohne den Speicherplatz der alten Objekte wieder freizugeben.

Der Fehler ist sehr einfach zu beheben. Nach Zeile 18 wird die Anweisung Punkt.Dispose (EckPktR2) und nach (der bisherigen) Zeile 19 die Anweisung Punkt.Dispose (EckPktR1) eingefügt.

www.ingramcontent.com/pod-product-compliance
Lightning Source LLC
Chambersburg PA
CBHW062015210326
41458CB00075B/5528